Bauen für die Sinne

Gefühl, Erotik und Sexualität in der Architektur

Bauen für die Sinne

Gefühl, Erotik und Sexualität in der Architektur

Christian W. Thomsen
Mit zwei Beiträgen von Angela Krewani

Prestel München · New York

INHALT

EINLEITUNG: BAUKUNST UND EROTIK

»Eros aber wird ursprünglich als das ordnende Prinzip der Weltentstehung gedacht, als Kind von Kraft und Schönheit. (...)
Eros ist aber auch den Sinnen zugewandt; Körperlichkeit und Freude, Spiel und Lust, Illusion und Traum sind die Domänen des Eros. Es sind die wunderbaren Dimensionen jenseits der Rationalität und Funktionalität, die wir heute in der Architektur weitgehend verloren haben.«[1]

Günther Feuerstein

»Mehr als jede andere Kunstform spricht Architektur unmittelbar alle unsere Sinneswahrnehmungen an. Der Verlauf der Zeit, Licht, Schatten und Transparenz; Farbphänomene, Textur, Materialien und Details, alle partizipieren sie an der ganzheitlichen Erfahrung von Architektur. (...) Nur Architektur kann gleichzeitig alle Sinne, die gesamte Komplexität der Wahrnehmung wecken.«[2]

Steven Holl

»Es steht völlig außer Frage, daß Architektur eine sinnliche, eine erotische Komponente hat – wie das Leben selbst und das Verhalten des Menschen. Eine sterile Architekturauffassung, wie sie vor allem in den letzten Jahrzehnten in der Bundesrepublik Deutschland Platz griff, hat mit ihren technokratischen und materialistischen Gesichtspunkten diesen für den Menschen so eminent wichtigen Aspekt negiert – mit den Folgen für unsere Umwelt, die wir in ihrer ganzen Trostlosigkeit täglich zu spüren bekommen.«[3]

Wolfgang Meisenheimer

Wenn es so ist, wie Günther Feuerstein, Steven Holl und Wolfgang Meisenheimer konstatieren, und nichts spricht dagegen, warum gibt es dann kaum Literatur über Architektur und Erotik? Hängt es mit mangelhafter Ausbildung der Architekten zusammen?[4] Mit der Unterbewertung von Körper und Sinnlichkeit in industriellen und postindustriellen Gesellschaften?[5] Mit Tabus, verursacht durch psychologische, kulturelle und religiös bedingte Verdrängungsmechanismen? Mit der Sexualfeindlichkeit der meisten westlichen Glaubensgemeinschaften? Mit mangelnder Relevanz von Erotik beim Entwurf und der Ausführung von Architektur? Mit der nahezu ausschließlich rationalen und kommerziellen Ausrichtung des überwiegenden Teiles von Architektur? Wie kann sich Architektur, gerade wenn sie beansprucht, auch Baukunst zu sein, der stärksten und kreativsten Energie des Menschen verschließen? Denn unzweifelhaft hat Erotik mit Sexualität zu tun, repräsentiert gewissermaßen die Kultur des menschlichen Trieblebens, während Sexualität dessen Natur verkörpert. Beide können sich vielfältig und unterschiedlich überlappen, werden in verschiedenen Sprachen und Kulturen auch unterschiedlich konnotiert, haben aber immer mit der sinnlichen Attraktion von Körpern zu tun. Der Körper bildet deshalb die Schnittstelle von Mensch und Architektur, weshalb man seit alters zu Recht von ›Körperbau‹ hier und vom ›Baukörper‹ dort spricht.[6]
In diesem Sinne versteht sich unser Buch auch als architekturhistorischer und architekturtheoretischer Beitrag zur gegenwärtigen Körperdiskussion. Es möchte den Begriff ›Erotik‹ wieder aus jener Schmuddelecke herausholen, in die er in der jüngeren Wortgeschichte durch Inflationierungs- und Superlativierungstendenzen billiger Geschäftemacherei getrieben worden ist. Wo Werbung den Begriff verschleißt, wo jeder ›Sex Shop‹ zur ›Erotik Boutique‹ mutiert und käufliche Sexualität gemeinhin mit Erotik gleichgesetzt wird, weiß man zwar noch entfernt um den kulturellen Charakter von Erotik, nutzt den Begriff aber gerade dadurch, daß man ihn nobilitierend für unedle Zwecke einsetzen möchte, ab und entwürdigt ihn. Im Gegensatz dazu möchte unser Buch durch Argumente und viele Beispiele Architekten wieder dazu ermutigen, zu einer Sprache der Sinne zurückzufinden, die, wie Jacques Derrida philosophisch nachgewiesen hat, noch vor dem Verstehen der Welt durch Sprache kommt.[7] Gerade dieses vorsprachlich sinnliche Erfahren von Welt aber ist es, das dem Menschen intuitiv Wohlbehagen verschafft, sich mit Entdeckerfreude und Gemeinsinn in der Welt zurechtfinden, ›zu Hause‹ sein läßt.
Die Sinne des Menschen, seine Fernsinne Sehen und Hören, seine Nahsinne Riechen, Tasten, Schmecken, aber auch Hautsinne, Schmerzsinne u.a. sind es, mit denen der menschliche Körper Welt wahrnimmt und erfährt, im Gehirn verarbeitet, intellektuell und emotional kodiert. Von daher findet Erotik ganz wesentlich im Kopf statt. Dort werden Körper und Objekte erotisch besetzt und von Kopf und Körper begehrt. Erotik läßt uns gleichsam alle sinnlichen Antennen ausfahren. Das gilt auch für das Wechselspiel der Architekturkörper mit menschlichen Körpern. Intellekt und Körper, Kopf und Bauch gehen somit in der Erotik stets zusammen, freilich historisch und gesellschaftlich unterschiedlich besetzt. Die Wahrnehmungspsychologie bestätigt, daß es sich dabei um kulturelle Konstrukte handelt.[8]
Die Körpererfahrung des Menschen hat ganz wesentlich mit seiner Kreativität zu tun[9] und die Selbsterfahrung des menschlichen Körpers ebenso mit Identitätsfindung wie mit Raumgefühl. In den Jahren der Beschäftigung mit dem Themenkreis dieses Buches und der intensiven Suche nach sinnlichen Architekturen habe ich Erfahrungen gemacht, die denen Richard Sennetts parallel laufen und ihn zur Abfassung seines kulturgeschichtlich-kulturtheoretischen Buches *Fleisch und Stein* als einer Geschichte der Stadt in ihrem Verhältnis von Gebäude und Straßen zum menschlichen Körper bewogen haben. Er führt aus, er habe sein Buch deswegen geschrieben,

»weil mich ein Problem unserer Zeit vor ein Rätsel stellt, die Verarmung der Sinne, die das moderne Bauen wie ein Fluch zu verfolgen scheint; die Dumpfheit, Monotonie und taktile Sterilität, die schwer auf unserer städtischen Umgebung lastet. Diese sinnliche Ver-

Philippe Starck, Asahi la flamme, Tokio, 1989

Linke Seite:
Georges Rousse, Rom, 1987

Massimo Iosa Ghini, Nachtclub Bolido, New York, 1988

armung ist um so bemerkenswerter, als die modernen Zeiten die Körperempfindungen und die Freiheit des körperlichen Lebens so sehr zu privilegieren scheinen.«[10]

Die persönlichen Erfahrungen vieler Reisen und Studien haben durch unmittelbare Anschauung dazu beigetragen zu erkennen, daß es zwar auf dem Gebiet individuellen Bauens durchaus noch eine Vielzahl herausgehobener, in Innen- und Außenarchitektur sinnlich komponierter Bauten gibt,[11] daß es aber im Gegensatz zur Fülle historischer Plätze und Gebäudeensembles, die von Sinnlichkeit geradezu durchsättigt sind, fast unmöglich ist, zeitgenössische Architekturen in städtischem Kontext zu finden, die diesen Kriterien genügen.

Seit es in den achtziger Jahren zur ›Wiederentdeckung des Körpers‹ gekommen ist, werden Körperdiskurse verschiedenster Provenienz geführt, und von ihnen wird in unterschiedlicher Weise in zahlreichen Kapiteln dieses Buches die Rede sein. Der neue Körperkult der neunziger Jahre hat zweifellos damit zu tun, daß der Körper – scheinbar – verlorenging oder noch verlorenzugehen droht. Das wiederum hängt mit den Abstraktionstendenzen der Moderne, mit zunehmender Verwissenschaftlichung vieler Lebenszusammenhänge, mit dem Hineinwachsen in eine Technik- und Medienkultur zusammen, in deren ›Echtzeit-Kommunikation‹ über große Distanzen hinweg die Zeit den Raum auflöst. In bezug auf die Architektur sind dabei zwei Haupttendenzen im Auge zu behalten: zum einen das Überhandnehmen rein funktionaler Architektur, oft gebaut mit Fertigteilen und mit CAD-Programmen geplant und jeden schmückenden Beiwerks aus Kostengründen beraubt und zum anderen die Entkörperlichungstendenzen im Gefolge von Medienarchitektur, deren Wände zu transparenten Häuten und Membranen tendieren – Kuben mit bespielten Fassaden.

Das Unbehagen über die ›Containerisierung‹ wie über die Entmaterialisierung der Architektur wird in asiatischen, nordamerikanischen und europäischen Ländern gleich empfunden:

»Die gegenwärtige Überbetonung der intellektuellen und konzeptuellen Dimensionen von Architektur trägt zum Verschwinden der physischen, sinnlichen und in Form gekleideten Essenz von Architektur bei.«[12]

In westlichen Kulturen ist seit Jahrhunderten vor allem der weibliche Körper eminent erotisch besetzt. Das hat natürlich auch mit christlicher Religion, dem Mythos von der Erbsünde – »Eve started it all« – und christlicher Ächtung der Sexualität zu tun. Lange Zeit hindurch wird der Geist verklärt, die Seele steigt in den Himmel (oder fährt zur Hölle), der Körper wird überwunden und abgetötet. Das gilt insbesondere für den rigiden Protestantismus, dem analog zu seiner bewußt kargen und auf das Innere des Menschen gerichteten Kirchenbauten die Entmaterialisierungstendenzen in der Architektur und die Immaterialisierungsprozesse in zahlreichen Kommunikations- und Geschäftsbereichen vertraut und genehm sein müßten, während es im Katholizismus – zumindest in Barock und Rokoko – aber ebenso in zahlreichen anderen Religionsgemeinschaften durchaus höchst sinnenfreudige Sakralarchitekturen gibt. Es wäre jedoch ein Irrtum anzunehmen, erotische Architektur hätte mehr als am Rande mit Architektur für Erotik zu tun, selbst wenn ein Sexclubbesitzer die Innenarchitektur seines Etablissements aus dem Interieur einer katholischen Kirche zusammenstellte. Die zwielichtige Schmud-

Rotlichtmilieu, Reeperbahn, Hamburg

deligkeit des modernen Rotlichtmilieus spiegelt sich in seiner architektonischen Trostlosigkeit. Wo in der großbürgerlichen Bordelltradition des 19. Jahrhunderts in alten Gründerzeitvillen von Städten wie Frankfurt noch erotisches Ambiente aufkommen mag, gilt dies in eigens eingerichteten Sexkasernen nicht mehr, in denen die Ware Frau bar jeder erotisierenden architektonischen Verpackung vermarktet wird:

»Dabei sind die für Frankfurt typischen, in gründerzeitlichen Altbauten eingerichteten Bordelle im Vergleich zu den modernen Betrieben in anderen Städten noch relativ attraktiv. Die Eros-Center in Düsseldorf oder Hamburg sind dagegen wirkliche Sexsilos, seelenlose und unmenschliche Fabriken mit endlos langen Gängen, in denen bis zu dreißig Frauen hintereinander stehen. Solche Bauten werden weder von den Frauen noch von den Freiern gut angenommen. In ihnen kommt nicht ein Hauch von privater Atmosphäre auf. Die alten Bordelle leben dagegen geradezu vom Charme und der Patina, die Altbauten nun einmal haben und die sie erstaunlicherweise auch dann noch behalten, wenn sie nicht so gut gepflegt werden.«[13]

Blättert man im Buch der Architekturgeschichte zwei Jahrhunderte zurück, so stößt man auf Claude-Nicolas Ledoux' Entwurf zum *Oikemes*, einem Freudenhaus und Tugendtempel, in dem die Männer sexuelle Erfahrungen für die Ehe sammeln sollten. Hier zumindest sollte die Funktion des Gebäudes sich auch in seiner Form spiegeln, was noch lange nicht heißt, daß es sich dabei um mehr als bildhafte Entsprechung gehandelt hätte.

Für die erotische Baukunst geht es immer wieder um Fragen der multisensorischen Raumwahrnehmung. Weniger im Sinne jener Pränatalpsychologen, deren Untersuchungsergebnisse, wie die Arbeiten Eriksons zeigen, noch in den frühen achtziger Jahren soziale Rollenklischees und Geschlechterstereotypen fortschreiben, wie sie sich in der bürgerlichen Gesellschaft des 19. Jahrhunderts herausgebildet haben. Erikson ließ zehn bis zwölfjährige Kinder in einer breit ausgelegten Untersuchung mit Spielsachen Szenen darstellen:

»Mädchen bauten viel öfter als Jungen einen Raum in Form eines Kreises von Möbeln ohne Wände. Dieser kreisförmige Aufbau wurde von etwas in den Kreis Eindringendem durchstoßen. Knaben hatten die Tendenz, hohe Strukturen wie Gebäude oder Türme, und Straßen zwischen ihnen zu bauen. Mädchen neigten dazu, den Spieltisch als Inneres eines Hauses zu verwerten, wobei sie Bauklötze in geringer Zahl und einfacher Weise benutzten.«[14]

Mädchen sind für Innenräume zuständig, Jungen für Außenarchitekturen und hohe Strukturen. So einfach gibt sich das noch bei Erikson, und er schließt aus seinen Beobachtungen auf eine Dominanz genitaler Modi über die Modalitäten der räumlichen Organisation, die zu einem tiefgreifenden Unterschied im Raum-

Michele Saee (Building), Modeboutique Ecru, Los Angeles, Kalifornien, 1988

sehen und Raumerleben der beiden Geschlechter führe.

Im Lichte zeitgenössischer gesellschaftlicher Entwicklungen und neuerer Forschungen wollen wir uns in der Betrachtungsweise unseres Themenspektrums von tradierten Klischees lösen und im Sinne der modernen Gender-Debatte Geschlechterrollen, Handlungsrollen und biologisches Geschlecht entkoppeln. Dies nicht nur, weil Androgynie-Tendenzen überall im Steigen begriffen sind und weil wir aufgrund der intellektuellen, emanzipatorischen und allgemeingesellschaftlichen Veränderungsprozesse weder einen ›typisch männlichen‹ noch einen ›typisch weiblichen‹ Blick auf unser Themenensemble verfolgen wollen, sondern weil wir davon überzeugt sind, daß es diesen ›typischen‹ Blick gar nicht (mehr) gibt, daß er sich über der Individualisierung von Lebensentwürfen, Handlungsrollen und Geschlechtsidentitäten in komplexe, individuell variable Strukturen aufgelöst hat oder aufzulösen im Begriff ist.

Wir sehen uns in dieser Auffassung durch die Forschungen Aaron Betskys bestärkt, der in seinem Buch *Building Sex*[15] nicht nur in industriellen und postindustriellen Gesellschaften starke Trends zu nomadischen Lebensformen ausmacht, sondern auch die alte Architekturdiskussion über Laugiers Urhütte herausfordert und das zugleich männliche wie weibliche Zelt als Urform der Architektur propagiert. Auch für Betsky ist die Geschlechterrolle (gender) ein gesellschaftliches Konstrukt. Wird es als solches erkannt,[16] hat das auch weitreichende Konsequenzen für die Errichtung wie für die Analyse von Architektur:

»Wir sollten, so möchte ich argumentieren, davon träumen, ein Reich von Männern und Frauen ineinan-

Issey Miyake,
Paris Kollektion,
Frühling/Sommer 1995

Straße in Menton,
Côte d'Azur,
Südfrankreich

Wohntürme von
San Gimignano
bei Siena, Toskana

der zu verweben. Wir können uns eine Welt vorstellen, in der Inneres und Äußeres ineinander fließen, Struktur sich in Oberfläche auflöst, Komfort und Abstraktion sich miteinander verschränken. Dann kommt eine Welt zustande, in der wir uns selbst in eine kulturelle Textur einschreiben, eine Landschaft, die viele verschiedene Geschlechter und Formen gebiert.«[17]

Man kann das Mitte der neunziger Jahre z.B. an Werbekonzepten beobachten, in denen Rollenumkehrungen herkömmlicher Verhaltensmuster in Szene gesetzt sind. In einer Anzeige der Modefirma Joseph Janard, die im März 1995 in Wochenzeitschriften und Nachrichtenmagazinen geschaltet war, sucht eine hübsche, aber natürlich und nicht modelhaft wirkende, gutangezogene Frau einen halbnackten Mann mit Blicken zu verführen, der im Begriff ist, seine Jeans auszuziehen. Die Augen des Mannes sind abgedeckt, den Hintergrund bildet das auf ägyptisch stilisierte, architekturbetonte Ambiente einer Bar. Die Anzeige strahlt Frische, Fröhlichkeit, ungezwungene Erotik aus, und es wird deutlich, daß im Gegensatz dazu die auf wenige Typen standardisierten Starmodels eigentlich nur ästhetisch schöne bewegte Oberflächen, eben ›Werbeträger‹ sind, die der Vielfalt individueller Lebensgestaltungen von Frauen und Männern nicht mehr gerecht werden, weil ihre Körperarchitekturen auf Idealmaße standardisiert worden sind. Issey Miyake hat dies erkannt und läßt seine Kreationen in der Regel nicht von Models, sondern von Kunden, unter ihnen viele Architekten, Künstler, Philosophen, Literaten, Wissenschaftler, vorführen. Da vermögen selbst alte Körper erotisch zu wirken, weil sie von innen heraus leben, persönliche Ausstrahlung

Antoni Gaudí, Casa Milà, Barcelona, 1906–10

besitzen. In Miyakes Mode verfügt sogar eine exzentrische neunzigjährige Pariser Aristokratin noch über erotische Ausstrahlung.
Ähnlich verhält es sich mit Architekturen und unserer Wahrnehmung von Architektur. Sie mögen per se aufgrund ihrer Bauweise, Materialwahl, Farben, Texturen sinnlich sein, ihre erotische Aura erhalten sie erst mittels spezifischer Raumanordnungen, Symbole und deren Besetzung im Kopf.[18] Warum wirken Städte in der Toskana oder der Provence oft so erotisch? Weil sie deutliche Spuren von Leben zeigen – Schichten, Mauerrisse, abblätternde Farben, Texturen –, weil die Häuser in ihren Dimensionen noch auf Körpermaße bezogen sind, weil sie, um sich vor der Sonne zu schützen, das Wechselspiel des Verbergens und Enthüllens betreiben, Licht in vielfältiger Weise als Material und Dimension des Bauens zu verwenden wissen, weil sie wie Häute sind, bestückt mit taktilen Sensoren, und weil sie aus dem Halbdunkel ihres Inneren mit unbestimmten Verheißungen locken, voller Geheimnisse stecken. Weil sie ihre Körperlichkeit betonen und mit dieser Körperlichkeit spielen. Den Häusern geht es ähnlich wie den Gesichtslandschaften von Menschen, die Leben und Erfahrung angesammelt haben. Es ist das Uneindeutige, das Prozessuale, der Rost des Lebens und der Materialien, die erotisch wirken und sind. Häufig sind es auch nur Teilaspekte der Gebäude, die erotischer Baukunst zuzurechnen sind, Eingänge, Treppen, Flure, Innenhöfe, Fassadenpartien.
Oft gilt dies gerade für revitalisierte ältere Architekturen wie alte Speicherhäuser im Hamburger Hafen oder Butler's Wharf und den Straßenzug von Shad Thames im Londoner East-End-Hafengebiet von Bermondsey. In der Verschränkung von Architektur, Photographie und Malerei lassen sich in dieser Hinsicht, wie das Werk des französischen Malers und Photographen Georges Rousse in hervorragender Weise zeigt, derartige Effekte besonders gut einfangen, symbolisch vertiefen. Mit sparsamen Mitteln weiß Rousse jene Dimension von Kunst zu erzielen, die sich dem Wort weitgehend entzieht, bei der man – wie angesichts seiner Serie der *Embrasures* (1987) – wie vom Blitz getroffen mit einem Adrenalinstoß reagiert, weil man realisiert, daß hier essentielle Aspekte des Verhältnisses von Architektur und Erotik ins Bild gebannt sind:

»Die Räume wiederum spielen mit dem Mystizismus untergegangener Kultur. Sie werden zum Leben erweckt durch die Dramatik des Lichteinfalls. Es handelt sich um Gebäude, die irgendwo vergessen wurden und langsam in sich zerfallen. (...) Es ist das Unsichtbare an Rousse' Bildern, das sie so eindringlich macht. (...) Rousse schafft Momente einer kollektiven Erinnerung, die in Vergessenheit geraten ist.«[19]

Michael Ludwig Rohrer, Schloß Favorite bei Rastatt, Spiegelkabinett, 1710–15

Viele gute Regisseure machen sich die Ambiguitäten alternder Architekturen zunutze, wenn sie erotische Szenen in leicht schmuddeliger Umgebung drehen und nicht in Hochglanz-Sterilität. Oder Modephotographen, die Stars unter den Photographen. Wenn sie neuen Kollektionen eine bestimmte Anmutung von Erotik mitgeben wollen, lichten sie die Models vorzugsweise vor alten Gemäuern oder in belebten, multikulturellen Pariser Altstadtstraßen ab. Feuerstein hat dies die Kunst des »Perambulatorischen« genannt:

»(...) des Umwanderns, des Herumgehens, eine Kunst der Erfahrung, im Zeitablauf eine prozessuale Kunst – erst in der Bewegung ist es möglich, die ganze Palette der Erlebnisse auszuschöpfen und mit allen Sinnen Architektur aufzunehmen. Architektur und Eros: beides können Erlebnisse sein, die über die Sinne in die tiefste Substanz des Menschen reichen.«[20]

Photographen und Regisseure ziehen aus der Kombination von Architektur und Erotik psychologische Vertiefung des Verständnisses von Architektur, ihrer Auswirkungen auf Menschen und Produkte, aber auch symbolisches Vertiefen von Charakteren und Handlungen.

»Architekten müssen aufhören, nur in Materialien zu denken. Die Architektur unserer Zeit ist daher im Begriffe, sich sowohl als Medium neu zu formieren als auch den Bereich ihrer Mittel zu erweitern. Viele Bereiche außerhalb des Bauens greifen in die ›Architektur‹ ein, wie ihrerseits die Architektur und die ›Architekten‹ weite Bereiche erfassen. Alle sind Architekten. Alles ist Architektur.«[1]

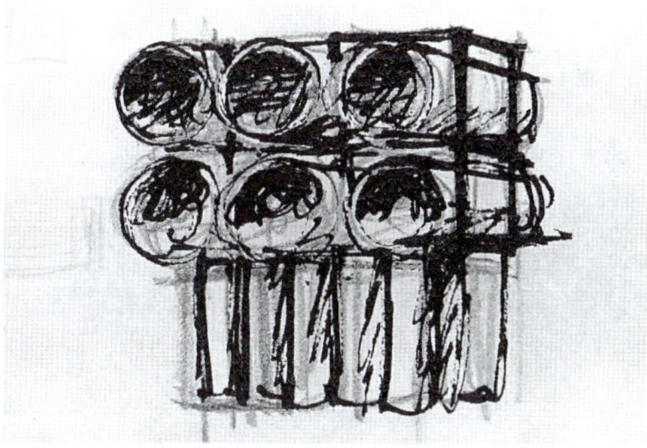

Hans Hollein, Architecture, 1958

1. Hans Hollein, Retti Kerzengeschäft, Wien (1964–65)

Hans Holleins erstes gebautes Projekt, das *Kerzengeschäft Retti* in Wien (1964–65), hat ihn über Nacht berühmt gemacht und, obwohl nur ein kleines Projekt, hat es großes Aufsehen erregt. Hollein hat hier mit Ideenreichtum und Detailfanatismus die Grundprinzipien seiner Baukunst realisiert und in Szene gesetzt: eine Auffassung von Architektur als magisch-sakral-ritueller und sinnlich-körperlich-erotischer Kunst.

Hans Hollein, Retti Kerzengeschäft, Fassade

Linke Seite:
Coop Himmelblau, Funderwerk 3,
St. Veit an der Glan, 1988–89

Hans Hollein, Retti Kerzengeschäft, Wien, 1964–65, Blick von innen zum Eingang

Es ist ein Stück Außen- und Innenarchitektur zugleich, implantiert in spannungsreichem Kontrast in einen Barockbau am Wiener Kohlmarkt. Vollendet durchgestylt durchdringen sich organische, fließende, runde und streng geometrische Formen, Rechtecke, Dreiecke, Halbkreise, Kuben und Prismen, anthropomorphe Körperlichkeit und technologische Abstraktion, kühle und warme, sinnliche Farben, bläulich schimmerndes Aluminium außen, orangefarbener

Shantung in der Wandbespannung und terrakottafarbener Teppichboden innen.
Ein ausgesprochen erotisches Prinzip verfolgen die beiden Schaufenster. Entgegen aller üblichen Praxis präsentieren sie sich und ihre Ware dem Betrachter nicht frontal, sondern wenden sich kokett halb ab, verbergen erst, bevor sie enthüllen, und das nicht in ausladender Breite, sondern auf den Punkt konzentriert. Um so genauer schaut der Betrachter hin. Wie in den Schaufenstern gehen auch bei Tür und Oberfenster gerundete und rechtwinklige Formen ineinander über oder werden einander kontrastiert. Das elliptische Oberfenster über der Tür findet innen in einer bauchigen, nierenförmigen Aushöhlung seine Fortsetzung.
Kerzen suggerieren Wärme, Feuer, Leidenschaft, Romantik, Opfer und Altar, und den entsprechenden Assoziationsspielraum hat Hollein in Farbgestaltung und Design im Laden realisiert. Männliche und weibliche Prinzipien begegnen, durchdringen sich. Das Betreten des Geschäfts ist vergleichbar dem gewaltlosen Eindringen in einen uterinen Raum, der sich nach einer engen Eingangspassage weitet und seinerseits wieder nach dem Prinzip pulsierender Expansion und Kontraktion gestaltet ist.
Zwei horizontale Achsen, eine Vertikale und ein rechter Winkel reichen aus. Zwei gegenüberliegende Spiegel dehnen den engen Raum ins scheinbar Unendliche. Der phallischen Symbolik der Kerzen begegnen die Regale ihrerseits mit teilweisem Sich-Abwenden. Keine Theke trennt Käufer und Personal. Der Kunde soll Eleganz, Extravaganz und Exklusivität mit dem Gebrauchsgegenstand Kerze verbinden, der ins festlich-feierlich Rituelle erhöht wird. Mit zehnjährigem Vorlauf macht sich Hollein hier zum Trendsetter postmodernen Ladenbaus.

2. Hans Hollein, Museum Abteiberg, Mönchengladbach (1972–82)

Mit dem im Juni 1982 eröffneten *Städtischen Museum Abteiberg* in Mönchengladbach präsentierte Hans Hollein seinen ersten durchgestalteten Großbau. Mit ihm wurde die rheinische Provinzstadt zu einem Mekka des Architekturtourismus, und auch noch Mitte der neunziger Jahre hat dieser Bau nichts von seiner Attraktivität verloren. Nach Alexander von Brancas Münchner *Neuen Pinakothek* (1975–81) war es vor allem Holleins Museum, das den Startschuß zu einer Vielzahl postmoderner Museumsbauten in einem Jahrzehnt setzte, welches weltweit wie keine Dekade zuvor einen Boom der Museumsarchitektur mit sich brachte.

Hans Hollein, Museum Abteiberg, Mönchengladbach, 1972–82, Fassadendetail

Hollein hatte hier erstmals Gelegenheit, seine Prinzipien einer erotischen Baukunst in größerem Maßstab zu verwirklichen. Das *Museum Abteiberg* liegt auf dem Berg, am Berg und im Berg, ist somit ein vielfältig gegliederter Architekturkörper im Inneren der Erde wie auf ihrer Oberfläche. Er beansprucht alle Sinne, die Fernsowohl wie die Nahsinne, die Außensinne wie die meist vernachlässigten Innensinne für das Wahrnehmen von Körperinnerem.[2]
Für den von der Altstadt kommenden Besucher wird ein Teil des Museumsdaches zur Fußgänger- und Begegnungszone, während die mit Titan-Zink verkleideten Shed-Dächer der übrigen Ausstellungsflächen Reminiszenzen an Industriearchitektur wachrufen. Neben dem großen Büroturm steigt man einen kleinen, engen, aber markanten zweiten Turm hinab zu den Gewölben, den Höhlen, Gruften, Schatzkammern zeitgenössischer Avantgardekunst, die dort mit spielerisch-feierlichem Duktus präsentiert wird. Das Gebäude besitzt seine wirkungsvollen, theatralischen Schauseiten, mit freundlichen, fröhlichen, ja mitunter sogar eitlen Gesten und Effekten, ebenso wie seine Geheimnisse und verborgenen Lockungen und Überraschungen, die das Publikum zu Abenteuer- und Entdeckungsreisen auffordern. Es ist deutlich zunächst von außen, von seinen sinnlichen Oberflächen nach innen und dann wieder von innen nach außen gebaut.
Hierbei ist das Innere mit größter Sorgfalt durchkomponiert und stellt die eigentlich erotische Komponente Holleinscher Baukunst dar.
Er erweist sich auch mit diesem Gebäude als Trendsetter. Ein Jahrzehnt vor dem Einsetzen medialisierter fluider Raumkonzepte entwirft Hollein Räume, die ineinandergleiten: Nicht, daß nicht auch schon Mies und Le Corbusier offene Raumkonzepte propagiert hätten; bei Hollein ist es aber erstmals jenes farbige Zusammenspiel amöbenartig sich verändernder Raumgebilde, wie wir es inzwischen von Computermalerei, von Animationen spezieller Graphik-Software her kennen, die mit psychedelischen Effekten stets auch nach Klängen verlangt. Sie produziert jene fließenden Bilder, die urbildlos im Computer generiert werden und höchstens als assoziative Vorstellungen in Kopf und Bauch existieren.
Im Innern des Museums trifft der Besucher immer wieder auf neue, überraschende Perspektiven. Große, kleine, mittlere Säle und intime Nischen wechseln einander ab. Geschwungene Linien herrschen vor, an denen Gaudí seine helle Freude gehabt hätte. Es gibt nur verhältnismäßig wenige rechte Winkel.
Hollein will den Besucher in ein dimensional vertieftes, sinnlich erfahrbares Raumerleben einfangen, in dem historische, mythische, sakrale, erotische Dimensionen eine wesentliche Rolle spielen. Ihm eignet daneben von jeher eine theatralische Affinität zu Tod und Begräbnis, der Kehrseite lebendiger Erotik. Erst danach gelingt das Eros-Thanatos-Wechselspiel. Hollein inszeniert lustvolle Begräbnisse, wie dies in Europa wohl nur Wiener mit ihren ganzen Prunkgebaren auf dem Wiener Zentralfriedhof beherr-

schen. Dahinter steckt die Tradition des österreichischen Katholizismus, aber auch eine Neigung zum Irrationalen, zu Mystizismen, jenes Wienerische Wissen um die quasi-erotische Attraktivität von Morbidität und Dekadenz. Als Spätgeborener nach Freud und Musil unterläuft Hollein sie jedoch gleich wieder mit ironischer Spielhaltung und bricht sie optimistisch auf. Hinzu kommt die Faszination des Themas Labyrinth, das mit Geheimnis und Suche nach Erkenntnis eng verbunden ist. Auch hier herrscht eine heitere Haltung gegenüber dem Labyrinth vor. Nicht das klassische, strenge, kreuzungsfreie Labyrinth, das man mit wachsender Furcht begeht und an dessen Endpunkt das große Geheimnis harrt, welches im Kern doch wohl die Erkenntnis von Tod und Nichts beinhalten kann, sondern spielerische Labyrinthe sind es, die den Besucher dieses Bauwerks in ein abwechslungsreiches Verwirrspiel locken. Die Eros-Thanatos-Thematik wird als Architektur der Sinne mit Baukörpern, Materialien, Effekten in Szene gesetzt.

Da gibt es lange Perspektiven, aber auch immer wieder Kreuzungen, an denen der Besucher selbst entscheiden kann, Gerade und Diagonale weiterzugehen oder um die nächste Biegung herum sich auf ein neues Geheimnis einzulassen. Da gibt es die Treppen und Galerien, die auf verschiedenen Höhen stets neue Durch- und Überblicke eröffnen. Da gibt es die Grabgewölbe, in denen provozierende Kunst so rituell und feierlich aufgebahrt ist, als handele es sich um die Grabbeigaben des Tut-ench-Amun. Das alles hat etwas ungemein Theatralisches. Architektur und Exponate spielen ein Wechselspiel inszenierter Körper.

Erotik ist auf Kommunikation angewiesen. So hat Hollein das gesamte Gelände auf Begegnungen hin konzipiert, die auf den freien Flächen, in den engen Gängen, an den Kreuzungspunkten der Labyrinthpfade entstehen können. Die Cafeteria ist in den Ausstellungsbereich hineingenommen, und auch sie ist ein Hinterglas-Theater, wo man sieht und gesehen wird. Dann gibt es eine Malklasse, einen Vortragssaal, ein Audiovisionstheater. Hollein weiß meisterhaft das Spiel der gegenseitigen Attraktion von Körpern baulich zu inszenieren, das Spiel des Verbergens und Enthüllens, von Hell und Dunkel, das Spiel der wechselnden Farben.

Licht- und Farbdesign genießen in diesem Museumsbau besondere Bedeutung. Der raffinierte Einsatz von nach Licht- und Raumerfordernissen kombinierten Leuchtröhren nimmt Anleihen bei Künstlern wie Dan Flavin. Sie korrespondieren mit den Exponaten von Pop- und Op-Art. Der Lichtgestaltung – Tageslicht und Kunstlicht, Oberlichter und Deckenbeleuchtung, aber auch den Spiegelungen von Teilen der Umwelt oder der Baukörper in Fenstern, Aluminium- oder Zinkverkleidungen – kommt eine weit mehr als dekorativ-spielerische Funktion zu. Bei Freud ist der Spiegel ein Sinnbild der Psyche. »Spieglein, Spieglein an der Wand, wer ist die Schönste im ganzen Land?« heißt es im Märchen, doch bei Hollein geht das raffinierter, weniger direkt, mit Brechungen, vom Narzißmus über vielfältige historische und zeitgenössische Zitate, die gespiegelt, evoziert, angespielt werden, bis zu den verführerischen Künsten, mit Licht Atmosphäre und Farben zu beeinflussen. Da kommen auch haptische und taktile Sinne ins Spiel, und die Materialien spielen ebenso mit wie die Baukörper als Ganzes in dieser architekturerotischen Inszenierung, die sich postmoderner Authentizitätsproblematik voll bewußt ist, aber gerade daraus wieder ihre genuine Identität und Authentizität schöpft.

Hans Hollein, Museum Abteiberg, Mönchengladbach, 1972–82, Detail der Raumführung

Hans Hollein,
Kopfgebäude einer Bauzeile im Düsseldorfer Rheinhafen,
Wettbewerbsentwurf ›Visions for Europe‹, 1994

3. Hans Hollein, Kopfgebäude einer Bauzeile im Düsseldorfer Rheinhafen (1994)

Hans Hollein hat den bei vielen Gelegenheiten verbreiteten Grundsatz seiner frühen Jahre, daß nämlich Architektur Erotik, vielleicht sogar die letzte Domäne der Erotik sei, nie aufgegeben. Neben Norman Foster, Dominique Perrault, Romuald Loegler, Hans-Ullrich Bitsch und Niklaus Fritschi sowie Matteo Thun nahm er 1994 am Architekten-Workshop ›Visions for Europe‹ teil, dessen Ausstellung in zahlreichen europäischen Metropolen und 1995 auf der Architekturbiennale in Venedig gezeigt wurde. Aufgabe dieses Workshops war die individuell ausgeformte Gestaltung hochverdichteter Gebäudeensembles auf einer Landzunge im aufgegebenen Düsseldorfer Rheinhafen. Hollein erhielt dabei das Kopfgebäude am Ende der Landzunge für seine ›Vision‹ zugewiesen, welches als ›mixed-use-building‹ mit Wohnungen, Büros, Ateliers, einem Café und einer Aussichtsplattform das projektierte Ensemble abschließt. Dabei gelang ihm eine sinnliche architektonische Skulptur, die zugleich technische und visuell innovative Lösungen anbietet.
Das Gebäude vereint weibliches und männliches Prinzip, Eiform und Phallus. Gestaltung und Konstruktion der gewölbten Fassade verzichten auf Balken, Stützen und Wände, deren Funktionen von einer unabhängigen Membran übernommen werden. Ein elektronisch gesteuerter Sonnenschutz verhüllt und enthüllt wie eine Vorhaut das Innere gemäß dem Wechselspiel von Wolken und Sonnenlicht. Ein Schrägaufzug erschließt das Gebäude, das als Kopfgebäude partiell über dem Wasser schwebt, und vermittelt eine neuartige Form der Raumdynamik. Statt in Geschosse unterteilt zu sein, erlaubt ein großer Gesamtraum die beliebige Unterteilung auf unterschiedlichen Ebenen. Hollein schreibt dazu:

»Für meine Arbeit der letzten Jahre ist eine neue Sicht zu Tektonik relevant – nicht mehr Stütze und Träger, Wand und Decke als vertikal übereinandergeschichtete Konstituierende, sondern die dynamische Schräge, die Auflösung zur tragenden Schale und zur unabhängigen Membrane. Die ›Fassade‹ verschwindet – es gibt einen homogenen plastischen Körper – eine kontinuierliche Oberfläche. Diese Oberfläche ist sphärisch, auch die Elemente, die Materialien, aus denen sie zusammengesetzt ist, sind nicht auf Zweidimensionalität (oder Polygonalität) hin reduziert, sondern echte sphärische Raumflächen, in alle Richtungen hingebogen – sowohl die Stein- als auch die Glasflächen der Außenhaut, sowie die Innenwände aus Rigips.«[3]

Sinnlichkeit, so wird an Holleins Entwurf evident, sucht sich immer wieder zeitgemäße Formen, Materialien und Raumsituationen. Auf uralten organischen Formen aufbauend, vermag moderne Technologie Körperlichkeit wie Transparenz in gleichem Maße zu gewährleisten.

4. Santiago Calatrava, Tabourettli-Cabaret-Theater, Basel (1986–88)

»Die peinliche Genauigkeit, mit der die Montage der Gebäudekonstruktion vorgenommen wird, ist ein weiterer Indikator vom Verständnis des Bauwerks als einem in Veränderung befindlichen Organismus mehr

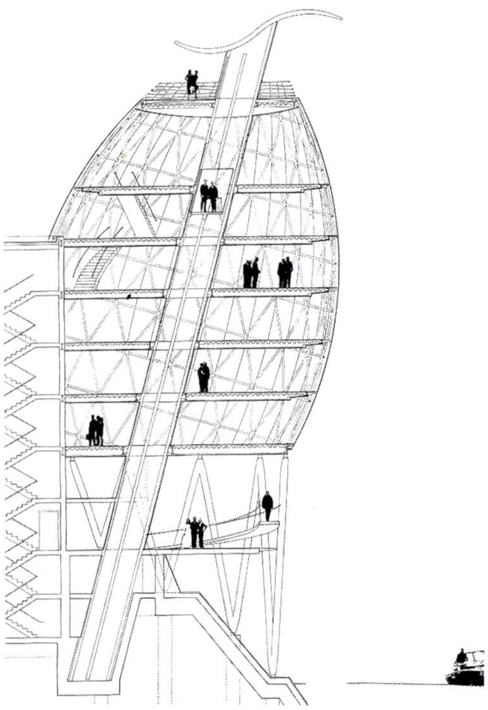

Hans Hollein, Düsseldorfer Rheinhafen, Schnitt

Santiago Calatrava, Tabourettli-Cabaret-Theater, Basel, 1986–88

als dem einer vollendeten Form, bei welcher der konstruktive Prozeß im Vergleich zur schöpferischen Idee nur ein Randproblem darstellt.«[4]

Mit unserem zweiten Beispielarchitekten Santiago Calatrava begeben wir uns auf ein abstrakteres Terrain erotischer Baukunst. Der Valencianer Calatrava, der sich gleichermaßen beeinflußt sieht von Renaissancekünstlern wie Leonardo da Vinci und Michelangelo, vom französischen Baumeister Viollet-le-Duc, der sich im 19. Jahrhundert um die Wiederherstellung mittelalterlicher Kunst- und Baudenkmäler verdient gemacht hat, wie von modernen Ingenieur-Architekten (Maillart, Menn, Candela, Prouvé), von Alvar Aalto und Constantin Brancusi, hat sich eine eigene Formensprache künstlerischen Ingenieurbaus geschaffen, die in ihrer Herausforderung an Ingenieure und Architekten geeignet ist, in origineller und sinnlicher Weise die steril gewordene Sprache der Moderne zu revitalisieren und gleichzeitig Technik und nur scheinbar spröde Ingenieurskunst zu erotisieren. Und natürlich gibt es da noch einen weiteren großen Namen, der ebenfalls Architektur, Skulptur und Ingenieurswissen zur Baukunst zu verdichten verstand und dem es gleichzutun Calatrava als vornehmste Aufgabe sieht: Antoni Gaudí.

In seiner Arbeit geht Calatrava in einer ingeniösen Mischung von organischer und körperlicher Formensprache und abstrahierenden Konstruktionsmerkmalen nach Prinzipien vor, die wir unserem theoretischen Ansatz nach als erotisch bezeichnen. Er läßt sich aus der Natur anregen, von Pflanzen und Tierskeletten wie von menschlichen Körperformen und -bewegungen. Immer wieder finden sich bei ihm poröse, muschelförmig geformte Anker, die von straff gespannten Zugseilen durchbohrt werden, parallel dazu werden Spannelemente geführt. Die Verbindung von Erotik und Macht, das kritische Moment des gleichzeitigen Verhüllens und Enthüllens, das andere des Sich-Verbindens und Beherrschens, werden offenbart und gleich wieder verdeckt, wenn z. B. verschiedene Kräfte in Drehgelenken aus einem Punkt gehalten werden, raffiniert abgefangen und umgelenkt auf Formen scheinbar eingefrorener tänzerischer Bewegungen, wo dann der gesamte Aufbau einer Konstruktion in einem quasi magischen Schwebezustand gehalten wird. Immer wieder werden in seinen Konstruktionen die Spannungen zwischen Nerven und Skelett gegenüber der schützenden und umhüllenden Haut sichtbar. Und als Ingenieur-Architekt, der 1981 an der ETH Zürich mit einer Arbeit über die »Faltbarkeit von Rahmenkonstruktionen« promovierte, weiß Calatrava Wände und Dächer zu falten wie ein Couturier.

Als Demonstrationsbeispiel haben wir das

Santiago Calatrava, Tabourettli-Cabaret-Theater, Basel, 1986–88, Treppe

Tabourettli-Cabaret-Theater in Basel (1986–88) gewählt, wobei es sich um die heikle Aufgabe des Innenumbaus eines unter Denkmalschutz stehenden Altstadthauses aus dem 16. Jahrhundert handelt. Theater ist per se eine besonders körperliche und sinnliche Kunst, die in der witzigen Kleinform des Cabarets eine weitere Steigerung erfährt. Dem trägt Calatrava durch Materialien, Konstruktionsdetails und Raumfolge Rechnung. Er selbst sagt: »Die räumliche Reihenfolge und das Erlebnis Raum und Materialien sind die wichtigsten Merkmale.«[5]

Zu gestalten waren Garderobenfoyer und Treppenhaus, Pausenfoyer und Theatersaal. Garderobe und Treppe sind aus Stahl und Glas konstruiert. Aus einer gotischen Stube entstand das Pausenfoyer, in dem man eine verspiegelte hölzerne, faltbare, kinetische Garderobe installiert hat. Der Saal wurde so umgebaut, daß drei vorhandene Säulen wegfielen. Dies erforderte eine Aufhängung der Deckenkonstruktion, deren Lasten auf das stählerne Treppenhaus umgeleitet wurden und zur Hälfte auf diesem ruhen. So hat die Stahlkonstruktion die Aufgabe, einerseits die

Last von 211 Tonnen in die Fundamente abzuleiten, andererseits einen Treppenaufgang für das Cabaret-Theater und ein Verbindungspodest zwischen Theater und dem eigentlichen Foyer zu schaffen. Für die Inneneinrichtung des Theaters wurden Möbel, Tische, Hocker und Lampen von Calatrava entworfen.
Erotisch in unserem Sinne zeigen sich die aufeinander abgestimmte Material- und Farbwahl, der behutsame gegenseitige Umgang sich teilweise visuell aggressiv gebärdender Materialien, die zugespitzten Deckenelemente, deren Spitzen und Lasten elegant und raffiniert abgefangen werden, das sinnliche Leder in Kombination mit stählernen Stuhlbeinen.
Zu den erotischen Elementen von Theater und Tanz gehört das Erregen der Sinne, das Evozieren von Vorfreude und Sensibilisierung des Körpers durch Bewegung, Körperspannung, durch Mimik, Gestik und Kostüm umgesetzt in die Andeutung der gegenseitigen Berührung, des Verzögerns und Hinhaltens. Analog ist bei Calatrava die Begegnung, aber nicht die Berührung von gemauerter gotischer Wand mit ihrem rauhen sinnlichen Charme und modernen Stahl- und Holzkonstruktionen im Theatersaal gestaltet. Hinzu kommt die Begegnung und Berührung, aber nicht Durchdringung von Materialien bei der Konstruktion von Tischen und Stühlen, die sich quasi selbst aufhebende, tänzerische Körperlichkeit von Tisch- und Stuhlbeinen und am genialsten von allem die Konstruktion einer Treppe, die zugleich Brücke ist, metallen schimmernder Körper, der sich leichtfüßig seiner eigenen Massivität hingibt, dessen Last und Lust auf einen einzigen Punkt auf einem glänzenden Ei aus Chromstahl konzentriert ist und abgetragen wird, ohne die alte Hausstruktur zu belasten:

»Die von Calatrava entworfene Treppe fungiert in doppelter Hinsicht: einmal als ein neues Element der Distribution und dann als tragende Lösung für den Gebäuderahmen als Ganzes. (...) Ebenso wie in anderen Bauten Calatravas ist das Zusammenspiel von Formen und Belastungselementen mit Raffinement und Virtuosität gelöst, und das Ergebnis ist jedesmal aufregend.«[6]

Selbst die skulptural gefalteten Fensterläden befolgen das erotische Prinzip teilweisen Enthüllens und aufregenden Verhüllens.

5. Santiago Calatrava, La Ciudad de las Moreras: Kultur- und Museumsquartier in Valencia (Entwurf, 1992)

»Woran ich interessiert bin, das ist das Niederreißen von Barrieren, Schaffen eines Kontextes und nicht so sehr daran, das zu tun, was meine Zeitgenossen tun. Vielmehr verstehe ich meine eigene Tätigkeit als Vorausplanung in die Zukunft.«[7]

Calatrava hat seit 1982 ein derart respektables Œuvre vorzuweisen, das gleichzeitig experimentell, wegweisend, stilbildend und praktikabel ist, daß er sich wie kein zweiter Architekt der Welt zum ›shooting star‹ der achtziger und neunziger Jahre entwickelte. Erfolgreich und auf glückliche Weise synthetisiert Calatrava in seinen Bauten seine drei Begabungen als Bildhauer, Architekt und Ingenieur. Alle seine Gebäude und Einrichtungsgegenstände sind Skulpturen, die das Element Konstruktion bloßlegen, Konstruktion selbst zur Kunst steigern. Aus Prinzipien der Konstruktion bildet er dann seinen eigenen Stil. Dabei entlockt er der Konstruktion nicht nur Poesie, sondern entwirft in immer neuen Bauten geradezu eine Poetik des Bauens mit Stahl, Glas und Beton.
In diesen Prozessen ist sein Denken und Entwerfen weniger theoriegeleitet als spontan assoziativ und baut auf Bildideen auf, die er sogleich in seine eigene Handschrift überführt:

»In seinem Œuvre erscheint Natur nicht nur als konzeptuelle Analogie, sondern ebenso als symbolisches Bild, welches versucht, die Existenz des Lebens in seinen Strukturen auszudrücken. Seine romantische Neigung wird ganz besonders in seiner Rückkehr zur Natur als dem Beginn der Schöpfung evident, ein verborgenes Gefühl, das der rationalen Struktur unterlegt ist.«[8]

Calatrava besitzt die Fähigkeit, stark in Analogien zu denken und zu sehen, Analogien, die er aus organischen Formen, aus Pflanzen, Tieren, Menschen auf technische Konstruktionen zu übertragen weiß. Dabei unterliegt er nicht dem Fehler, den Frei Otto wohl zeit seines Lebens beging, nämlich hauptsächlich nach der optimierten Übertragung von Prinzipien aus der Natur in die Technik zu suchen – z. B. wie lassen sich Libellenflügel zu leichten Tragwerken entwickeln – und auf diese Weise gewissermaßen eine Poesie des Minimalismus zu schaffen, die ungeachtet all ihrer ästhetischen Qualitäten letztlich eindimensional bleibt. Von Werk zu Werk wird Calatrava hingegen multidimensionaler, weil es ihm gelingt, Symbole, Imagines, kulturelle Kontexte in seine Entwürfe einzubinden. Auf Skelettformen und tänzerisch-skulpturale Elemente wurde bereits verwiesen. Darüber hinaus müssen zwei seiner wichtigsten, sich immer wieder verselbständigenden Elemente auch in unserem Kontext genannt werden: Dach und Brücke.
Calatrava ist nicht umsonst innerhalb nur eines Jahrzehnts zum vielleicht bedeutendsten Dach- und Brückenbauer der Gegenwartsarchitektur gereift. Er versteht es, Dächern wie Brücken immer neue Formen zu entlocken, von Skelettstrukturen zu Analogien springender Raubkatzen bis zu sich faltenden und schließenden Blüten und Harfen. Nie jedoch geraten derartige

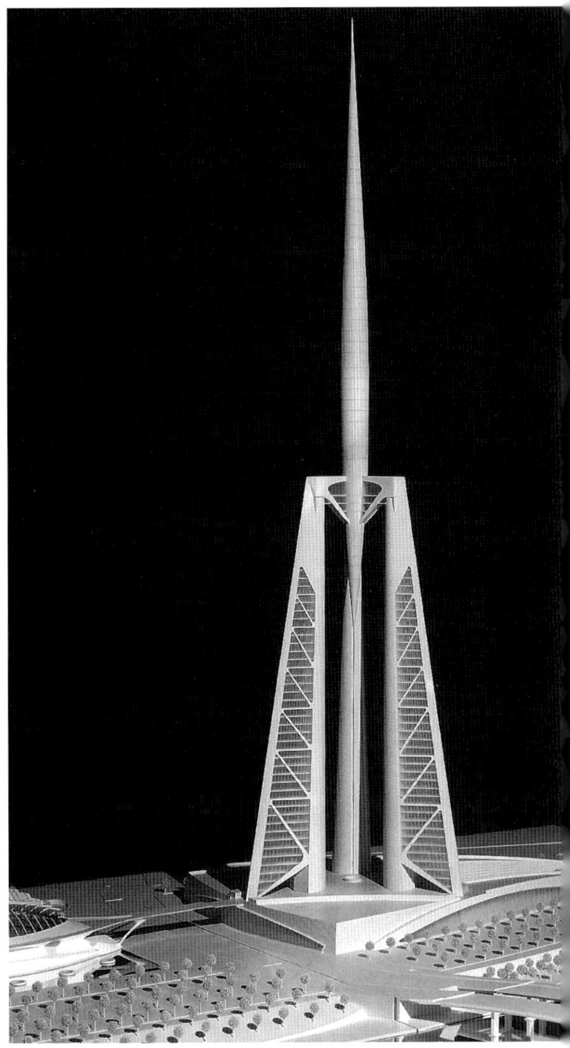

Santiago Calatrava,
La Ciudad de las Moreras,
Entwurf, 1992

Santiago Calatrava,
La Ciudad de las Moreras,
Ausstellungsgebäude

Bildvorwürfe zu simpler ›architecture parlante‹. Calatravas Entwurfskunst besteht gerade darin, stets Synthesen von Sinnlichkeit und Abstraktion zu finden. Ständig spielt er dabei mit Bewegungsmetaphorik. Seinen eigenen Aussagen nach beschäftigten ihn Probleme der Faltbarkeit und der Kinematik spätestens seit seiner Zürcher Studentenzeit. Von daher gewinnt seine Architektur ihre Dynamik, ihren fließenden, strömen-

Rechte Seite:
Santiago Calatrava, BCE Place,
Toronto, 1987–92

LUSTSCHLÖSSER UND ORTE DER GEBAUTEN SEHNSUCHT

Vorspiel: Vathek und die Paläste der fünf Sinne

»Vathek, der neunte Kalif aus dem Hause der Abbasiden, war der Sohn des Motassem und Enkel des Harun el Raschid. In jungen Jahren bestieg er den Thron. Die großen Fähigkeiten, die er ganz früh schon besaß, ließen seine Völker auf eine lange und glückliche Regierung hoffen. Sein Aussehen war hoheitsvoll und schön; nur wenn er zornig wurde, blickte sein eines Auge so schrecklich, daß man es nicht ertragen konnte: der Unglückliche, den dieser Blick traf, fiel rücklings zu Boden und hauchte manchmal sogar auf der Stelle den Geist aus. Und deshalb gab sich der Kalif, aus Furcht, seinen Staat zu entvölkern oder aus seinem Palast eine Öde zu machen, seinem Zorn nur selten hin. Er war den Frauen und den Genüssen des Tisches gleich stark ergeben. Seine Freigebigkeit kannte keine Grenzen, und seine Ausschweifungen waren ohne alles Maß. Denn er glaubte nicht, wie der Kalif Omar Ben Abdalaziz, daß man aus dieser Welt eine Hölle machen müsse, um in der andern sich des Paradieses zu erfreuen.

An Glanz übertraf er alle seine Vorfahren. Der Palast Alkorremi, den sein Vater Motassem auf dem Wildpferdhügel erbaut hatte und der die ganze Stadt Samarah beherrschte, war ihm nicht weit genug. Er ließ noch fünf Flügel, oder vielmehr fünf neue Paläste anbauen, und jeder davon war zur Befriedigung eines seiner Sinne bestimmt.

In dem ersten dieser fünf Paläste waren die Tische stets mit den ausgesuchtesten Speisen bedeckt. Tag und Nacht, sobald sie kalt geworden waren, wurden sie erneuert. Die feinsten Weine und die besten Liköre flossen in Strömen aus hundert Springbrunnen, die nie versiegten. Dieser Palast hieß ›Das ewige Fest‹ oder ›Der Unersättliche‹.

Den zweiten Palast nannte man ›Tempel der Melodie‹ oder ›Nektar der Seele‹. Ihn bewohnten die besten Musiker und bewundertsten Dichter der Zeit. Nachdem sie ihre Talente an diesem Orte geübt hatten, zerstreuten sie sich in Gruppen und überfluteten die ganze Umgebung mit ihren Liedern.

Der Palast ›Das Entzücken der Augen‹ oder ›Die Stütze des Gedächtnisses‹ war ein einziges Wunder. Die größten Seltenheiten aus allen Ecken der Welt waren hier in reicher Fülle und in schönster Ordnung versammelt. Man sah in einer Galerie die Bilder des berühmten Mani und Statuen, die zu leben schienen. Hier reizte eine kunstvolle Perspektive den Blick; dort wurde das Auge angenehm durch die Künste der Optik getäuscht; an einer anderen Stelle fand man alle Schätze der Natur. Mit einem Worte: Vathek, der neugierigste unter den Menschen, hatte in diesem Palaste nicht vergessen, was die Neugierde der Besucher befriedigen konnte.

Der Palast der Wohlgerüche, den man auch ›Stachel der Wollust‹ nannte, war in mehrere Säle unterteilt.

Linke Seite:
Georg von Dollmann,
Schloß Linderhof, 1874–78

Wasserschloß Azay-le-Rideau, Loire, 1518–29

Aromatische Lampen und Fackeln brannten hier auch am hellen Tage. Um der köstlichen Trunkenheit zu entgehen, die einen bald umfing, stieg man in einen weitläufigen Garten hinab, wo Blumen jeder Art einen kühlen und erfrischenden Duft verströmten.

Schloß Fonthill Abbey,
das William Beckford
von 1796–1844 bewohnte

Der fünfte Palast hieß ›Die Wohnung der Freude‹ oder ›Der Gefährliche‹. Hier waren viele junge Mädchen und Frauen. Sie waren schön und verführerisch wie die Huris und wurden nie müde, diejenigen wohl zu empfangen, denen der Kalif ihre Gesellschaft gewährte. Denn er war gar nicht eifersüchtig; verwahrte er doch seine eigenen Frauen in dem Palast, den er bewohnte.«[1]

William Beckfords *Vathek* wurde 1786 veröffentlicht, und der Geist von des Kalifen Palästen speist sich aus englischen, aus kontinentalen wie aus orientalischen Quellen. Aber deutlich sind es Lustschlösser und -paläste als Orte gebauter Sehnsucht nach Macht, Schönheit, Verbundenheit mit der Natur, nach Reichtum, Jagd- und Liebesfreuden, die da visionär auf der Bühne des inneren Auges inszeniert werden. Frankreich, sein aristokratischer Lebensstil, sein Luxus, seine Architektur und Mode ist in Europa tonangebend zur Zeit des Spätbarock und Rokoko um 1730–80. Der Satz Voltaires, »die Zivilisation schafft den Luxus und der Mensch paßt sich ihm ganz natürlich an«,[2] trifft hier in besonderer Weise zu. Zeitgleich erlangt der englische Park und Landschaftsgarten mit all seinen klassizistischen, romantischen und exotischen Gartenarchitekturen seine große Blüte.

Das Wort Sex war noch lange nicht erfunden, und man redete auch nicht von Erotik. Eros, Amor, Cupido waren jedoch als geflügelte Putti, als Skulpturen, Ornamente, Bildmotive, als nackte Sinnenkobolde allegorisch stets unterwegs und allgegenwärtig, um mit Brandpfeilen der Liebe Männlein und Weiblein in flammendes Begehren zu versetzen. Und das Wort ›Lust‹ in ›Lustschloß‹ war natürlich noch anders konnotiert als heute. Dennoch ging es, zumal für den Adel, vordringlich auch um Erotik und Sexualität, wenn auch eingebunden in eine breite Palette subtil-ästhetischer Verfeinerung jener Lebens- und Liebeskultur von einer Frivolität, Farbenpracht, Sinnenfreude, Phantasie, wie sie europäische Kultur nie zuvor und nie wieder seither ausgeprägt hat.

Seinerzeit war die Rede von den ›plaisirs‹, unter denen die schönen Künste, die Bau- und Gartenkunst, Musik, Feste und Theater verstanden wurden, aber auch die Philosophie, die Jagd, die Liebe – und hier vornehmlich die Mätressenliebe – sowie die Tafel- und Gaumenfreuden. Ludwig XIV. hatte die Zeichen gesetzt und die Wege gewiesen, das Leben als immerwährendes Fest in ständig wechselnden Dekorationen aufzufassen und zu gestalten.

Schloß Chambord,
Loire,
1. Hälfte 16. Jahrhundert

Ihm vorausgegangen war die von Franz I. im 16. Jahrhundert von Italien nach Frankreich importierte Renaissance und damit einhergehend der Auf-, Um- und Erweiterungsbau jener etwa 300 Burgenschlösser und Paläste an der Loire und ihren Nebenflüssen zwischen Orléans und Angers. Schon zwei Jahrhunderte zuvor hatte die kampfesfreudige französische Ritterschaft auf den Kreuzzügen die zivilisatorischen Segnungen verfeinerter Lebenskultur kennengelernt[3] und begonnen, ihre spartanisch-ungemütlichen Burgen mit dem ›Donjon‹, dem Wohn- und Wehrturm im Zentrum, vergleichbar dem deutschen Bergfried, wohnlicher zu gestalten. Teppiche als Verkleidung kalter, klammer Wände und Böden stellten dabei den größten Fortschritt dar.

Im Tal der Loire, jener behäbig-lieblichen Landschaft mit guten Weinen und einem sinnlichen Menschenschlag, lag seinerzeit, noch vor Paris, das politische Zentrum Frankreichs, und es bildete sich zum Schmelztiegel französischer Kultur und Identität heraus. Mit den Schlössern *Blois* und *Chambord* setzte Franz I. über die Insignien königlicher Prunk- und Machtentfaltung hinaus architektonische Zeichen für das Mäzenatentum des Königs gegenüber Literatur, Kunst und Wissenschaft:

»Unter seiner Regierung legte der Hof die letzten Relikte des Mittelalters ab. Hatten z.B. die Frauen bislang ein Dasein am Rande einer reinen Männergesellschaft geführt, so wurden sie jetzt in das Leben bei Hofe stärker einbezogen, erlebten also die Aufwertung von der Frau zur Dame, während sich gleichzeitig die Männer in ihrer neuen Rolle als Höflinge zu Kavalieren wandelten.«[4]

Franz I. kompensiert seine militärischen Niederlagen in Italien wie kaum ein Fürst vor und nach ihm mit kulturellen und künstlerischen Leistungen. Er holt italienische Künstler wie Leonardo, Serlio, Primaticcio an seinen Hof und läßt sie mit französischen Architekten zusammenarbeiten. Dabei entsteht ein genuin französischer Renaissancestil, der sich in einer Reihe unterschiedlicher Schloßtypen ausprägt, die jedoch über charakteristische Gemeinsamkeiten verfügen:

»Es sind dies vor allem Kompaktbauten und Mehrflügelanlagen. Zahlenmäßig überlegen sind die Dreiflügelanlagen mit einem Haupttrakt, dem ›corps de logis‹ und vorspringenden Flügeln, die den Ehrenhof, den ›cour d'honneur‹ rahmen. Hinzu kommen Raumfluchten und Galerien, wichtige Funktionsträger der Machtentfaltung und geeigneter Schauplatz höfischer Feste. Die Kompaktbauten wurden bevorzugt für Jagdschlösser genutzt, die oft gleichzeitig als ›maison de plaisance‹ dienten. In wald- und wildreichen Gebieten gelegen, waren sie häufig von Wasser umgeben. Es verwundert nicht, daß amouröse Abenteuer gern in diese Abgeschiedenheit verlegt wurden und einige dieser Schlösser sogar in den Besitz der Mätresse des Königs übergingen. Die meisten dieser Schlösser bestehen aus einer Sockelzone, dem Erdgeschoß und der ›bel étage‹. Unter dem Satteldach befindet sich ein weiteres, voll ausgebildetes Geschoß, dessen Fenstergauben Hauptträger herrschaftlicher Symbolik sind. Auch die Kamine sind meist mit Bauplastik dekoriert, die die herrschaftlichen Machtansprüche demonstrativ zur Schau stellen. Für das bildkünstlerische Programm von Bedeutung, aber auch selbst Bedeutungsträger königlicher Würde, sind Portale, Torbauten und Treppen. Die Räume innerhalb des Schlosses bilden als feste Raumfolge ›appartements‹, aus ›salle‹, ›chambre‹ und ›cabinet‹ bestehend.«[5]

Küchen und Bäder bezeugen, daß die Sinnenfreuden in diesen Schlössern genossen wurden. *Chenonceaux, Azay-le-Rideau* und *Amboise* weisen jenen amourös-verspielten intimen Charakter auf, der primär auf Zerstreuung und Vergnügen ausgerichtet ist. Schließlich war Leonardo da Vinci selbst spiritus rector einer Reihe großer königlicher Feste, die er zwischen 1516 und 1519 auf Schloß *Amboise* ausgestaltete. Während die Badkultur aber eher unterentwickelt blieb,[6] müssen die Köche in ihren ausgedehnten, mit vielen Raffinements versehenen Küchen bereits Erstaunliches geleistet haben. Das Eingebettetsein in Natur – Wälder, Wasser, Gartenanlagen – wirkt ebenso an diesem Eindruck mit wie die eigentliche architektonische Gestaltung, die von Heiterkeit und Beschwingtheit durchdrungen ist, was sich vor allem an schmückenden Accessoires der Treppen, Türme, Tore sowie an Putten und Amoretten ausdrückt. Mit der höfischen Kultur und der Aufwertung der Frauen, die häufig die Oberaufsicht über die Schloßbauten führten, während ihre Männer auf Reisen, in diplomatischen Diensten oder auf Kriegszügen ihre Zeit verbrachten, wuchsen insbesondere auch die Ansprüche an die innenarchitektonischen Anforderungen dieser Anlagen. Wandteppiche, Tapeten, Böden, plastische Deckengestaltung, Fresken, Bilder, Mobiliar, Bezugsstoffe, alles wurde im Lauf der Zeit verfeinert und feminisiert. Vieles vom erotisierenden Ambiente mancher dieser Bauten ist sicher dem Geschmack kultivierter adliger Mätressen zuzuschreiben:

»Dieser feminine Raum der Künstlichkeit und der Intrige wandelte sich in den Loire-Schlössern allmählich zu einer ganz eigenen Architektur. Obwohl ihnen

Schloß Chenonceaux, Loire, ab 1512

Festungsarchitekturen zugrunde lagen, waren Schlösser wie das Chambord Heinrichs IV. nur mehr Karikaturen von Verteidigungsanlagen. Ihre zahlreichen kleinen Türme hatten sich zu Rundformen verändert, deren innere Nutzung nach außen drängte und keinerlei Schutzvorkehrungen mehr bereithielt, von denen aus man das Schloß verteidigen konnte. Ihre Dächer hatten sich in Schornstein-Collagen verwandelt, von denen jeder einzelne zu einem Kreis von Wärme und Komfort im Inneren der Gebäude führte. Und ihre zahlreichen Giebel wiederholten ständig die Botschaft (und die Realität), daß es sich hier um eine Reihe hausähnlicher Räume handelte, nicht um eine einzige zusammenhängende militärische Struktur zur Verteidigung. Wie eine Fata Morgana erhoben sich solche Schlösser inmitten künstlich angelegter Forste. Sie stellten kompakte Zusammenballungen von Momenten der Sinnlichkeit und der Bequemlichkeit dar, so komplex, daß man sich leicht in ihren Dachlabyrinthen und endlosen Anhäufungen von kleinen Räumen verirren konnte, die sich, einer nach dem anderen, um die zentralen, zeremoniellen Säle öffneten, die tief im Inneren dieser Phantasie-Strukturen begraben lagen.«[7]

Die berühmteste aller Mätressen, die schöne und kluge Diana von Poitiers, war die Geliebte Franz' I. und nach dessen Tod die seines Sohnes Heinrich II. Noch jenseits der Vierzig, eines Alters, in dem Frauen seinerzeit meist schon alt und verbraucht aussahen, war ihre Schönheit legendär. Sie erhielt sich ihr jugendliches Aussehen u.a. durch sportliches Fitnesstraining, als begeisterte Reiterin und Schwimmerin. Diana gebot über *Chenonceaux*, welches ihr denn auch die offizielle Gattin Heinrichs II., Katharina von Medici, dicklich, herrschsüchtig, intrigant, von Herzen neidete. Und als Heinrich 1559, nur einundvierzigjährig, an den Folgen eines Turnierunfalles zu Tode kam – ein Lanzensplitter hatte sich ihm in ein Auge gebohrt und verursachte eine tödliche Infektion –, da verbannte sie die verhaßte Nebenbuhlerin in die reichlich freudlose Burg *Chaumont*.
Jahrzehntelang blieb Katharina, die erst 1589 starb, eine Drahtzieherin französischer Machtpolitik. Sie baute *Chenonceaux* aus und stockte um 1580 die von Diana begonnene Brücke über den Cher um eine doppelstöckige Galerie auf. Ihre Pläne, das Schloß zu einer gewaltigen, dreiflügeligen Anlage mit Dependance am anderen Flußufer zu erweitern, blieben jedoch unausgeführt.
Dennoch gab sie für ihre drei Söhne rauschende, ausschweifende Feste auf *Chenonceaux*, das nunmehr der Bezeichnung ›Lustschloß‹ auch im heutigen Sinne alle Ehre machte, Feste, die ihm zumindest einen vieldiskutierten anrüchigen Ruf eintrugen:

»Besonders während der Regierungszeit Heinrichs III. gerieten die (Feste) zu wahren Orgien, bei denen die Damen angeblich in Männerkleidung, aber mit entblößten Brüsten bedienten, der König selbst jedoch als Frau verkleidet war.«[8]

Diana von Poitiers aber war es, die nordöstlich vom Schloß den berühmten Garten von *Chenonceaux* anlegen ließ. Ihr Ruhm und ihre Schönheit sind über die Jahrhunderte lebendig geblieben, nicht zuletzt durch das Gemälde *Diana als Jägerin* (um 1550), das Luca Penni zugeschrieben wird. Diana führt damit jene

Luca Penni, Diana als Jägerin, um 1550

Höfisches Gelage zur Zeit der Katharina de Medici, Stich nach einem Gemälde von Bernard Amsterod

kontradiktorische Zuordnung von Frau als Natur und Kunstwerk, als Jungfrau und Hure, die schon aus dem späten Mittelalter stammt, auf einen Höhepunkt:

»Aus dieser Zeit datieren die scheinbar widersprüchlichen Imagines von der Frau als Teil der Natur und als Kunstwerk, als Jungfrau und als Hure. Der Raum des Gartens wird zum Raum der Frau, ein Naturraum, zu dem der Mann von der Sexualität zurückkehren muß, die er jedoch eingefangen, eingezäunt und domestiziert hat. Innerhalb dieser Beschränkung aber ist der Raum der Frau luxuriös, organisch in seiner Fähigkeit zum Blühen, abgerundet und ineinander verschlungen in seiner Form, und attraktiv für alle Sinne. Die Frau ist ein Rosenbusch, der Garten selbst; sie ist Landschaft, jener Teil der Natur, den der Mann neu erschaffen hat.«[9]

Anonymer französischer Meister, Fest am Hof der Valois, 16. Jahrhundert, Ausschnitt

Die Emanzipation der königlichen Mätresse im Vergleich zu allen anderen Frauen zeigt sich daran, daß sie es ist, die den erotischen Ort des Gartens anlegen lassen kann, der damit auch wieder zum Ort der Verführung, der Liebesfreuden wird. Dies und selbst die Tatsache, daß Heinrich II. nicht davor zurückschreckte, eine Steuer auf alle in seinem Reich erklingenden Glocken zu erheben, um die kostspieligen Bedürfnisse seiner schönen Mätresse zu befriedigen, haben Dianas Ruhm keinen Abbruch getan, eher dazu beigetragen, ihn zu erhöhen, und schon 1847 setzte Gustave Flaubert ihr und den Träumen unzähliger späterer Touristen ein literarisches Denkmal:

»Im Zimmer der Diana von Poitiers sahen wir das große Himmelbett der königlichen Konkubine, es ist ganz aus blauem und kirschrotem Damast. Wenn es mir gehörte, würde es mir schwerfallen, mich manchmal nicht hineinzulegen. Im Bett der Diana von Poitiers zu liegen, hat mehr Reiz, als bei einer Menge greifbarer Realitäten zu ruhen. Hat man nicht behauptet, in diesen Dingen liege alles Vergnügen nur in der Einbildung? Begreift man also, sofern man selbst etwas davon weiß, die sonderbare, nach sechzehntem Jahrhundert schmeckende historische Wollust, seinen Kopf auf das Kissen der Mätresse Franz I. zu legen und sich auf ihren Polstern zu wälzen.«[10]

Das Wasserschloß *Azay-le-Rideau* auf einer künstlichen Insel im Fluß Indre wetteifert bei Historikern und Touristen mit *Chenonceaux* um die Gunst, das schönste Loire-Schloß zu sein. Seine vielen Türme, seine ausgeprägte Renaissancebauweise (begonnen 1518), die amourösen Putten seines Treppenhauses, seine verspielten Schmuckformen kehren jene beschwingte Heiterkeit des Renaissancegeistes heraus, den wir gerne geneigt sind, als die vital-erotische Seite des Humanismus zu schätzen. Daß sich auch um diesen Bau Intrigen und Betrugsskandale ranken, kann schließlich nicht der Architektur als solcher zugeschrieben werden. Sein Bauherr, Gilles Berthelot, seines Zeichens Schatzmeister Franz' I., überließ wegen seiner ständigen Reisen die Bauaufsicht seiner Gemahlin, Philippe Lesbahy. Offensichtlich aber verleitete ihn die Liebe zum aufwendigen Schloßbau zur Veruntreuung erheblicher Summen, so daß er in Ungnade fiel und Franz I. 1528 das Schloß konfiszierte.

Zwei Jahrhunderte später waren die europäischen Fürsten, nicht zuletzt die deutschen, nach Kräften bestrebt, es Franz I. und Ludwig XIV. nachzutun. So kann man im *Teutschen Hof-Recht* des Friedrich Karl von Moser 1755 lesen:

»Es ist wohl nicht leicht ein Regent in Teutschland, welcher nicht neben seiner ordentlichen Residenz ein oder etliche Lust-, Jagd- und Landschlösser hätte.«[11]

Bereits deren Namen geben Kunde von ihrer Bestimmung.[12]

Jedes Lustschloß an einem ›locus amoenus‹ diente, wie die sachverständige Kunsthistorikerin hinzufügt, »den Plaisirs und der lustvollen Entspannung«.[13] Doch sie auch architektonisch als Zeugnisse erotischer Baukunst zu begreifen, fällt Kunsthistorikern offensichtlich noch immer schwer. Ungeachtet dessen waren die architektonischen Ingredienzien alle vorhanden. Friederike Wappenschmidt beschreibt, wie die Tendenz des 18. Jahrhunderts von der zum Palast aufgestiegenen Residenz zum Lustschloß, dem Lustschlößchen, schließlich zum noch privateren und individuelleren Liebesnest geht.

Waren es zu Zeiten Ludwigs XIV. und im Hochbarock noch die offizielle Prunkentfaltung der Treppenhäuser, Vestibüle, Säle und anschließenden Raumfluchten bis hin zu Audienzgemach und Paradeschlafzimmer, wo sich der Fürst öffentlich zu Bett begab und wieder vor den Augen des Hofes erwachte,[14] welche die Erotisierung adeligen Lebensstils im architektonischen Schauspiel unterstützten, so sucht sich das erotische Begehren selbst der Fürsten im Verlauf des 18. Jahrhunderts rasch immer kleinteiligere, intimere und immer raffinierter ausgestattete Formen von Architektur.

Der Zusammenhang zwischen Erotik, Macht und Architektur, der sich z. B. auch in den Loireschlössern so dominant ausprägt, ist auch hier noch unübersehbar, doch gestaltet er sich im Rokoko weniger direkt und mit geringerem Imponiergehabe. Denn im Verlauf des 18. Jahrhunderts, da die ›monde‹, die vornehme Welt, sich dem Traum von Arkadien, ewigem Frühling und immerwährender Jugend hingibt, feminisiert sich der Geschmack der Höfe im Charme des Rokoko. Wappenschmidt vertritt die Ansicht, die Lustschlößchen seien kleine anmutige Gesamtkunstwerke des Barockzeitalters gewesen, in denen vornehmlich Farben Gefühls- und Stimmungswerte erzeugten:[15]

»Die Architekten und Dekorateure wußten meisterhaft mit Farbe umzugehen, um die Wünsche der Bauherrn und ihre Vorstellungen von Würde und Atmosphäre in den Innenraum zu bringen. Sie waren mit dem Spektrum des Regenbogens vertraut, kannten die Wirkung von Licht und Schatten, das Aufleben der Farben im Sonnenglanz oder Kerzenschein und ihr Ersterben im Dämmern und Dunkeln.«[16]

Ergänzt wird die phantasiesteigernde Augenlust durch eine Architektur der Sinne, die von der Gartenanlage über die Skulpturen, Brunnen, Treppen, Außenarchitektur nach innen eine Durchdringung von Naturraum und Kunstraum kultiviert, die alle Sinne in Anspruch nimmt, das Haptische, Taktile ebenso miteinbezieht wie den olfaktorischen Sinn, die Nase durch den Duft der Blumen, das Ohr durch den Gesang der Vögel im Park und in den Volieren, durch die Musik im Innern der Schlösser.

Salomon Kleiner, Treppenhaus von Pommersfelden, Kupferstich, 1726

Schloß Leopoldskron, erbaut von Fürsterzbischof Leopold Anton Freiherr von Firmian, 1736–40
Unten: Venustempel im Landschaftsgarten von Wörlitz, 1765–1808

Vornehmlich im Park kommen Architekturen oder Architekturfragmente hinzu, die immer auch sinnliche, oft erotische Bedeutungsschichten mit einbeziehen. Es sind dies Fluchtorte ästhetischer Sehnsucht, erotischer Phantasien, wie Gartenhäuser, Pavillons, Parkburgen, Eremitagen, kleine Tempel, künstliche Ruinen oder Ruinenfragmente, die sämtlich den Spielcharakter dieser Kultur unterstreichen, die dabei eine Fülle regionaler und individueller Spezifika aufweist. Denn nicht zuletzt ging es dabei meist auch um Identitätssuche und -findung. Mittelalter- und Antikensehnsucht werden theatralisch inszeniert. Das Zusammenspiel von Parkanlage und Schloß läßt sich vortrefflich als Naturbühne gestalten, auf der man die ›fêtes champêtres‹ in Szene setzt. Parkwege und Außentreppen, häufig von antikisierenden, idealisch schönen weiblichen und männlichen Skulpturen gesäumt, geleiten ins Innere dieser ›maisons de plaisance‹, auf deren Innentreppen sich das Defilee geschmückter Körper vollzieht, sich die Blicke der Geschlechter gegenseitig anziehen, über die Inszenierung des eigenen Körpers gleiten.
Man braucht sich nur die Moden der Zeit anzusehen, etwa auf den Bildern François Bouchers von Madame de Pompadour, deren Vorbildwirkung bis auf den heutigen Tag noch sichtbar ist,

um dabei der Zusammenhänge zwischen Körper, Haut, Mode als zweiter und Architektur als dritter Haut gewahr zu werden. Die Faltenwürfe der Kleider und Gewänder, die vielfältigen Verhüllungsstrategien, bei gleichzeitigem Herausmodellieren erogener Reizzonen wie Busen und Hüften, finden sich auch in den organischen Schwüngen der Treppen, wobei Treppenhäuser, Hallen, Festsäle oft als quasi-uterine Räume gestaltet sind. In sie hinein ereignet sich der Einzug der Besucher als Initiation und Belebung der baulichen Hülle, während der Aufenthalt im Inneren multisensorischer Sinnenlust gilt, vorzüglich zu beobachten am grandiosen Treppenhaus von *Pommersfelden*, gebaut 1726 von Salomon Kleiner.
In der Innenarchitektur wie der Innendekoration setzt sich die Tendenz zum Gesamtkunstwerk in der sorgfältigen Abstimmung der Tag- und Nachtwirkung der Farben, von Böden, Wänden und Decken sowie deren Gemälden und plastischem Schmuck fort, im Dekor des Stucks, den geschnitzten Boiserien, hölzernen oder marmornen Vertäfelungen, Möbelintarsien, im Mobiliar, in Lack- und Spiegelkabinetten, in der Gestaltung des Porzellans. Poesie, Heiterkeit, Frohsinn, Lockung, Eleganz, Bequemlichkeit sind Trumpf. Das geht von den Küchen über die Repräsentationsräume zu den Prunkbetten der Schlafzimmer. Hinter Tapetentüren verborgene Treppen und Gänge, von Passagen umlaufene Salons, so daß das Essen unsichtbar aufgetragen werden konnte, unterstreichen im Fortgang des Jahrhunderts den wachsenden Wunsch nach Intimität und Diskretion der Erotik, dem auch die Innenarchitekten Rechnung zu tragen wissen.

François Boucher,
Madame de Pompadour,
Öl auf Leinwand, 1756

James Wyatt, The Island Temple, Fawley Court, Buckinghamshire, England, um 1771

Sicher hat französisches Zeremoniell viele der Prinzipien und Raumfolgen ausgebildet. Besonders im deutsch-österreichischen Sprachraum spielen dabei auch musikalische Kompositionsgrundsätze eine wesentliche Rolle, und die Musik Mozarts und seiner Zeitgenossen stellt eben auch im erotischen Kontext einen Gipfelpunkt abendländischer Kulturentwicklung dar. Wie nie zuvor legen somit die kontinentaleuropäischen Lustschlösser um die Mitte des 18. Jahrhunderts Zeugnis von einem erotisierten Lebensstil ab.
Erotik spielt in den Garten- und Parkarchitekturen der britischen Inseln in Verbindung mit einem Hang zu Exotismen wenn nicht die Hauptrolle, so doch einen wichtigen Part. Dafür aber drückt sich in ihnen gebaute Sehnsucht nach Phantasie- und Ersatzwelten in einmaliger Vielfalt und Originalität aus.
Die englische Aristokratie des 18. Jahrhunderts besaß ihre Paläste, Schlösser und Parks. Der niedere Adel und das aufstrebende, am Kolonialreich gut verdienende Großbürgertum verfügten zumindest noch über große Gartenanlagen, stil- und prachtvolle Landhäuser und Landsitze. Diese richteten sich nach verhältnismäßig strengen Baukonventionen.
In den Gartenarchitekturen der englischen Aristokratie des 18. Jahrhunderts aber konnten sich Phantasie und Experimentiergeist ausleben, konnte die gerade damals so gepflegte Lust zur Exzentrizität der ›cranks‹, der adligen Originale mit ihren ›whims‹ und ›oddities‹, ihren Launen und krausen Schrullen, Triumphe feiern, konnte man, so man über die nötigen Mittel verfügte, auf kühler und verregneter Insel eine arkadische Gegenwelt wirkungsvoll in Szene setzen.
Dabei nehmen Antikensehnsucht sowie der adlige und großbürgerliche Bildungstourismus nach Italien mit seinen klassischen Ruinen und einer großartigen zeitgenössischen Landschaftsmalerei Vorbildfunktion wahr. Claude Lorrains Pastoralszenen mit Landschaften, Brücken, Tempeln, Türmen, vereinzelten, geheimnisumwitterten Gebäuden, Schäferinnen werden zum Vorbild, an dem sich englische Meisterschüler wie Joshua Reynolds und John Constable nicht nur in der Malerei orientieren, sondern die auch in der Gestaltung von Landschaftsgärten und Parks ihre praktische Umsetzung erfahren. Engländer erfinden den Beruf des Landschafts- und Gartenarchitekten. Er wirkt in Verbindung mit größeren Bauten oder allein im phantasievollen, aber zugleich ordnenden und nach ästhetischen Gesichtspunkten vorgehenden Eingriff in die Natur, der seither englische Gärten und Parks so markant vom strengen, höfischen Zeremoniell französischer Gärten unterscheidet:

»Es war Kent, der vor allen anderen das Ideal des pittoresken Gartens formulierte, mit Gebäuden, Statuen, Kaskaden und anderen ›Ereignissen‹, die sich dem Betrachter allmählich aus unterschiedlichen Blickwinkeln und in unterschiedlichen Kombinationen enthüllen.«[17]

William Kent, Capability Brown, William Chambers, Nicholas Revett, John Vanbrugh lauten einige der Namen, die dem ästhetischen Geschmack des ›Gotischen‹ und ›Pittoresken‹

The Pineapple, Dunmore Park,
Stirlingshire, Schottland, 1761

The Gazebo, Alkerton Grange,
Gloucestershire, England

(was eine nicht ganz zutreffende Übersetzung von ›gothic‹ und ›picturesque‹ darstellt) ebenso vollendet Ausdruck verleihen wie der nostalgischen Antikenimitation vergilischer Provenienz oder mehr exotischen, teils maurischen, teils ägyptischen, teils chinesischen Gartenarchitekturen. Dabei spielen literarische, mythologische, politisch-allegorische Motive eine ähnlich markante Rolle wie jener Welthunger, der seinen machtpolitisch-wirtschaftlichen Ausdruck in den Reisen der Entdecker, dem Gründen von Kolonialreichen, dem Aufbau der großen Handelsgesellschaften wie der Hudson Bay Company und der East India Company findet. Sprachlich hatte er sich bereits in elisabethanischer Zeit im Werk William Shakespeares und vor allem in den Dramen Christopher Marlowes manifestiert, in denen man wie nie zuvor verfolgen kann, wie sich eine Sprache Welt, neue Bereiche, Gedanken, Begriffe aneignet. Die Begriffe ›Natur‹, ›Gefühl‹, das ›Erhabene‹, das ›Pittoreske‹, ›Geschmack‹ (nature, sentiment, the sublime, the picturesque, taste) gehören zu den Schlüsselwörtern der Epoche. Und die Landschafts- und Gartenarchitekturen wie die Erbauer all jener ›follies‹ und ›pleasure pavilions‹, um die es uns hier geht, wirken daran mit, einen ästhetisch ›guten‹ Geschmack auch in jenen baulichen ›Verrücktheiten‹ und Narreteien auszubilden, der als Wortsinn dem aus dem Französischen entlehnten Begriff ›folly‹ schließlich zugrunde liegt. Dies weist darauf hin, daß ihnen allen Elemente von Phantasie, ja von Phantastik gemein sind:

»Exzentrische architektonische Narreteien und Blickfänger, Gazebos und Miniaturschlößchen, Pagoden, Meiereien und Badehäuser, Tierhäuser und Vogelhäuser, Phantasieburgen und künstliche Ruinen – es gibt kaum einen Landsitz in England, Irland, Schottland oder Wales, der nicht seinen Anteil an Gartenarchitekturen besitzt. (...) An solchen Gebäuden kristallisieren sich Legenden, und schon ihre bloßen Namen klingen verführerisch: der ›Sirup-Esser‹ (treacle eater) im Park von Barwick, das ›Nadelauge‹ in Wentworth Woodhouse, die ›Eifersuchtswand‹ (the jealous wall) im Belvedere zu Westmeath, die ›Laune‹ (the whim) in Blair Atoll.«[18]

Für gewöhnlich konnte man in einem größeren Garten oder Park auf mehrere dieser Gebäude stoßen, die wie oben erwähnt den verschiedenartigsten Zwecken gewidmet waren. Ein klassischer Sinn für Harmonie, für Proportionen verband sich dabei mit der Suche nach Abwechslung, um unterschiedlichen Stimmungslagen zu dienen, wobei neben der Serenität elysischer Felder im vergilisch-arkadischen Sinne, wie William Kent sie in *Stourhead* in der Grafschaft Wiltshire verwirklichte, oft auch das Bizarre und Groteske seinen Platz fand. Das deutet darauf hin, daß neben und unter der gemessenen Heiterkeit einer in klassischen Bahnen gefestigten Seelenlage als Unterströmung auch das Unberechenbare, Schroffe, Schartige, gar nicht mehr so Heitere sich verbarg, das aus Schauder und Schrecken Angstlust gebar. Schließlich handelt es sich auch um das Zeitalter der ›rakes‹ und ›libertins‹, zynischer Lüstlinge, denen Frauen lediglich als Objekte ihrer Lust dienten, die völlig gewissenlos Menschenleben zugrunde richteten, wenn sich daraus nur ein Quentchen Befriedigung sadistischer und libertinöser Gelüste ziehen ließ. Wie sonst hätte der gotische Schauerroman mit all seinen von lüsternen Mönchen gejagten Unschuldsengeln,

Thomas Wright, The Menagerie, Inneres, Horton, Northamptonshire, England, um 1750

Tempel auf einem [Venus-]hügel mit geöffneten, ausgebreiteten Wänden seiner beiden Flügel, die ein Paar Beine versinnbildlichen sollten und die ovale Öffnung zu einer Höhle flankierten.«[19]

Der von Colen Campell 1720 entworfene *Temple of Venus* im Garten von *Hall Born House*, welches noch heute als Privatresidenz von Lord Burnham dient, führt dagegen eine derart heiter beschwingte Erotik vor Augen, daß frivole Gedanken an Orgien Beckfords oder des Earl of Rochester schon gar nicht aufkommen mögen. Die Briten sind mit einer absolut elastischen Doppelmoral lange Zeit gut gefahren. Und die scheinbaren Widersprüchlichkeiten des 18. Jahrhunderts tragen dem voll Rechnung, da es sich eben um keine echten Widersprüche, sondern um den komplexen Ausdruck einer komplexen Kultur handelt. Mögen die ›follies‹ und ›pleasure pavilions‹ meist auch nur entfernt auf Erotik anspielen, Orte gebauter Sehnsüchte und Wunschträume sind sie allemal und Architekturen der

den ›persecuted maiden in distress‹, so große Popularität erlangen können, wenn nicht in den meisten Menschen zumindest ein kleiner de Sade lauerte?

Die britische Oberklasse und die Aristokratie pflegte von jeher die Jagd wie all die kontinentaleuropäischen Fürsten auch. Aber daß man ganz offen der Mätressenliebe obliegen und den Geliebten Lustschlösser bauen könnte, das ging dem Moralempfinden britischer Adeliger in der Regel doch zu weit. Da stellt es schon den Gipfel an Frivolität dar, wenn erotische Symbole architektonisch zur Schau gestellt werden:

»Die bezaubernde Muschelgrotte, welche der zweite Earl of Halifax für seine Geliebte im Garten ihres Hauses im Hampton Court baute: Ihre Alkoven repräsentierten die Abenddämmerung auf der Westseite und die Morgenröte auf der Ostseite. Jede der Nischen war mit einer Couch und einem kleinen Kamin ausgestattet. Viel Gebrauch wurde von Stalagmiten und riesigen Cowrie-Muscheln gemacht, die beinahe schon zu offensichtlich männliche und weibliche Sexualsymbole repräsentierten.

Sir Francis Dashwood ging mit seinem Venustempel in West Wycombe sogar noch weiter. Er plazierte seinen

Stourhead, Wiltshire, England,
Neopalladianische Steinbrücke, ab 1785

Sinne auf jeden Fall. Das unterstützt dann wieder in einem weiteren Zusammenhang das Zustandekommen erotischer Situationen. So z. B. in den ›Orangerien‹: ab einem bestimmten Zeitpunkt – etwa um die Mitte des 18. Jahrhunderts – trachtete jeder in den entsprechenden Kreisen, der auf sich hielt, danach, eine Orangerie als Statussymbol in seinem Park zu errichten. Die Sehnsucht, in pseudogotischen Pseudoburgen jene zur damaligen Zeit noch absolut exotischen Früchte selbst zu züchten, war für das 18. Jahrhundert Ausdruck verschwenderischer Extravaganz: Farbe, Duft, Form, Geschmack aus fernen Kontinenten.
Sinnlichkeit, gepaart mit exquisitem Farb- und Formempfinden, zeichnet dann wieder die Innenarchitektur vieler ›follies‹ und ›pleasure pavilions‹ aus, und hier sind denn auch zahlreiche Skulpturen nackter Dianen und anderer mythologischer Schönheiten zu finden, die ›pleasure‹ erotisch konnotieren.
Englische Romantik als Sehnsucht nach vollkommener Harmonie zwischen kultivierter, aber nicht in französischem Sinne dressierter Natur und Bauwerken, die der Augenlust, dem Wohlbefinden der Sinne, des Körpers und des Verstandes in einem Gesamtkunstwerk-Verständnis dienen, findet ihre gelungenste Umsetzung in Gärten wie *Stourhead*, der über dreißig Jahre hinweg langsam heranreift. Barbara Jones hat dies zutreffend beschrieben als das

»Erreichen einer Balance zwischen Intimität und offenem Raum, so daß man sich geradezu verwundert fragt, ob Serenität vielleicht eine mathematische Konstante besitzen könnte.«[20]

Villa Stonehaven,
Texas, USA,
1985–90

Wenn die Gartenarchitekturen der englischen Aufklärung teilweise Miniaturversionen antiker Tempel, der Akropolis in Athen oder des römischen Forums darstellen, so zieht diese Bauweise eben jeweils eine ganze Palette von Begründungen ins Kalkül: Nobilitierung durch die Orientierung am klassischen Vorbild, Schönheit durch Befolgung mathematischer Bauprinzipien, schon aus der Ferne dem Auge wohlgefällig, Funktionsbestimmung als Ort der Meditation, der Kontemplation, des Gesprächs, bei größeren Gebäuden mitunter auch als ›banqueting hall‹ zur Unterhaltung von Gästen, als Teehaus oder Musikpavillon oder eben auch als Ort der romantisch-amourösen Begegnung.
Die Idee der Lustschlösser ist mit dem Spätbarock nicht untergegangen, doch geht die Tendenz im 19. Jahrhundert immer stärker ins Private, etwa wenn sich der Bayernkönig Ludwig II. seine wachgeträumten Architekturfiktionen schafft.[21] Aber bereits hier wachsen Surrogatcharakter und Epigonalität, die sich im 20. Jahrhundert z.B. in den Kreationen texanischer Multimillionäre in eine kitschige Eklektik steigern, die nur noch ferne Anklänge an die Originale durchscheinen läßt, selbst wenn dabei die Idee des Gesamtkunstwerks nie aufgegeben wird. Auch das Erotische der Baukunst erhält dabei jenen Surrogatcharakter, wie er im Sammelsurium des ›game room‹ von *Stonehaven* zutage tritt oder in dem einer Postkarte nachgemalten Himmel des gleichnamigen Lustpalais aus den Jahren 1985–90.[22]

DE SADE UND HIGH TECH: KÖRPERARCHITEKTUREN UND ZERSTÜCKELUNGSPHANTASIEN

Angela Krewani

»I trace the print of your body with my hand
Like the map of some forbidden land
I trace the ghosts of your bones.«[1]

Das architektonische Gegenmodell zu der Leichtigkeit barocker Lustschlössser lieferte der französische Aufklärer Donatien Alphonse de Sade in seinen Schriften, durch die er landläufig als der Begründer des Sadismus bekannt wurde. Die de Sadeschen erotischen Alpträume sind immer eng an Architekturen geknüpft, sie materialisieren sich in Schlössern, Landhäusern, in Klöstern, in Folterkellern oder in Gärten. Literaturhistorisch betrachtet knüpfen sie an die Tradition des galanten Romans an, der seine Figuren in Schlössern und Lustgärten in verspielte erotische Abenteuer verwickelt, die sich allerdings immer in Frohsinn und Wohlgefallen auflösen. Gleich den de Sadeschen Texten schrumpft dort die Welt zum Liebeskabinett zusammen, jedoch zum heiteren.[2]
Bei de Sade sind die Architekturen immer Orte der Folter und Qual, im Gegensatz zur Straße, die der Ort der Flucht ist, wie es der Roman *Justine oder vom Mißgeschick der Tugend* vorführt: In diesem Roman ist das abgelegene Kloster Sainte-Marie-des-Bois der größte in sich geschlossene Handlungsschauplatz des Textes, in dem eine Handvoll Männer ihr Terrorregime ausüben.[3]
Die ausführlichste literarische Beschreibung eines architektonischen Komplexes stellt de Sade in seinem Romanfragment *Die hundertzwanzig Tage von Sodom oder Die Schule der Ausschweifung* vor. In das für die Außenwelt unerreichbare Schloß Silling ziehen sich vier Libertins mit einer größeren Anzahl ausgewählter Opfer zurück, um sich in den nächsten vier Monaten ihren sorgfältig vorbereiteten Ausschweifungen hingeben zu können. Schon die geographische Abgelegenheit des Schlosses steht im Gegensatz zu der immer gewährten Zugänglichkeit barocker Lustschlösser:

Rochester Castle, Keep,
Grafschaft Kent,
1126–39

Linke Seite:
Bernard Tschumi, Folly, Detail,
Parc de la Villette, Paris, 1987–91

Burg Rappottenstein, Kapelle,
Niederösterreich, 12. Jahrhundert

»Um hinzugelangen, mußte man zunächst nach Baste gehen, dann passierte man einen gewissen Ort, oberhalb welchem der Weg sich so sehr verengte, daß man bald die Kutschen verlassen mußte. Man trat in einen schwarzen Wald ein und drang auf einem schwierigen, zerrissenen Weg, ohne Führer absolut ungangbar, ungefähr 15 Meilen vor. (....) Man braucht fast fünf gute Stunden, um den Gipfel zu erreichen, welcher wieder eine andere Besonderheit aufweist, die durch die Vorsicht, die man anwendete, zu einer neuen Schranke wurde. (...) Diese einzigartige Laune der Natur besteht in einer mehr als dreißig Klafter langen Spalte zwischen dem nördlichen und südlichen Teil des Berggipfels, so daß man ohne künstliche Hilfe, nachdem man den Berg erklettert hat, nicht wieder hinabsteigen kann. Durcet ließ die beiden Teile, zwischen denen ein Abgrund von mehr als tausend Fuß Tiefe gähnte, durch eine sehr schöne Holzbrücke verbinden, die abgeschlagen wurde, als die letzten Trainwagen angekommen waren, und von diesem Moment an gab es keine Möglichkeit mehr, mit Schloß Silling in Verbindung zu treten.«[4]

Der Abgelegenheit des Ortes entspricht das Erscheinungsbild des Schlosses, das wiederum äußerst unzugänglich errichtet ist. Von einer großen Mauer umgeben, ragt es auf einem Felsen empor und wird nochmals durch einen zusätzlichen Wassergraben von der Außenwelt abgeschirmt, so daß seine isolierte Bauweise durchaus Analogien zur inneren und äußeren Abschottung totalitärer Staaten aufweist. Demgemäß transformierte Pier Paolo Pasolini in seinem Film *Salò o le 120 Giornate* das Schloß in die abgelegene faschistische Republik Salò, die Mussolini noch kurz vor Ende des Zweiten Weltkriegs gegründet hatte.[5] Angela Carter geht noch einen Schritt weiter und versteht die Abgeschiedenheit des Schlosses und vor allem die Unmöglichkeit, dem Terror zu entkommen, als Metapher für die Welt.[6]
Das Bauwerk ist realistisch gezeichnet: In seinem Inneren befinden sich die Haupträume, Alkoven und Nischen, die den Orgien vorbehalten sind. Die privaten Wohnräume der Libertins

Richard Rogers/Renzo Piano, Centre national d'art et de culture Georges Pompidou, Paris, 1971–77, Konstruktion mit Rolltreppe

Richard Rogers/Renzo Piano, Centre Pompidou, Rolltreppe

Richard Rogers/Renzo Piano, Centre Pompidou, Lüftungsrohre

unterbrochen. Die Brust ist eine Maschine zur Herstellung von Milch, und mit ihr verkoppelt die Mundmaschine. Der Mund des Appetitlosen hält die Schwebe zwischen einer Eßmaschine, einer Analmaschine, einer Sprechmaschine, einer Atmungsmaschine (Asthma-Anfall).«[12]

In diesen eingestandenermaßen sehr divergenten und wenig systematischen Konzeptionen sehen wir eine Gegentradition zu den vorherrschenden Auffassungen des Körpers als einem einheitlichen, der Kontrolle oder dem Mechanismus der Psyche unterworfenen Organismus. Als architektonische Analogien dieses literarisch und philosophisch inszenierten Körpers verstehen wir die Eisen- und Stahlarchitekturen des 19. Jahrhunderts, deren fehlende Außenhaut den Blick auf die Konstruktion der Glieder, deren Zusammenhalt und Funktion lenkt. Diese Architekturen versuchen nicht mehr, ihr Skelett unter einer Haut zu verstecken oder es zu negieren. Nun steht nicht mehr die Fassade für die Ästhetik der Architektur, sondern die Konstruktion selbst wird in ästhetischen Kontexten repräsentiert. Das im wahrsten Sinne des Wortes herausragende Beispiel dafür stellt der Eiffelturm dar.
Eine zeitgenössische Fortführung der architektonischen Offenlegung des Körpers im Sinne de Sadescher Materialisierung findet sich in der High-Tech-Architektur von Richard Rogers, Michael Hopkins und Norman Foster. Zahlreiche Bauten dieser Architekten vermitteln den – diesmal architektonisch realisierten – Eindruck eines mechanistischen Materialismus. Ungeachtet ihrer Funktionen, ihres Innenlebens, des kulturellen und regionalen Kontextes sind die Gebäude wesentlich einer funktionalen Ästhetik der Maschine untergeordnet. Von spezifischen Inhalten abstrahiert, demonstrieren sie lediglich ihre eigene Funktion und deren Dynamik, die sich dem Blick offen darbietet. An den Gebäuden findet sich kein erotisches Spiel von Verhüllen und Enthüllen, von Entziehen und Andeutung, selbst die schützende Haut über die eigene Funktion bleibt einigen Gebäuden Rogers' und Hopkins' versagt. Ihre Erotik findet statt in dem Spiel der mechanistischen Energien und Intensitäten, die Trennung von Außen und Innen existiert nicht mehr, an ihnen ist alles nach außen gekehrtes Innen. Im übertragenen Sinne stellen die Maschinengebäude die

gequälten Körper de Sades dar, deren Struktur offen zutage tritt. Die Analogie wird bestätigt durch die Architekturterminologie, die dann auch anthropomorphisierend von dem »Skelett der Tragkonstruktion« sowie der »Fassadenhaut« spricht.[13]

In der Architektur erreichen die Maschinenimages der High-Tech-Architektur ihren Höhepunkt in dem historischen Moment, in dem maschinelle Vorgänge beginnen, durch Digitalisierung dem Blick entzogen zu werden. Damit schreibt die Architektur ein verschwindendes Technikpotential repräsentativ fest und musealisiert es zugleich, ein Potential, das sich zu Beginn dieses Jahrhunderts noch in Turbinen, Getreideaufzügen und Schornsteinen manifestiert hatte.[14]

Den Prototyp neuerer Maschinenästhetik in der Architektur stellt das französische *Centre national d'art et de culture Georges Pompidou* von Richard Rogers und Renzo Piano dar. Das *Centre Pompidou*, das sich deutlich aus dem Kontext des mittelalterlichen Stadtviertels hervorhebt, ist als Ikone der Maschinenästhetik sicherlich eines der bekanntesten Gebäude des späten 20. Jahrhunderts geworden. Darüber hinaus ist es das meistbesuchte Gebäude in Paris: 70 Millionen Besucher zählte man in nur zehn Jahren, das sind mehr, als Louvre und Eiffelturm zusammen aufzuweisen haben.

Richard Rogers und Renzo Piano, die Architekten des *Centre Pompidou*, hatten sich eher unwillig an dem von der französischen Regierung ausgeschriebenen Wettbewerb für ein Kulturzentrum der Stadt Paris beteiligt. Ihnen widerstrebte es, dem zentralistischen, hochgradig autokratischen französischen Präsidialsystem ein Denkmal zu setzen.[15] Der Entwurf von Rogers und Piano folgt nach Aussage der Architekten der Idee einer demokratischen Kommunikation und funktionellen Variabilität:

»Es ist unsere Überzeugung, daß Gebäude imstande sein sollten, sich zu verändern, nicht nur im Grundriß, sondern auch im Querschnitt und in der Höhe. Dabei handelt es sich um eine Freiheit, die den Menschen erlaubt, ihren eigenen Dingen nachzugehen. Es handelt sich um die Ordnung, die Maßstäblichkeit und das Detail, das aus einem klaren Verständnis des Bauprozesses herrührt, um die Optimierung jedes einzelnen Elements, seines Herstellungssystems, seiner Aufbewahrung, seines Transports, Aufbaus und seiner Verbindung mit anderen Elementen innerhalb eines klar definierten und rationalen Rahmens. Dieser Rahmen muß dem Menschen erlauben, innen und außen frei zu agieren, das Bauwerk je nach den technischen Erfordernissen oder auch nach den Bedürfnissen des Klienten zu ändern und neuen Entwicklungen anzupassen. Diese freie und wandelbare Konzeption des Gebäudes wird zu einem stilistischen Ausdruck seiner Architektur – ein gigantischer Meccano-Baukasten statt eines traditionellen statischen, transparenten oder soliden Puppenhauses.«[16]

Richard Rogers,
Lloyd's Building,
London, 1978–86

Interessanterweise lösen sich Rogers und Piano in ihren Anmerkungen zum *Centre Pompidou* sowohl von einer traditionellen humanistischen Ethik als auch von politisch motivierten Wertvorstellungen. Im Grunde preisen sie ein Gebäude an, dessen Einzelteilen sie sowohl Eigenleben als auch Eigendynamik und ein ›Recht auf Selbstbestimmung‹ zusprechen. Damit nähern sie sich den Konzeptionen des organlosen, durch seine Eigendynamik bestimmten Körpers an, wie sie Deleuze/Guattari vornehmen:

»Wir sagen nur, daß die Identität von Effekten, die Kontinuität von Gattungen und die Gesamtheit aller o(rganlosen) K(örper) auf der Konsistenzebene nur durch eine abstrakte Maschine erreicht werden kann, die in der Lage ist, sie abzudecken und sogar zu umreißen, also durch Gefüge, die in der Lage sind, sich an das Begehren anzuschließen, sich der Begehren effektiver anzunehmen und deren Konnexionen und Querverbindungen kontinuierlich zu sichern.«[17]

Im Fall des *Centre Pompidou* ist es der aufgerissene, aufquellende Körper, der sein Innerstes nach außen kehrt, sich den Intensitäten seiner Oberfläche ausliefert. Auch die anderen High-Tech-Gebäude dieser Generation besitzen keine Form der Privatheit mehr, ihnen wird keine Schamgrenze, die den Körper einem Wertesystem eingliedert, zugebilligt. Unerbittlich wird den Betrachtern die Funktion der Organe dargelegt, »it is possible to see even the most private functions displayed on the outside«.[18] Die Farbe der buntbemalten Rohre und Leitungen signalisiert deren Funktion, und gleich einem riesengroßen, transparenten Gedärm, das sich aus dem Körper herausgewunden hat, schleust die Rolltreppe die Besucher ins Innere des Gebäudes.

Wie in den Texten de Sades findet in diesen Architekturen kein erotisches Spiel von Verhüllen und Enthüllen, von Entziehen und Andeuten statt. Gleich den Romanfiguren müssen sich die einzelnen Teile des Baukörpers der Dynamik des maschinellen Begehrens beugen. In diesem Sinne ist das *Centre* dann eben doch nicht ein Zeichen für architektonische Demokratie, sondern, wie oben erwähnt, Ausdruck mechanistischer Energien.

Ist der Blick einmal dafür geschärft, fällt auf, wie wenig in der zeitgenössischen Architektur der Körper und seine Metaphern an kulturelle, religiöse oder weltanschauliche Wertesysteme gebunden sind. Anscheinend suchen Architekten kulturelle Kodierungen zu durchbrechen, um zu einem ›direkten‹, nicht in Zeichensysteme eingebundenen ›Sprechen‹ ihrer Gebäude zu kommen. Die Konzentration einiger Architekten auf eine direkte Sprache des architektonischen Körpers mag untergründig auch aus der Angst vor dem Verschwinden der Körper herrühren, welche die letzten beiden Jahrzehnte unseres Jahrhunderts beherrscht. Angesichts der um sich greifenden Medialisierung, die weder

Alfredo Arribas, Torres de Avila, Bar,
Eingang von außen, Barcelona, 1990

vor Körpern noch vor Körperkonstruktionen und ebenfalls nicht vor der Architektur haltmacht, entwickelt sich auch eine Renaissance des Körpers, eine sich verstärkende Konzentration auf die Bedeutung des Körpers, sowohl in Literatur und Philosophie als auch in Teilbereichen der Architektur. In diesem Kontext propagieren die Architekturmanifeste der Wiener Gruppe Coop Himmelblau, die immer wieder Körper, Erotik und Architektur ineinanderprojizieren, Metaphern körperlicher Intensitäten:

»Diese plakative Sensibilität
verwechseln Einäugige gerne
mit Brutalität.
Sollen sie doch.
Denn unangepaßte Ästhetik
ist politische Ästhetik.
Und diese sagt:
zu Vorstadthuren – Vorstadthuren
zu Geld – Geld
zu Lippenstift – Lippenstift
zu Lüge – Lüge
zu Kulissenschiebern – Kulissenschieber
zu Macht – Macht
zu Machern – Macher
und zu Architektur – Architektur.
Sie ist niemals Schminke
auf den Fassaden der Mittelmäßigkeit,
denn sie erzeugt Gegendruck.
Je härter die Zeiten,
umso härter die Architektur.«[19]

Auf einen ersten, flüchtigen Blick scheint Coop Himmelblau die erotische Brutalität de Sades fortzusetzen. In einigen ihrer – eingestandenermaßen als erotische Texte lesbaren – Manifeste zeigt sich eine phallische Ästhetik des Durchstechens, Aufreißens, Durchbohrens, kurzum der Defloration. Bei näherer Betrachtung jedoch erweist sich der scheinbare Phallozentrismus als oberflächlich, und es wird deutlich, daß die Gruppe sich um eine nicht-hierarchische, intensive Körperlichkeit bemüht, die sich von den wohlbekannten Sexualklischees löst.

Im Unterschied zu den de Sadeschen Mechanisierungen reflektieren die Architekten von Coop Himmelblau die bei de Sade niemals in Frage gestellte phallische Machtposition. Ihre Ästhetik des Durchbohrens kehrt diese um, läßt immer das schwächere, leichtere Element das Stärkere durchbohren oder aufreißen. Damit überschreiten sie die Rationalisierungen de Sades – und erweisen sich im Akt des Überschreitens als versteckte Romantiker –, indem sie eine Ästhetik der Brutalität einsetzen, diese aber dem Zweck unterordnen, Differenz herzustellen. Ihre Vorgehensweise dementiert die unerschütterliche Gültigkeit des tradierten Regelsystems zugunsten einer Individualisierung und inhaltlichen Neubesetzung architektonischer Konstruktionsprinzipien. Demnach liegt die erotische Ausstrahlung Coop Himmelblauscher Architektur in der Umkehrung symbolischer Herrschaftsstrukturen und in dem Versuch, durch Umbesetzung, Umkodierung konstruktiver Elemente zu tieferliegenden, neugefaßten Bedeutungsebenen zu gelangen.

Eine weitere Ähnlichkeit zwischen de Sade und Coop Himmelblau manifestiert sich in ihren dekonstruktivistischen Intentionen. Bei Coop Himmelblau begegnen wir landläufigen Klischees über Architektur und Technik, die jedoch von den Wiener Architekten unterwandert werden. Selbst die von ihnen in den achtziger Jahren mit ähnlichem Improvisationsgestus wie in Frank Gehrys frühen Häusern verwendeten Materialien machen gegen Konsumästhetik Front. Sie bürsten architektonische Klischees gegen den Strich, wenn ihre Materialien den Eindruck erwecken, als wären sie auf dem Schrottplatz zusammengetragen.[20] Auch bei de Sade kann man die Demontage zeitgenössischer und noch heute gängiger Denkmuster feststellen. Gemeint ist die subversive Kritik am Allgemeinheitsanspruch und an der allumfassenden Rationalität der Aufklärung und deren anti-feudaler Naturphilosophie. Bei de Sade findet sich schon früh die Demontage von Familie und der Vorstellung romantischer Liebe, die unser Seelenleben so nachhaltig geprägt hat. Mittels Subversion und Dekonstruktion ebenso wie mittels erotischer Gewaltphantasien fordern sowohl de Sade als auch Coop Himmelblau eine Reformulierung bestehender Muster und Weltbilder.

Während die High-Tech-Architekturen und die Phantasien von Coop Himmelblau eher einen an de Sade angelehnten mechanistischen Körper propagieren, realisiert der katalanische Architekt Alfredo Arribas die Ambiente de Sadescher Fiktionen. Seine Innenräume und deren Ausstattungen lassen die Schlösser, Klöster und Folterkeller de Sades wiederaufleben. Alfredo Arribas ist einer jener jungen spanischen Architekten, die Bewegung in die meistens an internationalen Strömungen orientierte spanische Architekturszene brachten.

Arribas gelang es mit seinen Bars, Schulen und Boutiquen, innerhalb von fünf Jahren internationale Anerkennung zu finden. Als Bezugsrahmen für seine Innenausstattungen und Umbauten dient ihm nicht nur die Architekturtradition, sondern er erweitert diese um Literatur, Film und neue Medienentwicklungen. Vor allem die zeitgenössische Populärkultur nutzt er als Folie für seine Konstruktionen.[21]

Die Referenzen auf de Sade finden sich in erster Linie in seinen Bars und Kulturzentren, also in Gebäuden, die schon durch ihre Funktion zum spielerischen Träumen und phantastischen Experimentieren einladen. Die erotische Wirkung von Arribas' Architektur entsteht in den inszenierten Andeutungen und Raumstrukturen, die de Sades Texte gestalterisch nachzuvollziehen scheinen. Es sind die Stahltreppen, die hinter Maschendrahttüren in unbekannte Untergeschosse führen, Verstrebungen vor Eisentüren und Spiegelwänden, die an Gefängnisse oder de Sadesche Schlösser erinnnern, in denen abgeschottet von der Außenwelt todbringende Orgien stattfinden.

Der Eingang in die zur Szenebar umgestalteten *Torres de Avila* (1990) gibt sich wie der Eingang in einen Folterkeller. Die alten Wände des Turms wurden durch aufragende Eisenverstrebungen nochmals verstärkt, die Türen sind mit Stahlgitter ausgekleidete offene Eisenkonstruktionen. Eine Art Falltür schafft die Verbindung vom Aufgang durch die Tür ins Innere des Gebäudes. Spekulationen über den Abbruch der Falltür und die eigene Isolation im Inneren der Bar bleiben den Gästen überlassen. In der Bar selbst setzen sich die Assoziationen anhand der unverkleideten Wände, die das mittelalterliche Mauerwerk freigeben, fort.

Arribas lädt dergestalt die blankpolierten Oberflächen mit Assoziationen an das verdrängte sinnliche Potential unserer Kultur auf, integriert es in eine fröhliche Welt der Vergnügungen und des Konsums und verleiht dieser so ein ambigues Gesicht. Die Ambiguität von sinnlichem Potential und sorglosem Konsum wiederholt sich auch in den von Arribas verwendeten Materialien: Die Kombination von harten, glänzenden Oberflächen aus poliertem Stahl und Chrom mit der durchsichtigen Eleganz von Glaswänden und der Transparenz von Stahlgittern schafft eine faszinierende Unentscheidbarkeit der architektonischen Situation. Im Vergleich zum Centre Pompidou und den Manifesten der Coop Himmelblau tritt deutlich hervor, wie unterschiedlich die Referenzen auf die de Sadeschen Texte ausfallen: Es stehen eine energiegeladene Maschinenästhetik des aufgerissenen Körpers und der dekonstruktivistische Impetus phallischer Formen gegen das lustvoll-schaurige Spiel mit Versatzstücken und Andeutungen sadomasochistischer Phantasien. Es wird evident, daß, obwohl die de Sadeschen Texte lange nicht in den Kanon literarischer oder philosophischer Texte eingegangen sind, ihre Strategien und Metaphern von Sexualität und Sinnlichkeit Künstler und eben auch Architekten intensiv geprägt haben.

Alfredo Arribas, Torres de Avila, Bar, Eingang von innen, Barcelona, 1990

BADKULTUR UND SINNENLUST

»Die Menschen haben die feste Vorstellung, daß zwischen den Bädern und der Wollust eine enge Beziehung besteht; ein alter Glaube, der zum Geheimnis dieser öffentlichen Anstalten beiträgt.«[1]

Louis Aragon

Worauf gründet sich wohl dieser von Aragon referierte »alte Glaube«? Zum einen sicher auf das Geheimnis der Nacktheit oder der erotisierenden spärlichen Bekleidung, auf das Durchbrechen von Tabus also, die viele Kulturen um den unbekleideten Körper und seine Genitalzonen errichtet haben, zum anderen auf den Mythos des lebensspendenden, lebenserhaltenden, aber u.U. auch lebensnehmenden Wassers, aus dem wir schließlich alle einmal gekommen sind, und zum dritten auf die Lust des wohligen Ein- und Auftauchens aus dem Wasser, das entspannt, entkrampft, Körperschwere nimmt, anregt. Und weiterhin resultiert er aus der voyeuristischen Augen-Lust des männlichen, neuerdings zusehends öfter eingestanden auch des weiblichen Blickes, der den eigenen oder andere Körper und ihre Nacktheit abtastet, sich von ihnen erregen läßt, im Kopf erotische Vorstellungen und im Unterleib jenes bekannte Kribbeln erweckt. Er entsteht aus den Wunschvorstellungen, was man im gemeinschaftlichen Bade mit den Körpern alles anstellen könnte, was man in bestimmten Epochen und Kulturen an erotischen Praktiken im Bade tatsächlich inszenierte und auslebte. So ist denn auch die Gestaltung sinnlicher Baderäume von einer Kulturgeschichte des Badens nur schwer zu trennen, und beides soll im folgenden untereinander verbunden werden.

Dabei folgen wir unserer eingangs dargelegten Definition, wonach Sexualität Natur und Erotik Kultur des menschlichen Trieblebens ist. Beide Bereiche können fließend ineinander übergehen, sich partiell überlappen, miteinander kombiniert werden. Je nach Akzentsetzung dominiert der eine oder der andere Begriff. Deutlich ist, daß Erotik stärker vom Kopf und Sexualität stärker vom Bauch her dirigiert werden. Im Zusammenhang mit der Badekultur geht es dabei einmal um erotische Badepraktiken, zum anderen um erotisierende Wirkungen, die von der Materialität des Bades, seiner Architektur und seiner individuellen Gestaltung ausgestrahlt werden.

Der Mensch kommt aus der Geborgenheit der Fruchtblase hinaus in die Welt und wird gebadet. Das ist Reinigung und Ritualhandlung zugleich. Das Baden steht also am Anfang unseres Erdenlebens. Religiöse Rituale und Erotik sind in vielen Kulturen eng miteinander verwoben. In unserem Kulturkreis wird diese Tatsache dadurch überlagert und verdrängt, daß wir seit zwei Jahrtausenden, ob wir nun besonders religiös veranlagt sind oder nicht, in unserem kulturellen Denken und Handeln zutiefst von den Vorstellungen und Werten einer Religion durchsättigt sind, die die eine Hälfte der Menschheit, nämlich die Frauen, für die Sünde in der Welt verantwortlich macht, und deren männliche Priesterkaste, zumindest im Katholizismus, bis heute unter Androhung existentieller Strafen zum sexuellen Lustentzug verpflichtet wird. Auch die kompensatorischen Feigenblätter von Marienverehrung und weiblichen Heiligen können nen über die grundsätzliche Lust- und Erotikfeindlichkeit des Christentums nicht hinwegtäuschen.

Das erklärt, warum es die Kohabitation von Bad und Erotik in unserem Kulturkreis so schwer hat und immer wieder mit Verdrängungen kämpfen muß. Polytheistische Religionen, etwa die auf dem indischen Subkontinent, nahmen hier historisch eine wesentlich andere, lustbetonte Haltung ein, die allerdings in der Gegenwart einer schroffen offiziellen Prüderie gewichen ist. All dies wirkt sich auch auf die architektonische Gestaltung von Bädern aus.

Wenn wir heute in öffentlichen und privaten Bädern ansatzweise beginnen, uns den Normen römischer Badekultur anzunähern, dann wirft dies einiges Licht auf die zwischenzeitlich eingetretenen Verluste. Denn die Römer, man mag sich darüber aus vielfachen Quellen etwa bei Strabo oder Plinius dem Jüngeren oder doch lieber gleich in Ulrika Kibys ausführlichem und anschaulichem historischen Überblick informieren,[2] hatten die Badekunst und -lust in architektonischer, hygienischer, therapeutischer, luxuriöser und auch in erotischer Hinsicht auf einen Gipfel getrieben, der seither seinesgleichen sucht. Die öffentlichen Thermen, am gigantischsten die des kaiserlichen Massenmörders Caracalla (211–17), wurden als kulturelle Zentren und Prestigeobjekte ausgebaut. 337 x 328 Meter maß die gewaltige Anlage:

Linke Seite:
Karl Hocheder, Müllersches Volksbad, Schwimmhalle, München, 1896–1901

Sebestyén Hegedüs/Isidor Stark, Gellértbad, Budapest, 1911

Holzstich nach einer Zeichnung von F. Thiersch, Rekonstruktion des Tepidariums der Caracalla-Thermen, Rom, um 1890

Joseph Effner, Badenburg im Park von Schloß Nymphenburg, München
Innenansicht, 1719–21

Leben am Münchner Hof, so ging man beim ausgelassenen Treiben im wohltemperierten Becken durchaus auch erotisch zur Sache.[11] Für Bürger und Adel kamen im 18. Jahrhundert als Ersatz der alten Badehäuser Kurorte und Badekuren in Mode, und daß die keineswegs nur dem passiven, täglich bis zu zehnstündigen Sitzen im Wasser dienten, unterstreicht der noch heute sprichwörtliche Ausdruck vom ›Kurschatten‹. Prachtvolle Wandelhallen, Brunnenhäuser, Badeanlagen, man denke etwa an die von Aachen, Karlsbad, Baden bei Wien oder im englischen Bath, unterstreichen den durchaus therapeutischen Zusammenhang von Architektur, Badekultur und Erotik. In diesen Badeanlagen entstand eine durchdachte Symbiose von Gartengestaltung, Außen- und Innenarchitektur. Die öffentliche Badekultur gewann hierdurch gewaltigen Auftrieb, und es entstanden vor allem im späten 19. und frühen 20. Jahrhundert all die prächtigen Thermalbäder, Kurbäder, Volksbäder, Hotelbäder, jene »Tempel der Badelust«,[12] die sich großenteils auch innenarchitektonisch unter dem Signum der Volksgesundheit darum bemühten, das Baden erneut zum sinnlichen Gemeinschaftsvergnügen zu machen. Das Müllersche Volksbad in München, das Friedrichsbad in Baden-Baden, das Volksbad am Plärrer in Nürnberg, das Neptunbad in Köln und – bis heute wegen seines Luxus und unübertroffenen Ambiente nicht vergessen und heiß gepriesen – das Gellértbad im gleichnamigen Hotel zu Budapest seien stellvertretend für viele genannt.

Weitgehend gemeinsam ist diesen Bädern, daß sie sich im Gegensatz zu den römischen Thermen und heutigen Freizeit-Bädern fast ausschließlich auf die Innenarchitektur konzentrieren. Den Architekten, heute würde man sagen Designern, geht es jeweils darum, ein stimmiges Ambiente von Farben, Formen, Materialien, Accessoires zu schaffen. Wenn es schon nicht ein Schwelgen im Luxus sein kann wie im Gellértbad, dann wenigstens soll intensives Wohlgefühl hervorgerufen werden. Fresken und Skulpturen von Badenden, oft Putti und Amoretti im barocken Sinne, tragen dazu ebenso bei wie das Schaffen von intimen Orten der Entspannung durch Rundungen, Nischen, grottenähnliche Ausbuchtungen. Das heutige Freizeit- Leistungsdenken ist den Bädern der Jahrhundertwende noch völlig fremd, ebenso Animateure, die ständig darauf zu achten haben, daß Freizeit mit organisierten Spielen konsumiert wird.

Schwimmbäder, auch neue Luxus-Thermen, sind mittlerweile zur Tagesordnung geworden, Schwimmen ein Breitensport, und im harten Konkurrenzkampf wetteifern die Bäder um das Prädikat ›Erlebnisbad‹. Dabei werden die Sinne inflationär durch eine Vielzahl von Eindrücken und Abwechslungen stimuliert. Ob das noch viel mit Erotik zu tun hat, steht auf einem anderen Blatt. Erotische Accessoires werden auch höchstens bei der Gestaltung des privaten Pools, vornehmlich in Florida und Kalifornien, gestattet. Kommerzialisierung tendiert allemal dazu, authentische Erlebnisse zu zersetzen und zu zerstören. Das heißt nicht, daß nicht für jede(n) einzelne(n) auch heute noch die Faszination der Erotik im Bad neu beginnen kann, so wie es Lady Mary Montague in ihren Reisebriefen 1764 vom Besuch in einem türkischen Frauenbad berichtet, und es heißt, wie das folgende Zitat zeigt, auch nicht, daß die erotische Augen-Lust auf das jeweils andere Geschlecht beschränkt sein muß:

Türkisches Frauenbad,
aus ›Mœurs, Usages, Costumes des Ottomans‹,
Paris, 1812

Le Mont-Dore, Kuranstalt,
Halle im ersten Stock

»Die Mädchen bewegten sich, wandelten mit eben der majestätischen Anmut, die Milton unser aller Stammutter beilegt. Viele waren mit solchem Ebenmaß gebaut, wie jene eine Göttin durch den Pinsel eines Guido Reni oder Tizian gemalt worden ist. Die meisten mit blendend weißer Haut, von nichts als ihren schönen Haaren geziert, die in viele Zöpfe zerteilt über ihre Schultern herabhingen und entweder mit Perlen oder mit Bändern durchflochten waren, vollkommene Bilder der Grazien.«[13]

Der Tatsache angemessen, daß zumal in nördlichen Breiten Privatbäder und ihr Interieur eine größere Rolle spielen, möchte ich hiermit Abschied nehmen von öffentlichen Bädern und mich in der Folge auf moderne Privatbäder beschränken und dabei einige Überlegungen anstellen, was es hier mit der Erotik auf sich hat bzw. haben könnte.

Sieht man einmal von der Antike und den Schöpfungen fürstlicher Architekten in Renaissance und Barock ab, so beginnt das moderne Baddesign mit dem gehobenen Bürgertum des

Philippe Starck, Restaurant Teatriz, Gang in den Toiletten, Madrid, 1990

müßte ein erotisches Bad mit Oberflächen, Schichten, Materialien, visuellen und haptischen Reizen spielen, mit Symbolen und Funktionen der sexuellen Attraktion von Körpern, von Haut, von Innenräumen. Hinzu käme die Lichtgestaltung, und um das multisensorische Maß voll zu machen, die olfaktorische Komponente der Düfte.

Wenn neuerdings von interessierter Seite so viel von »Wohn«- und »Erlebnisbädern« gesprochen wird, vom »lustvollen Vergnügen« des Bades, von der »Lust auf Bad, im Bad, durch Bad«,[15] dann sollten Fachjournalisten derlei Werbesprüche kritisch kommentieren und auf ihren Realitätsgehalt hin analysieren, statt sie unreflektiert nachzuplappern, denn der Industrie liegt natürlich vor allem am Verkaufen. Werbe-Wunschwelt und des Bürgers Lebenswirklichkeit sind aber doch zwei Paar Schuh', oder besser, unterschiedliche Badrealitäten. Wenn darunter die Öffnung des Bades zum Fitness-Center und häuslichen Naherholungsgebiet verstanden wird, dürfte damit der Erotik ebensowenig gedient sein wie mit der unbegrenzten Öffnung zum Wohnbereich. Denn Erotik, auch wenn es nur um persönliches Ambiente geht, benötigt Intimität, es sei denn, jemand ist Exhibitionist.

Baden als erotikbesetzte Handlung im privaten Raum spielt natürlich auch in den Medien eine wachsende Rolle. Die ›moving images‹ in immer neuer Gewandung vom Stummfilm bis zum Computer stellen wahrscheinlich die bedeutendste und folgenreichste Erfindung des 20. Jahrhunderts für die Künste dar. Viele Spielfilme haben Badeszenen zu Schlüsselszenen gewählt, da sich in ihnen Handlung und Symbolik visuell eindrucksvoll und aufgeladen mit erotischer Spannung gestalten lassen. Der Ausschnitt, den ich kommentieren möchte, entstammt dem vierteiligen Fernsehfilm *Der Erfolg ihres Lebens*, der 1990 vom ZDF ausgestrahlt wurde. Er ist der wechselvollen Karriere einer fiktiven Modedesignerin gewidmet.

Eine voll durchkomponierte Badeszene in der Mitte der zweiten Folge wirkt in vielerlei Hinsicht wie ein kritischer und realistischer Kommentar auf die vollmundig-optimistischen Verheißungen der Sanitärindustrie über Wohn- und Erlebnisbäder. Hier ist es perfekt inszeniert, das Designerbad, in der vom Innenarchitekten gestylten Wohnlandschaft. Offene Raumkonzepte, bei denen die Bereiche von Baden, Wohnen, Arbeiten, Essen, Küche fließend ineinander übergehen. Jeder Akzent ist mit äußerster Sorgfalt gesetzt, die Materialien, das Mobiliar, die Arrangements von Lampen, Vasen, Pflanzen und Blumen, Skulpturen sind geradezu schulbuchmäßig aufeinander abgestimmt. Die Schönheit und Zweckmäßigkeit ist makellos, und doch ist sie ebenso steril wie die Beziehungskiste einer kaputten Ehe, die da vor dem voyeuristischen Blick des Zuschauers abläuft. ›Solange‹, die wohlhabende, aber leicht vulgäre Gattin des Intellektuellen ›Erik‹, der in die eigentliche Protagonistin des Films, die Modeschöpferin, verliebt ist, steigt nackt als Venus und reife sinnliche Schönheit aus dem Wasser. Erotische Verlockung strahlt aus jeder ihrer Bewegungen. Statt dessen aber vollführt sie vor ihrem Mann einen Anti-Striptease, indem sie sich langsam und berechnend anzieht, sich von ihm noch den Reißverschluß ihres Kleides zuziehen läßt, um sich später von ihrem ›lover‹ dann wieder ausziehen zu lassen.

Die beiden führen ein verbales Florettgefecht, das ebenfalls im exakten Kontrast zur offenen Raumsituation steht; beide sind aufs äußerste bedacht, sich keine Blöße zu geben, die Deckung nicht zu verlassen. Gleichzeitig fintieren sie, stoßen mit verletzenden Nadelstich-Attacken vor, um den Gegner aus der Reserve zu locken und ihn dann fertigmachen zu können. Was der Zuschauer vorgeführt bekommt, ist die Umkehrung der Werbe-Wunschträume, aber auch die Umkehrung der alten Mythen in der Gefühlskälte moderner Beziehungen, denen längst jegliche Erotik abhanden gekommen ist. Und was nutzt in diesem Chaos der Gefühle dann noch das durchgestylte Wohnbad?

Eine der Erkenntnisse, die man aus dem Film-

Volksbad am Plärrer, Nürnberg

ausschnitt in bezug auf unseren Kontext ziehen kann, läuft darauf hinaus, daß Perfektion von Ästhetik und Funktion allein im Bereich der Innenarchitektur, im Design, zu eindimensional ist. Es muß noch etwas hinzutreten. Der Bad-Designer Dieter Sieger zum Beispiel nennt dies seit Jahren, vielleicht ein wenig zu pathetisch, »Design mit Seele«. Gemeint ist der emotionale Appeal, jene Qualität von Design, mit der man sich auch vom Gefühl her identifizieren kann. Zu guter Architektur und gutem Design gehören zweifellos die stimmigen, eleganten, perfekten Oberflächen, aber es gehören auch seelische Tiefendimensionen dazu.

Einer, der für das Thema Bad und Erotik eine hervorragende individuelle Lösung gefunden hat, ist der Düsseldorfer und Dürener Architekt und Architekturprofessor, Maler und Bildhauer Wolfgang Meisenheimer. Meisenheimer hat sich als Bildhauer und Maler jahrelang mit dem Thema ›Leiberlandschaften‹ beschäftigt und als Architekt in Theorie und Praxis von jeher einer ›Architektur der Sinne‹ das Wort geredet. Das heißt, daß es gelte, außer den Fernsinnen Auge und Ohr auch die Nahsinne Tasten, Schmecken, Riechen zu pflegen, daß man außer den Außensinnen auch die Körperinnensinne beachten müsse, um sich rund herum wohlzufühlen. Daß man also als Architekt ein Haus von innen nach außen bauen müsse, und daß das Körperinnere eines Hauses wie das des menschlichen Körpers total anders aussehen könne als das Äußere, das Gesicht, die Fassade.

Nach diesem Prinzip und nach persönlichen Vorstellungen von erotischen Schlüsselreizen hat er auch das Bad in seinem Dürener Wohnhaus gestaltet. Man steigt zu ihm durch einen engen Treppengang empor, der absichtlich zum Körperkontakt, mit fellartigem Belag überzogener Wand zwingt. Das bereitet auf die uterine Höhle des Bades vor, dort, wo man im Wasser jeden Tag wiedergeboren wird. Man müsse das körperlich unmittelbar spüren, meint Meisenheimer, aber nicht über das Auge. Man müsse zunächst um das Bad herumgehen, das Fell an den Wänden fühlen, bevor man durch eine enge Schiebetür ins Bad gelange. Innen, da ist dann alles vollkommen anders, da dominieren helle Fliesen und gewölbte Spiegelwände, die den Raum optisch vergrößern und der Augen-Lust frönen. Über weißem Mittelmosaik baucht sich eine Lichtkuppel, so daß es ohne Fenster hell und freundlich ist.

Wolfgang Meisenheimer hat einen ganzheitlichen Zugang zum Thema Bad und Erotik gefunden, der aus seinem Naturell, aber auch aus intensiven Überlegungen und ziselierter Feinarbeit architektonischer Planung hervorgegangen ist. Dieselbe Vorgehensweise empfiehlt sich auch fürs Design, wenn es gelingen soll. Wohnkultur der Zukunft sollte sich nicht scheuen, das Baden wieder stärker zu betonen, Anleihen bei antiker oder auch bei asiatischer Badkultur zu nehmen, Bäder innen – wie außenarchitektonisch unverhohlen zu Orten sinnlichen Genießens zu machen.

EROTISCHE SYMBOLE IN DER ARCHITEKTUR

»Der Königssohn wollte zu ihr hinaufsteigen und suchte nach einer Türe des Turms, aber es war keine zu finden. Er ritt heim, doch der Gesang hatte ihm so sehr das Herz gerührt, daß er jeden Tag hinaus in den Wald ging und zuhörte. Als er einmal so hinter einem Baum stand, sah er, daß eine Zauberin herankam, und er hörte, wie sie hinaufrief: ›Rapunzel, Rapunzel, laß mir dein Haar herunter.‹
Da ließ Rapunzel die Haarflechten hinab, und die Zauberin stieg zu ihr hinauf. ›Ist das die Leiter, auf welcher man hinaufkommt, so will ich auch einmal mein Glück versuchen.‹ Und den folgenden Tag, als es anfing, dunkel zu werden, ging er zu dem Turm und rief: ›Rapunzel, Rapunzel, laß mir dein Haar herunter.‹
Alsbald fielen die Haare herab, und der Königssohn stieg hinauf.«[1]

Lebbeus Woods, D-QUAD.OAN:
Biomechanical and biodynamic towers, 1987

Lebbeus Woods, QUAD.150 (timespace overtaken):
protomechanical towers, 1987

Lebbeus Woods,
Biodynamic ring and tower, 1987

Lebbeus Woods, D-QUAD.9M,
with groundshields, 1987

So einfach geht das im Märchen. Dort bringt das Turmbesteigen dem Königssohn und Rapunzel erst viel ›Freud‹, dann viel Leid, aber schließlich doch Zwillinge und ein Happy End. Es wäre ein schiefes Bild, wollte man sagen, der Turm sei das platteste aller erotischen Architektursymbole, denn platt ist er ja nun gerade nicht. Hans Hollein hat das in Bezug auf den Hochhausturm ironisch auf den Punkt gebracht: Nerviger Arm mit geballter Faust und nerviger Penis, Macht und Potenz. Doch weit über die offensichtliche Phallussymbolik hinaus enthüllt sich der Turm als faszinierendes Thema der Architektur durch seine Vielfalt von Gestaltungsmöglichkeiten, historischen Ausprägungen und Funktionen. Was gibt es nicht alles für Türme: Leuchttürme, Wachtürme, Wehrtürme, Gefängnistürme, Aussichtstürme, Bohrtürme, Kirchtürme, Brückentürme, Fernsehtürme, Bürotürme, Elfenbeintürme und schließlich auch Frauen-, Harems- und Liebestürme, womit wir wieder beim engeren Thema wären. Schon die Geschlechtertürme der Adeligen in Bologna, Florenz und San Gimignano standen nicht nur für Wehrhaftigkeit, sondern auch für Macht, Potenz, Stärke, Schönheit.[2]
Erotische Symbole in der Architektur rufen unverzüglich Psychologie und Psychoanalyse auf den Plan. Das Irritierende an derartiger Diskussion, so sie nicht auf fachwissenschaftlicher Spezialistenebene geführt wird, besteht jedoch darin, daß kunst-, architektur- und literaturwissenschaftlichen Amateurpsychologen meist nur Altmeister Freud einfällt, dessen Sexualpsychologie sie wie Fetisch und heiliges Buch vor sich her tragen. Das ist ungefähr so, als wolle man in zeitgenössischer Physik und Chemie auch stän-

Linke Seite:
Die Tempel von Khajurâho, Indien,
Hochreliefs mit Götter- und Frauenfiguren

OMBRELLONE
10
LVARDO
NADIA
FERMI TUTTI, PERDINDIRINDI-NA!
ZAULO
ZITT
ZEO
ROX

EROTISCHE ARCHITEKTUR-PHANTASIEN

»Ettore reist, um zu leben. Er spürt das Leben auf wie ein Wildschwein die Trüffel. Er spürt es in den geheimnisvollsten und unwahrscheinlichsten Ecken auf. Er stöbert wie ein Kaninchenjäger am Kaninchenbau und umwirbt es, um sich vom Leben verführen zu lassen und um es selbst zu verführen, falls es überhaupt möglich ist, daß jemand das Leben verführt.«[1]

Erotische Architekturphantasien zeichnen sich in der Regel durch ausgeprägten Vitalismus aus und greifen daneben oft über die Phantasie hinaus in das Reich der Phantastik, in dem möglich wird, was sich nach landläufigen Vorstellungen niemals baulich umsetzen läßt, aus welchen Gründen auch immer. Claude-Nicolas Ledoux brachte so z. B. in der französischen Revolutionszeit das Kunststück fertig, das Raumprogramm eines Freudenhauses, in welchem der junge Citoyen auf Genüsse und Pflichten der Ehe vorbereitet werden sollte, in einem phallischen Grundriß unterzubringen.
Daß derlei Phantasiegebilde durchaus noch zu verwirklichen sind, ohne öffentlich Anstoß bei Tugendwächtern zu erregen, stellte Stanley Tigerman unter Beweis. Sein *Daisy House* (1975–78) am Michigan-See, dessen Fenster alle zur Seeseite hin ausgerichtet sind, präsentiert sich dem Besucher als zedernholzverkleideter, elegant geschwungener Bau. Seines erotischen Witzes wird man eigentlich nur dann voll gewahr, wenn man sich Grundriß und Axonometrie des Hauses ansieht. Der Plan weist das Haus insgesamt als männliches Genital aus, wobei sich in den Fenstern des Wohnbereichs männliches und weibliches Prinzip durchdringen. Tigerman, der Panerotiker, läßt ungewöhnlicherweise den Schlitz der Fronttür direkt in die Küche münden, auch dies natürlich eine erotisch-kulinarische Anspielung, geht doch die Liebe bei ihm, wie bei vielen anderen auch, zu einem guten Teil durch den Magen.[2]
Nicolas Schoeffer, um ein weiteres Beispiel eines erotischen Architekturentwurfs zu erwähnen, integrierte 1959 in seinen Vorschlägen für eine kybernetische Stadt auch ein Zentrum für sexuelle Freizeitgestaltung in Form einer weiblichen Brust.[3] Für gewöhnlich aber herrscht auf dem Felde des ältesten Gewerbes der Welt heutzutage, von verschwiegenen, sich öffentlich nicht zu erkennen gebenden Luxusdomizilen abgesehen, in unseren Städten die trostlose Kombination von Sex-Shop, Sex-Kino und pseudotänzerisch garnierter Striptease-Show (nachdem den Peep-Shows der Garaus gemacht wurde), die bar jeglichen Hedonismus' die Bahnhofs- und Vergnügungsviertel europäischer Großstädte verunschönen.

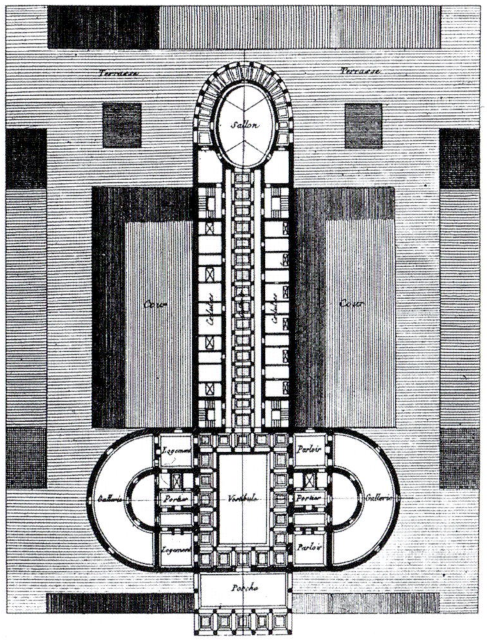

Claude-Nicolas Ledoux,
Grundriß für ein Freudenhaus
in Chaux, 1785–89

Ettore Sottsass, Laughing-Gas
Station, 1972, Ausschnitt

Wenn Architekten und Künstler sich mit erotischen Architekturphantasien beschäftigen, dann kann man ihre Resultate in eine überschaubare Zahl von Regelgruppen einteilen. Entweder bemühen sie direkte erotische Symbole (Brüste, Vagina, Phalli) einer ›architecture parlante‹, oder sie abstrahieren sie bzw. gelangen zu einer

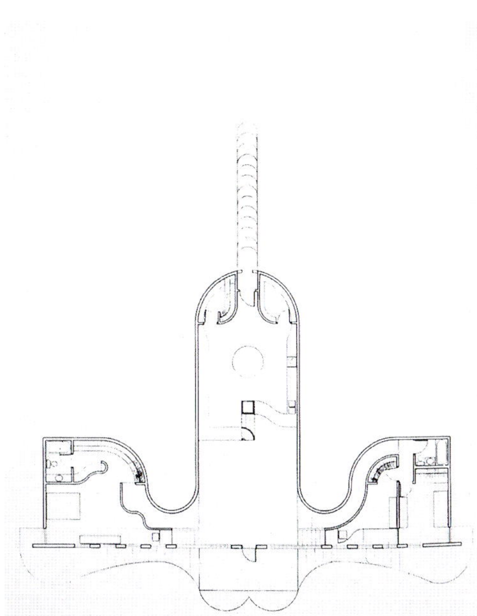

Stanley Tigerman,
Daisy House,
Grundriß

Stanley Tigerman,
Daisy House,
Michigan-See, 1975–78

Linke Seite:
Massimo Iosa Ghini,
Comic strip, 1983–85

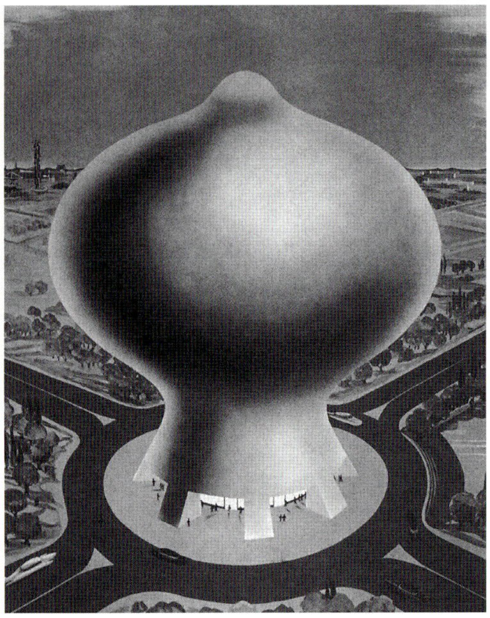

Nicolas Schoeffer,
Kybernetische Stadt, Zentrum für sexuelle Freizeitgestaltung, 1959

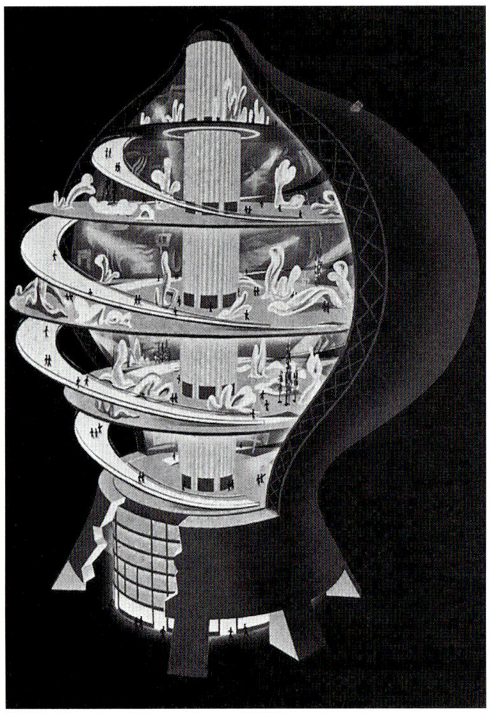

Nicolas Schoeffer,
Zentrum für sexuelle Freizeitgestaltung, 1959, Schnittperspektive

als erotisch empfundenen, auf Erotik anspielenden Formensprache der Sinnlichkeit, die sich von der euklidischen Geometrie löst und zu organischen Linien, Formen, Volumina findet. Sollen derartige Phantasien in die Realität umgesetzt werden, so geht es meist um die Gestaltung von Innenräumen (vgl. das Kapitel ›Inszenierungen des Innen‹).

Als einer der wenigen echten Anreger einer organischen, hedonistischen und erotischen Formensprache in der Architektur des 20. Jahrhunderts erweist sich in zunehmendem Maße Hermann Finsterlin. Er bezieht seine Anregungen aus der Natur und vom erotischen Spiel menschlicher Körper.[4]

In den Jahren nach dem Ersten Weltkrieg war Finsterlin ohne Zweifel ein künstlerischer Revolutionär, als Mitglied der ›Gläsernen Kette‹ war er besonders auf theoretischem Gebiet aktiv. Als Vertreter von Gesamtkunstwerk-Ideen propagierte er utopische Gegenentwürfe zur nüchternen Welt der sich formierenden Moderne. Seine bizarren Phantasiearchitekturen sind vegetative, organische, kristalline Gebilde, eine Kampfansage an die Reißbrettgesinnung der modernen Architekten, von deren Werken er verächtlich als »Wohnkisten« und »Sachsärgen« spricht. Er dagegen predigt naturhaftes Wohnen im Einklang mit der Natur. »Wohnlinge« nennt er seine nur scheinbar skurrilen Wohnhausentwürfe, für die er in den Jahren nach 1919 sogar etliche Aufträge erhielt, mit denen er aber als Phantasiearchitekt nichts anfangen konnte, denn es mangelte seinen Entwürfen wie seinen Kenntnissen an jedem realistischen Fundament. Die sichtbaren konstruktiven Elemente seiner Häuser wie Treppen, Öffnungen, Fenster, Plattformen, Umwölbungen stehen in keinem logischen Zusammenhang zueinander.[5]

Wie viele seiner zeitgenössischen Kollegen schwärmte er von sakral aufgefaßten Profanbauten, Weihestätten, Kathedralen für die Kunst, Ausstellungsgebäuden, Forschungsstationen, Theaterbauten, Häusern der Andacht. Aus dem Jugendstil herausgewachsen, ist seine Formenwelt in ihrer Vielfalt organischen und mineralischen Gebilden verpflichtet: Kristallen, Korallen, Schneckenhäusern, Ammonshörnern, Knochenformen. Doch das ist nur die eine Hälfte der Wahrheit, und die andere wird für gewöhnlich heruntergespielt – Finsterlin war ohne Zweifel Erotik und Sex geradezu verfallen, und wie vielleicht noch niemand zuvor setzte er erotische Phantasien in Architekturphantasien um. Die Gegenüberstellung von Bildern und Entwürfen zeigt, wie sich unter den kristallinen und organischen Schwüngen und Verschlingungen die Umarmungen und die Sexualakrobatik

Hermann Finsterlin,
Architekturen,
Aquarell, 1920

Ettore Sottsass, Temple for Erotic Experiences, 1972

INTERIORS Roberto Baldazzini Lorena Canossa

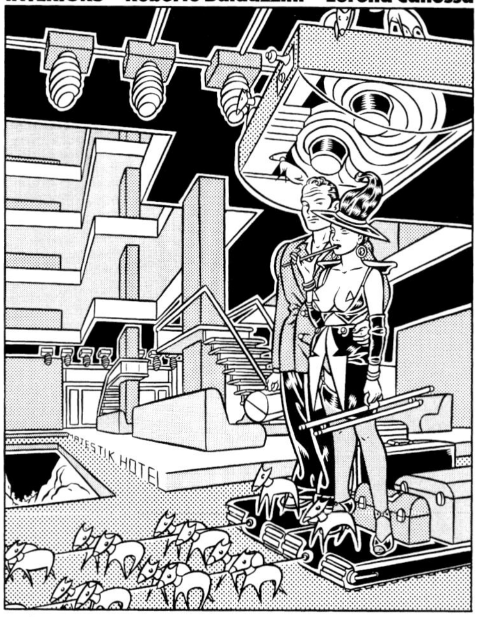

YOU'LL BE MINE, HONEY, YOU DON'T BELIEVE IT YET.
MISTRUSTFUL AND AUSTERE YOU INTOXICATE ME WITH PERFUMES TO MAKE ME LOSE YOU.
COME ON, BE TEMPTED BY THE MERRY-GO-ROUND, DON'T BE AFRAID, THE FIRST TURN'S FREE.

YOU'LL KNOW WHEN IT'S TIME, WHEN HE KNEELS AT YOUR FEET IN THAT DAILY ACT OF HUMILIATION.
YOU'LL OPEN WARMLY AND WRAP HIM IN THE BIGGEST TIP OF HIS CAREER.

TAKE HER, NO ONE EVER COMES DOWN HERE.
JUST HER AND THE MACHINE, ONLY CURDLED LIQUIDS, MEMORIES OF BECKONING BODIES.
DON'T WAIT FOR THE BLEACH TO EXPIATE, FEEL HER, NO ONE WILL COME DOWN AND YOUR ODORS WILL MINGLE WITH THOSE OF OTHER UNKNOWN LIVES.

Roberto Baldazzini,
Lorena Canossa,
Interiors

"WHY" YOU WONDER EVERY TIME THE BELL RINGS.
"NEVER AGAIN" YOU PROMISE YOURSELF AS YOU LIFT YOUR SKIRT.
YOU'RE HIS INSTRUMENT, THE KEYBOARD ON WHICH HIS FINGERS PRESS INTENSE EMOTIONS AND A TENDER FAINTNESS.
AND HIS RHYTHM BECOMES THE THUMPING OF YOUR HEART.

YOU'RE POSSESSED, EVERY FOLD OF YOUR SKIN HAS BEEN PUNISHED FOR A BLAME YOU WON'T ADMIT.
YOU KNOW THE LAW OF THE FLESH, NOW YOU'LL KNOW THE LAW OF BLOOD.
THE ROPE TIGHTENS, IT'S TOO LATE TO DEFEND YOURSELF AND TOO EARLY TO ASK FOR MERCY.

YOU LOVE HIM.
WHAT WOULDN'T YOU GIVE TO FEEL HIS SIGH ON YOUR SKIN.
WATCH IT, HE'S SMELT THE TRAP, HE'S GOING ROUND YOU WITH SUSPICION.
YOU MUST BE MORE CAUTIOUS, CONCENTRATE ON THE FINAL GOAL.
YOU LOVE HIM. AND THE THOUGHT CATCHES YOU BY SURPRISE LOOSENING YOUR BELLY.

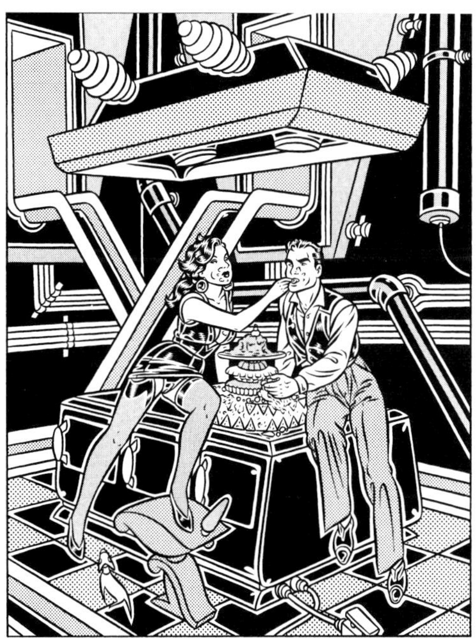

WHAT COULD BE SWEETER THAN HER MOUTH?
LICK SLOWLY, ABSORB EVERY FLAVOR AND SWALLOW IT.
HE'LL PENETRATE YOU RED-HOT.
LET HER SATISFY YOU, SHE KNOWS YOUR TASTES WELL.

YOU'RE SOFT AND SMALL, YOU FILL MY HANDS.
LET ME LOOK AT YOU, LET ME READ ON YOUR SKIN THE BODIES THAT YOU'VE STROKED.
LET ME READ IN YOUR EYES THE EYES THAT HAVE SEARCHED YOU.
THAT'S THE ONLY WAY SHE'LL BE MINE, MINE AT LAST.

Massimo Iosa Ghini, Nachtclub Bolido, New York, 1988

seiner Liebespaare verbergen, wie erotische Wunschträume und Experimente abstrahiert zu organischen Körperarchitekturen werden.
Frank Lloyd Wrights organische Spätwerke zeigen manche Verwandschaft zu Finsterlinschen Zeichnungen, und hält man seinen Entwurf eines Ausstellungshauses von 1917 neben Jørn Utzons Oper von Sidney (1956–73), so tut sich eine geradezu verblüffende Ähnlichkeit auf. Es bedarf keiner besonderen Kühnheit, vorauszusagen, daß Finsterlins Karriere als Anreger gebauter Architekturen erst noch richtig bevorsteht, denn Computerberechnungen, neue Werkstoffe und Technologien werden Formen ermöglichen, von denen man zu seiner Zeit in der Tat nur erotisch träumen konnte.
Formal gibt es durchaus Ähnlichkeiten und Parallelen zwischen Hermann Finsterlin und Lebbeus Woods, doch sonst ist der New Yorker aus einem ganz anderen Holz geschnitzt. Wenn Finsterlin in einem seiner Nachlaßpapiere konstatiert: »Wir haben nun heute die beispiellose Erscheinung, daß die beiden jüngsten Stützen des Kulturdreiecks, Wissenschaft und Technik, die erste, älteste, die Kunst, völlig aufzufressen im Begriffe sind, wie eine Krebsgeschwulst ein gesundes Organ«,[6] so vertritt Woods eine geradezu entgegengesetzte Position. Er kämpft für die holistische Idee einer »universcience«, in welcher Ingenieurwissenschaften und Technik, Biowissenschaften, Physik, Medienwissenschaften, Philosophie, Poesie, Kunst und Architektur sich in immer neuen Korrelationen gegenseitig befruchten, ergänzen, durchmischen.
Organische und phallisch-erotische Formen zeigen vor allem seine Türme, etwa in dem Projekt *Centricity* (1988–89).[7] Diese kraftvollen, knospenden, oft scheinbar kurz vor dem Aufbrechen stehenden Turmformen, denen doch andererseits Alterungsprozesse sichtbar von vornherein mitgegeben sind, bedienen sich häufig kaum verhüllter erotischer Symbole und Assoziationen.[8] Sie kopulieren mitunter geradezu, treiben Knospen, Ableger, Filiationen aus. Im *Berlin-Projekt* wachsen Türme nach unten in uterine Höhlen, bevor sie sich umdrehen, durch den Boden hindurchbrechen und ihre befruchteten Ideen-Projektile in Stadt und Land hinausschleudern. Wie weibliche Organe werden auf anderen Zeichnungen phantastische Technikgebilde in Wissenschaftstürme und Versuchsstationen hineingehängt. Woods bekennt sich denn auch im Gespräch nicht nur zur architekturkünstlerischen Sublimation erotischer Phantasien, sondern vertritt auch mit Nachdruck die These, daß neue Technikwelten erotisiert und emotionalisiert werden müßten, solle nicht eine vollkommen verkopfte, ihre Körperlichkeit immer mehr negierende Menschheit die Folge sein. Gerade von Woods' Ansätzen her wären erotische Architekturphantasien zu fordern, da sie zu einer Sensibilisierung und Sensualisierung gebauter Architekturen in immer technizistischer werdenden Umwelten beitragen können. Von Woods' Ideen her lassen sich auch tragfähige Brücken zur Verbindung von High-Tech mit Öko-Architekturen schlagen.
Unter dem Eindruck des Bosnien-Krieges, gewandelter Lebensumstände und Serien wie *Zagreb Freezone* (1991–92), *War and Architecture* (1993–94) sind die offenen Erotizismen in Woods' Werk zurückgedrängt worden zugunsten gewaltsamer, aggressiver, dynamischer Penetrationsgebilde, von Architekturprojektilen, die ein Zerstörungspotential bergen, das gleichzeitig anarchische Qualitäten offenbart, warnen und zum Wiederaufbau mit einer neuen schroffen Ästhetik anregen will, weg von der verlogenen Heimeligkeit der alten bürgerlichen Architektur.[9]
Wenn dagegen Ettore Sottsass, einer der kreativsten und künstlerischsten Designer der Welt, in den frühen siebziger Jahren an die Entwurfstraditionen eines Tempels der Lust anknüpft, dann geschieht dies in einer Mischung aus Pop-Kultur und Aufmüpfigkeit, aus Witz, Satire und Ironie, aus rebellischer Lebensfreude und Protest gegen den ›consumismo‹ sowie die Vereinnahmung des Designers durch eine Massenware

Massimo Iosa Ghini, Comic strip, 1983–85

produzierende Industrie. Mit eindeutiger Symbolik unterläuft er jene Doppelmoral, die Kirche und Staat so häufig an den Tag legen, vereint strenge, nobilitierende Klassik mit offener Sexualsymbolik. Seine *Tempel der Sexualerfahrung* (1972) sollen sein, was sie zu sein beanspruchen. Über Witz und Eindeutigkeit hinaus offenbaren Sottsass' architekturerotische Entwürfe aber auch Alternativen zur gebauten Doppelmoral. Sottsass entwirft eine humorvolle, lustbetonte Gegenwelt der Freizeit, des Überschwangs, der Befriedigung natürlicher Bedürfnisse, des Festes, der Bizarrerien, welche die architektonische Realität um so nüchterner erscheinen läßt. Architektur dient darin dem sexuellen Spiel, macht in dessen baulicher Gestaltung sichtbar, was seinen Schöpfer umtreibt.
Parallel zu seinen Zeichnungen veröffentlicht er programmatische Texte, die den Einfallsreichtum ungewöhnlicher Sprachbilder mit sozialkritischen Attacken kombinieren.[10] Typisch hierfür sind Titel wie *Antidesign* (1971, engl.: *Counterdesign*)[11] oder *Wie man Schönheit vor Staub und Piranhas schützt*.[12] Ihre Aggressivität, ihr Witz, ihr alternativer Ideenreichtum sind charakteristisch für Sottsass' radikaldesignerische Ironie der späten sechziger und frühen siebziger Jahre. Dem produkt- und umsatzorientierten Industriedesign setzt er rebellisches Anti-Design gegenüber:

»Anti-Design ist ein Gefühl des Ärgers, oder ist es vielmehr Langeweile oder vielleicht auch Verzweiflung oder ein Schmerz, oder einfach das Bewußtsein dessen, was sich in den Handlungen und Gesprächen über Design ereignet, seitdem dieses Design zunehmend schwieriger wird, seitdem es immer spezifischer und immer öfter konsumiert, ausgepumpt und bedrängt wird, eine Angelegenheit, die hauptsächlich zu jedermanns geschäftlichem Vorteil genutzt wird. (…) Daher erschöpft sich Anti-Design nicht in einer Formel, sondern ist eine Art und Weise, sich bewußt zu sein, zu wissen oder zu spüren, daß die Mechanismen kritikwürdig sind.«[13]

Kombiniert Sottsass Malerei, Comic und seriösen Architekturentwurf, so nehmen Roberto Baldazzini und Lorena Canossa in ihrer vielschichtigen Comic-Satire *Interiors* eben die von Sottsass in die Postmoderne umgebogene Art déco und Pop-Kultur, Roy Lichtenstein, amerikanische Moderne, Barbarella-Kult und andere Comic-Serien satirisch aufs Korn, indem sie ihr *Majestic Hotel* voller Sexmaschinen packen, die Comic-Architektur mit Sex-Symbolen beladen und ihrem sadomasochistischen Heldenpaar einen ironietriefenden Text unterlegen, der so recht die Freude der Italiener an der Veralberung amerikanischer Lebensweise, Mythen und Symbole zum Ausdruck bringt.[14] Am Schluß ist obendrein noch Frust angesagt, wenn sich das alles als Tagtraum eines Autors zu erkennen gibt, der in einem futuristisch angehauchten Coffee Shop seine mit elektronischen High-Tech-Attributen bestückten Phantasien spinnt. Die mit Sex-Symbolen überladene amerikanische Konsumkultur hält letztlich nur Träume und Fiktionen bereit, enthüllt sich als sterile Surrogatwelt. Ihren architektonischen Witz erhalten diese *Interiors* durch die gegenseitige Verschränkung und Verdichtung von europäischen und amerikanischen Kunst-, Comic- und Architekturtraditionen.
Ebensolches, jedoch gesteigert in echtes Design für Sitzmöbel, Brillen, Küchen, Nachtclubs, utopisch-futuristische Phantasiearchitekturen und Städteplanung, findet sich in den genialischen Entwürfen Massimo Iosa Ghinis, der die dynamische Tradition des Art déco, der Futuristen und Raymond Loewys Stromlinien-Kultur der fünfziger Jahre in seine Design-Philosophie des ›Bolidismo‹ einbindet.
Bolidismus nimmt Elemente schwungvoller, aggressiver Bewegung wie Kurven, Kreise, Ellipsen auf, verschränkt sie in kraftvoll geschmeidigen Verschlingungen und Durchdringungen. Ironisches Zitat, Optimismus, Lebensfreude, Energie, intensive Mischfarben kennzeichnen dabei Massimo Iosa Ghinis Individualstil. Iosa Ghini wendet Edward Hoppers symbolgeladenen, unheilschwangeren Existentialismus unter Aufnahme seiner phantastischen Momente in eine heitere Zukunftswelt. Deren Erotik resultiert formal aus tänzerischen Bewegungen aus Penetrationen, Phallus- und Knospenformen, atmosphärisch aus visuellen Qualitäten intensiver Farben, haptischen Qualitäten der Materialien, ihrer Mischung von Energie und Eleganz. Da werden ständig Spannungen und Kräfteflüsse aufgebaut, beschleunigt und wieder gelöst. Da wird untergründig stets die Welt der großen Hollywood-Filme aus den vierziger und fünfziger Jahren evoziert und reicht als Traumwelt in die Alltagswelt eines jeden hinein, der dafür empfänglich ist.
Von seinem phantasiearchitektonischen Entwurf eines *Home in the Year 2000* sagte er: »This will be a home which is at the same time interactive, fun and functional.« Nach Art der futuristischen Manifeste von Sant'Elia und Filippo Tommaso Marinetti hat Maurizio Castelvetro Beiträge für ein Bolidismus-Manifest niedergeschrieben, deren Anfang sich folgendermaßen ausnimmt:

»Der Bolidismus wurde durch seinen inneren Zwang, nach keinem anderen Plan zu handeln als dem, enthusiastisch dem innovativen und rasenden Rhythmus des XX. Jahrhunderts anzuhängen, vorwärts getrieben, in der optimistischen Erwartung eines stärker organischen und mythischen XXI. Jahrhunderts.
Die bolidistische Aktion wird durch die EXALTATION DES LEBENS ausgelöst, eine Suche nach den positiven Formen, in denen sie sich manifestiert, im qualvollen Bewußtsein der zahlreichen Widerstände, die den künstlerischen Ausdruck abtöten.
Leben als erregender Ringkampf mit dem Tod im Raum der Zeit, ausgeführt von Tausenden von Leben/Menschen: wie faszinierend!
Tausende von Symbolen, Traditionen, Moden, Erfahrungen, erbarmungslos durch die Zentrifuge gedreht und überall um uns herum nonstop herumgewirbelt.
Eine multimediale Projektion von Millionen von Leben und Billionen von Erfahrungen, die eine exponentielle Beschleunigung des Bewußtseins und des Wissens bewirkt hat und noch bewirkt, deren Auswirkungen erst noch abgeschätzt werden müssen.
Es ist gerade diese einfühlsame SIMULTANEITÄT der Wahrnehmung, die wir täglich mehr und mehr erfahren; die Göttin des XX. Jahrhunderts, auf welche die Bolidisten ihre Produktion konzentrieren.
Bolidistische Produktion ist die persönliche Synthese der folgenden Elemente: BOLIDISTISCHE GESCHWINDIGKEIT – BOLIDISTISCHE ANSPANNUNG – BOLIDISTISCHE FORM.«[15]

Massimo Iosa Ghini, der schon als Schüler geradezu zwanghaft utopische Comics zeichnete, deren Nachfolger in den achtziger Jahren dann weltweit in Avantgarde-Magazinen publiziert wurden, ist keineswegs bei Zeichnungen und utopischen Entwürfen stehengeblieben. Im New Yorker Nachtclub *Bolido* (1988) installierte er nicht nur seine bekannten Memphis-Möbel, sondern verschmolz Design, visionäre Phantasiearchitekturen und reale Architekturen zu einem der stimmigsten und stimmungsvollsten Ensembles an Innenarchitektur der achtziger Jahre. Seine vielfältig kombinierbare Küche *Americana* (1993) revolutionierte das Küchen-Design stärker als jeder andere Entwurf der letzten Jahrzehnte. Seine Vasenkollektion bei Ritzenhoff (1993) verbindet klassisch-mediterrane Formen mit avantgardistisch-experimentellen.[16] Mit Phantasie, Schwung und offen erotischen Anspielungen kommt ihnen eine ungemein intensive, fast magische Ausstrahlung zu.
Und wie seine *Città aerea* oder *Città fluida* aus Elementen italienischer und amerikanischer Moderne in ihren schwungvoll romantischen Kurvaturen eine Gegenwelt zum Bauhaus-Funktionalismus in die Lüfte werfen und vor Augen zaubern, bleibt zu hoffen, daß er ähnlich wie Ettore Sottsass, der große Kollege aus der älteren Generation, eines Tages ebenfalls beginnt, seine gelernte Profession als Architekt mit Bauten in die Tat umzusetzen. Möge ihm vergönnt sein, daß dabei Traum und Realität weiterhin bruchlos ineinander übergehen.

»Mir liegt am Wahren, an der sexuellen Anziehung. Das übrige zählt gar nicht.«[1]

Louise Bourgeois

Maurice de Vlaminck, Château, 1928

1. Architekturmalerei

Seit meiner Jugend steht mir das im Jahr 1928 entstandene Gemälde *Château* von Maurice de Vlaminck aus der Stuttgarter Galerie Ketterer vor Augen. Darauf ist in Schwarz, Grün und fahlen Gelbtönen ein Schloß in einem Park zu sehen. Es herrscht Gewitterstimmung. Fast anthropomorph starren den Betrachter schwarze Tür- und Fensterhöhlen an. Für mich strahlt, zugegebenermaßen subjektiv, eine morbide Erotik von diesem Bild aus, vermutlich, weil ich es schon seit der ersten Begegnung mit Edgar Allan Poes Inzest-Geschichte *Der Untergang des Hauses Usher* in Verbindung gebracht habe. Was Poe in seiner Geschichte mit der Sprache gelingt, nämlich Psychogramme in Sprachbilder zu fassen, bannt Vlaminck mit Pinsel und Farbe auf die Leinwand. Poe sagt vom Stammsitz der Familie Usher, »gleich beim ersten Anblick der Mauern breitete sich eine unerträgliche Düsterkeit über meine Seele«.[2] Und ein wenig später heißt es:

»Meine Phantasie war so überreizt, daß ich wirklich zu sehen glaubte, wie das ganze Gebäude und seine nächste Umgebung in eine besondere, nur ihnen eigentümliche Atmosphäre gehüllt waren, eine Atmosphäre, die sich durchaus nicht mit der gewöhnlichen Himmelsluft zu vermischen schien, sondern von den verdorrenden Bäumen, den grauen Mauern und dem schweigenden Teich aufstieg – wie ein giftiger, mystischer Hauch, bleifarben, trübe, schwer und doch kaum erkennbar.«[3]

Der Leser erfährt im Laufe dieser Geschichte eine ganz allmähliche Initiation in die Welt einer morbid-dekadenten Erotik, in welcher Eros und Thanatos eins werden. Die Architektur kann deshalb sichtbarer Ausdruck einer Erotik zum Tode werden, weil die Nerven und Sinne des sensibilisierten Betrachters darauf eingestimmt sind, aus dem Zustand der Architektur auf die Seelenlage ihrer Bewohner zu schließen und ›vice versa‹. Was das Gemälde simultan zu vermitteln weiß, vermag der sprachliche Text erst im zeitlichen Nacheinander in Worten zu malen. Poe wie Vlaminck vermeiden jede platte Eindeutigkeit. Raffinierterweise greift der Literat in der Darstellung des Erotischen zur sprachlichen Beschreibung eines Architekturgemäldes:

»Ich möchte hier eine der phantastischen Schöpfungen meines Freundes, die nicht so starr abstrakt war wie die meisten übrigen, wenn auch nur durch einen schattenhaften Versuch, in Worten wiedergeben. Ein kleines Gemälde stellte das Innere eines unendlich langen, rechtwinkeligen Gewölbes oder Tunnels dar, dessen niedrige, glatte, weiße Mauern sich ohne jeden Absatz oder Verzierung, ohne jede Unterbrechung hinzogen. Gewisse Nebendinge in der Zeichnung deuteten an, daß sich dies Gewölbe tief unter der Erde befinde. An keiner Stelle der erschreckend monotonen Längsseiten war ein Ausgang zu entdecken, keine Fackel oder sonst künstliche Lichtquelle erhellte den schauerlichen Raum, den dennoch eine Flut greller Strahlen durchwogte und mit gespenstischem, rätselhaftem Schein erfüllte.«[4]

Interpretiert man freudianisch-psychoanalytisch, so ist die Analogie zum intrauterinen Eindringen offensichtlich. Schauerlich ist der Raum, weil die inzestuöse Liebe des androgynen Geschwisterpaares natürlich mit Schuldkomplexen beladen ist, und die »Flut greller Strahlen« könnte man als orgastisches Element deuten, den »rätselhaften Schein« als die erlösende Lichtvision am Ende des Tunnels, wie sie die Mystiker beschreiben und Blake sie oft gemalt hat. Am Schluß der Geschichte birst das Haus Usher im Gewittersturm auseinander, nachdem die Geschwister im Paroxysmus ihres erotischen Todeskampfes »entseelt« zu Boden gesunken sind.

Alfred Kubin, Buchillustration zu E. A. Poe, Der Untergang des Hauses Usher, um 1912

Linke Seite: Medrie MacPhee, Press, 1989

Bernd Zimmer,
Brennende Fabrik (rot), 1981

Architekturmalerei ist ein Genre, das bis ins Mittelalter, zumindest bis zu Ambrogio Lorenzettis berühmtem Gemälde *Das gute Regiment in Stadt und Land* (1338–39) zurückreicht. Etabliert ist dieses Genre seit Renaissance und Barock. Erotische Konnotationen von Architektur und Malerei sind im 18. und 19. Jahrhundert immer wieder anzutreffen, z.B. in den Gemälden der Präraffaeliten oder in Sir Lawrence Alma-Tademas antikisierenden Badebildern. Im Expressionismus und der Neuen Sachlichkeit, etwa bei Max Beckmann und Christian Schad, spielen architektonische Details oft eine Hintergrund- und Kulissenrolle zu stark erotisierten Darstellungen.
Die vorübergehende Dominanz der Abstrakten hat das Architekturthema im Verlauf des 20. Jahrhunderts zurücktreten lassen, doch die narrative Postmoderne der siebziger und achtziger Jahre führte einen erneuten Wandel herbei. Das Thema Architektur wurde in der Malerei der achtziger Jahre derart prominent, daß das Deutsche Architektur-Museum in Frankfurt am Main ihm eine umfangreiche Ausstellung widmete.[5] Dennoch läßt sich nur in wenigen der dort vertretenen Bilder Architektur und Erotik konnotieren, am ehesten vielleicht noch in Bernd Zimmers Feuerbildern, in Helmut Middendorfs Berlin-Bildern oder – abstrakter – in einigen der Babylonischen Türme von Markus Lüpertz.
Wir wollen jedoch zu Beginn dieses Kapitels auf den Anfang des Jahrhunderts zurückblenden, auf George Grosz, einen Maler und Karikaturisten, der durch umfangreiche Ausstellungen heute erneut international präsent ist. Grosz ist nicht nur Gesellschaftskritiker par excellence, er ist sicherlich auch einer der erotischsten, ja pornographischsten Maler von Rang in diesem Jahrhundert.
Erotik in Kombination mit Architektur wird insbesondere in seinen frühen aggressiven Bildern, Rhythmen und Gesängen aus der Zeit des Ersten Weltkriegs zum Thema. Es sind nicht einzelne Architekturen oder deren Details, die erotisch aufgeladen sind oder erotisieren, sondern das Erlebnis Großstadt als solches, und zwar des real erlebten Berlin und eines imaginierten, sehnsuchtsprojizierten New York. Wieland Herzfelde, der Freund, schreibt dazu im Geleitwort des Bandes *Paß auf, hier kommt Grosz:*

»Der Start dieses Künstlers war bestimmt durch die Begegnung mit Berlin und seinen Traum von Amerika, vom ›wilden Westen‹, es war zugleich der Alptraum eines sensiblen Zeitgenossen, der einen Röntgenblick und so etwas wie ein ›zweites Gesicht‹ hatte. Die nächtlichen Vergnügungen der Großstadt und ihre Akteure, speziell Zirkus- und Varietékünstler, leichte Mädchen und ›schwere‹ Jungens, aber auch Musik und Tanz, die rohen Orgien in den Séparées, Absteigequartieren und Bordellen, die bunten Flaschen auf den Regalen der Bars faszinierten ihn und stießen ihn zugleich ab.«[6]

George Grosz,
Grosz als Clown und Varietégirl, 1957

George Grosz,
Akte,
1919

Es ist das Großstadtgemenge von Huren, Schiebern, Säufern, Zuhältern, Kriminellen, korrupten Politikern, Intellektuellen, Offizieren, Kriegsverdienern im dynamischen Durcheinander der Häuser, Türme, Straßen, Mietskasernen, Brücken, Bahnen, Schlote, Wassertürme, Kräne, Reklamen, knickend, stürzend, aufragend, zuckend, das Grosz elektrisiert und erotisiert:

»Ih – im Cocktail ist Leben -
Die Hafengassen sind belebt -
Es gibt schon Tote;
Zwei Matrosen – - - - -
Im Bordell von rosa Licht schwül umhaucht -
Und wankende Schenkel, riesig und wüst -
Der Schnaps fließt die Bordellgassen entlang -
Ist das ein Leben !!!«[7]

George Grosz ist Karikaturist, Kritiker und Akteur zugleich. Er ist involviert in dieses Leben einer wüsten, animalischen Sexualität:

»Es kommt ein rosenrotes Haus,
Daran das Stelzbein lehnt -
Wo Billardbälle klirren -
Das Gesicht schminkt
Die Straßenplatte gelb... – - - - - - -
Emma!! Aas, mein kleines Schwein, Prost!!!«[8]

Aber Grosz ist auch der politische Seismograph, der ahnt, was die Stadt zur »steinernen Leiche« machen wird, mit Rissen in den Häusern und schließlicher Zerstörung. Als Grosz knapp zwei Jahrzehnte später, im Januar 1933, mit einer emphatischen Erwartungshaltung endgültig nach New York emigriert,[9] da ändern sich Blick und Stimmung. Aus dem Kritiker, der in Berlin doch innerlich zutiefst angesprochen und auch integriert ist, wird der analytische Beobachter, der registriert, beschreibt, interpretiert, jedoch weitgehend ohne die erotisch aufgeheizte Berliner Atmosphäre. Hieß es im *Gesang an die Welt* zu entsprechend turbulenten Zeichnungen:

»Turbulenz der Welt!
Liebe Freunde! – ahoi!
Seid gegrüßt, boys, über den Atlantic!
Du I. W. Hurban, du Lewis, du Abraham,
Du Theo F. More
Und du Lillian Elmore.
Den Urwald zogt ihr auf Noten
Mit Eurer Banjo-Musik der Neuen Welt.
Starr hochgewachsene Turmhäuser.
Frei das Auge.
Glattrasiert und breit.«,[10]

so notiert der Grosz von 1933 Broadway-Impressionen wie ein Gemälde:

»Tolle Straße, zwischen kleinen alten Häusern, rot mit Feuerleitern außen, unvermittelt Wolkenkratzer. Alle Fassaden überklebt mit Reklamen, auch bei Tage schon erleuchtet. Kinos schon früh in Betrieb. Halb Sankt Pauli, halb Friedrichstraße, halb Paris – und dabei durch die überraschenden Ausblicke auf aufgerichtete schmale Turmhäuser doch wieder gänzlich anders (...) überall stehen desperadohaft (...) sonderbar nervös aussehende Männer in Gruppen zu Dutzenden – alle Rassenmischungen. Halb gangster, halb businessmen. Was haben die alle zu besprechen??? Zigarren, große, in den goldplombierten Zähnen. Immer wieder ein eigentümlich verlebter angespannter Zug im Gesicht – faltig. Ein großer ironischer Mann mit nur einer Krücke. Weiche-Filzhut-Neger mit Regenschirmen. Elegante jüdisch-spanische weithosige kurzjackige gents mit gelockertem Kragen – alle Hände in den Taschen.«[11]

Die Frauen, die Grosz mit weichem oder spitzem Zeichenstift in seine Skizzenbücher bannt, sind mindestens so kurvenreich und sexy wie die Berliner Nutten von ehedem. Aber selbst Striptease-Tänzerinnen erscheinen nun, ganz im Gegensatz zu seinen früheren Erwartungen, unter dem analysierenden Emigrantenblick enterotisiert, wie vom Botaniker aufgespießt. In New York wie in Berlin stellt Architektur die Hintergrundfolie bereit, auf der sich spezifische urbane Lebensformen erst entfalten können. Sie wird aber nicht selbst zum erotisierenden Agens. Da verhält es sich mit einem weiteren deutschen Emigranten, mit Richard Lindner, partiell anders. Lindner, der 1933 erst nach Paris geflohen war, ging 1941 nach New York, wo er in den späten fünfziger und sechziger Jahren zu einem der führenden Vertreter der Pop Art avancierte. Amerikanische Gegenwart und europäische Erinnerung, Wunschtraumwelt, Vision und symbolisch aufgeladene Großstadtrealität, Froschperspektive des Jungen aus der Spielzeugstadt Nürnberg, Fetischismen und sexuelle Zwangsneurosen des Erwachsenen amalgamieren zu einer Welt, in der Menschenkörper und Architekturkörper bruchlos miteinander verschmelzen:

»Hier sind die Personen und ihre Attribute völlig kodifiziert. Die Umwelt – Times Square und Coney Island – ist absorbiert: Körper und Umgebung gehen ineinander über, bilden ein durchgehendes farbiges Epiderm.«[12]

Lindners Menschenkörper, zumal seine Frauenfiguren, sind Architekturen, mit Säulenbeinen, gewaltigen Brüsten und Schenkeln, eingezwängt in Korsetts, die zugleich Fetisch, Panzer und Gefängnis verkörpern, Signale simultaner Attraktion und Abwehr. Sie stellen, wie die Hochhäuser New Yorks, Techno-Maschinen dar, anonyme Konstruktionen aus beweglichen Teilen. Sie sind zugleich Sinnbilder einer schrecklichen Fremdheit zwischen den Geschlechtern, deren Repräsentanten jedoch durch eine unerklärliche sexuelle Gier aneinander gekettet sind:

Richard Lindner,
Suburban,
1969

Richard Lindner,
Untitled No. 1,
1962

»Es ist ein ganzes Universum, in dem Sex zum Apparat geworden ist. Es besteht aus Zerstückelungen und Überschneidungen, abgeschnittenen und transplantierten Brüsten, losgelösten Geschlechtsteilen, in denen sich die erotische Aggressivität der Gesellschaft des 20. Jahrhunderts offenbart und die Gewalttätigkeit einer Kultur vorgeführt wird, die einem Überangebot durch die Werbung ausgeliefert ist und keinen Weg mehr findet, die Einsamkeit zu durchbrechen, in der ihre Mitglieder eingesperrt sind.«[13]

Lindner mit Wahlheimaten in Paris und New York repräsentiert noch den typischen Flaneur und Stadtvoyeur. Er ist fasziniert von Halbwelt, Unterwelt und Medienwelt. Durch sein New York der sechziger Jahre scheint immer noch das Groszsche Berlin der zwanziger Jahre hindurch.[14] Die Geheimnisse lasziver, dominanter, brutaler, einschüchternder, nichtsdestoweniger für ihn aber ungemein attraktiver Frauen faszinieren ihn. Sie locken Männer mit geradezu kannibalischer erotischer Energie wie fleischfressende Pflanzen in ihre Fallen, und dennoch liebt und verehrt er sie, setzt ihnen immer wie-

Bomarzo, Parco dei Mostri, um 1525

Bomarzo, Parco dei Mostri, Sphinx, um 1525

Dann aber, als Höhepunkt dieser Kunst, bei einem schiefen Haus, das sich so sehr neigt, daß man Angst hat hineinzugehen. Merkwürdig: Weniger die schiefen Böden und Decken sind das eigentlich Irritierende, sondern vor allem die Fenster, die so ungewöhnliche Ausschnitte der Welt draußen zeigen, daß einem ganz schwindelig wird.«[33]

Dekonstruktion also als uraltes, manieristisches, ja schlechthin künstlerisches Prinzip. Und die Erotik Bomarzos, sie scheint ebenfalls eine fragmentierte, zerstückelnde, in Schräglagen und aus Schrägperspektiven operierende Erotik der Dekonstruktion, beheimatet in den Abgründen, die Georges Batailles poetisch-analytischer Blick ausgeleuchtet hat, mit dem gleichzeitigen Wissen um Lust und Leid, Leben und Tod.

Kurt Schwitters' Merzbau

Auf dem Weg von *Bomarzo* in begehbare Plastiken der Gegenwart sollten wir wenigstens im Vorübergehen kurz haltmachen in einer dadaistisch-verqueren, frühkonstruktivistisch-dekonstruktivistischen, uterin-erotischen Phantasie-Haus-Höhle, nämlich Kurt Schwitters' Lebens-

Kurt Schwitters,
Merzbau,
1925–35

werk, dem *Merzbau*, dessen Vor- und Frühform er zunächst KdeE, soll heißen *Kathedrale des erotischen Elends* nannte.
Er schreibt dazu in *Ich und meine Ziele*:

»(...) wir leben in einer Zeit der Abkürzungen. Außerdem ist sie unfertig, und zwar aus Prinzip. Sie wächst etwa nach dem Prinzip der Großstadt, irgendwo soll wieder ein Haus gebaut werden, und das Bauamt muß sehen, daß das neue Haus nicht das ganze Stadtbild verpatzt. So finde ich irgendeinen Gegenstand, weiß, daß er an die KdeE gehört, nehme ihn mit, klebe ihn an, verkleistere ihn, bemale ihn im Rhythmus der Gesamtwirkung.«[34]

Weiter heißt es:

»Das Ganze ist übergossen mit einem Symbol von Kuben strengster geometrischer Formen, bis zur völligen Auflösung. Der Name KdeE ist nur eine Bezeichnung. Er trifft vom Inhalt nichts oder nur wenig.«[35]

In den frühen Werkstadien des Baus gab es zahlreiche Höhlen und Grotten mit einem Collagen-Sammelsurium von Bruch- und Fundstücken, z. B.

»(...) das Bordell mit einer Dame mit 3 Beinen, gestaltet von Hannah Hoech, und die große Grotte der Liebe. Die Liebesgrotte allein umfaßt 1/4 der Unterfläche der Säule, eine breite Freitreppe führt zu ihr hinauf, unterhalb steht die Klosettfrau des Lebens in einem langen schmalen Gang, in dem sich auch Kamelslosung befindet.«[36]

Der *Merzbau* als sich ständig veränderndes Monument u. a. auch erotischer Collagen-Architektur, die Ordnung aus Chaos gebiert, das visuelle, räumliche Erlebnis einer monomanischen Mischung aus Kathedrale, uteriner Höhle, Burg, Liebesgrotte, Elfenbeinturm, ist auf einer tieferen Ebene sicher einer der symbolischsten Kunst-Bauten unseres Jahrhunderts. Erotik ist ihm als Urelement des steten Wandels von Oberflächen und Innenräumen eingeschrieben. Visuell und taktil, in einer tief erfühlten Weise auch symbolisch, setzt dieses Bauwerk in abstrahierter Form Wesensmerkmale von Erotik als Lebensreise in gebaute Konstruktion um.

Louise Bourgeois' Haus-Frauen und Frauen-Häuser

Louise Bourgeois gehört zu den Künstlern, die einen treffen wie ein Blitz, der aufwühlt, wie ein Virus, der sich im Körper ausbreitet, dessen Spuren haften bleiben, sich verändern, ein Eigenleben entfalten. Wie sagte sie doch: »Wenn meine Arbeit ihn [den Betrachter] erregt, dann habe ich wirklichen Erfolg.«[37]
Louise Bourgeois gehört zu den Künstlern, die wie Emil Schumacher erst im neunten Lebensjahrzehnt den ganz großen Durchbruch erleben und in ihrem Alterswerk davonstürmen, als gelte es, jugendlich die Welt aus den Angeln zu heben. Doch zum Ungestüm sind tiefe Lebenserfahrungen hinzugekommen, zur Direktheit die facettierten Brechungen, das souveräne Kalkül. Seit einem halben Jahrhundert zählt das Haus, zählt Architektur zu den zentralen Metaphern

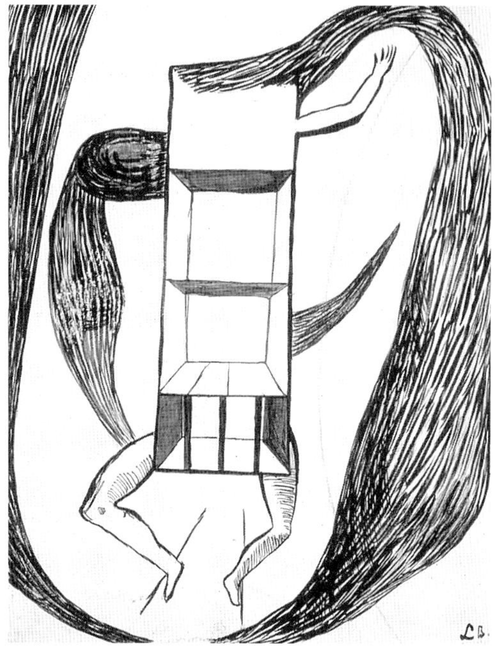

Louise Bourgeois,
Femme Maison,
1947

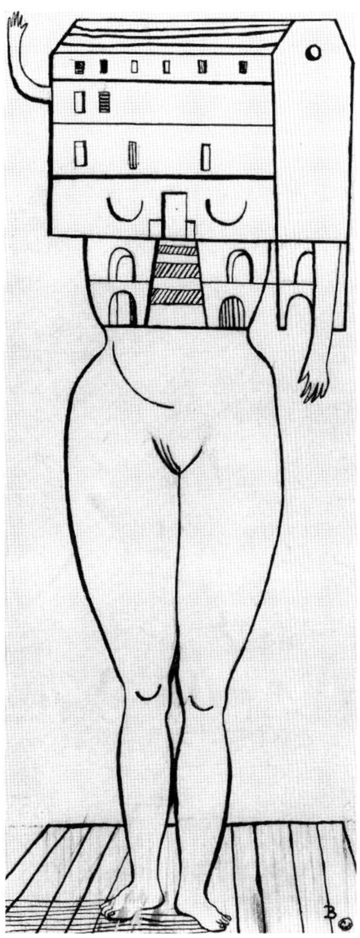

Louise Bourgeois,
Femme Maison,
1947

ihres Werkes. Gestaltete sie aber erst die Fassaden und ging von da ins Innere, so gestaltet sie nun das Innere, geht von den Innenräumen nach außen. Das ist, wenn man es recht überlegt, noch viel schamloser, obszöner, unverstell-

Louise Bourgeois,
Femme Maison,
1946–47

Louise Bourgeois,
Cell (You Better Grow Up), 1993

tion, direkt und unverstellt, wie nackte Körperteile so sind; begehren, bitten, flehen, wollen streicheln, wollen geliebt werden, vereinigen sich mit Kugeln. Die können rollen, sind überall rund, Symbole des Ewigen. Raum und Zeit hebt sich in ihnen auf.

Von den Zeichnungen und Skulpturen schreitet Louise Bourgeois fort zu den Installationen, die Mitteldinge sind zwischen Skulptur, Bühnenbild und Live-Theater mit Kulissen und handelnden Personen.[38] Waren es in früheren Jahrzehnten, ähnlich Chevals *Palais Idéal*, die schwellenden, zottigen, kugeligen, phallischen, brustähnlichen Protuberanzen, Anspielungen auf Münder, Vagina, Penisse, Ani, Brüste, auf alle Organe, durch die sich Welt aufnehmen und ausscheiden läßt,[39] durch die sich Sehnsucht, körperliche und seelische Bedürfnisse manifestieren, so sind es in jüngerer Zeit Fetischhäuser der Erinnerungen und Phantasien, der Obsessionen und abgearbeiteten Verdrängungen.

Die Kunst wird als mythologisierte Autobiographie zum imaginären Museum und gewinnt damit weit überindividualistische Aussagekraft. Wir sind betroffen, du und ich, weil Louise Bourgeois wachen Auges in träumerische Metaphern faßt, was wir verdrängen, verschweigen gegenüber Eltern, Partnern, uns selbst. In ihren erotischen Humanbestiarien der Neunziger versammeln sich in »erinnerungsgesättigten Schreinhäusern«[40] die alten libidinösen Energien und die Fetische ihrer Hauptthemen, als

ter, zärtlicher, ›wahrer‹: Denn Louise Bourgeois ist besessen von Erotik, von der allumfassenden kreativen wie zerstörenden Macht des Eros. Haus, Körper, Körper, Haus, das Haus als Schutz, als Maske, als Heim, als Phallus, als Ganzkörperkondom. Man(n) geht hinein, dringt ein, Frau wohnt darinnen, lebt darinnen, verwandelt sich in Haus, ist Haus, Haus in Frau, Haus-Frau, Mensch und Architektur verschmelzen. Frauen-Häuser mit Räumen, die Zellen sind, in den Neunzigern. Drinnen wird Abrechnung gehalten, mit Man(n) = Vater = Selbst, mit Verdrängungen, Erinnerungen, Obsessionen, Wunschträumen, Alpträumen. Da werden Lebensangst und Todesfurcht in geheimnisvolle Bilder gefaßt, Mysterien des Blutes, des Geschlechts werden evoziert: In Phiolen und alchemistischen Gläsern werden Düfte, Säfte, Flüssigkeiten, Leidenschaften gefaßt, destilliert, sind verdampft, entwichen, eingetrocknet. Bettgestelle evozieren Liebesnächte und Alpträume, Spiegel multiplizieren Ansichten, Einsichten, Aussichten. Da werden Körper fragmentiert, zerstückelt. Ohren, Hände, Arme, Beine, Füße schreien stumm nach Aktion, nach ihrer Funk-

Louise Bourgeois,
Red Room (The Parent), 1994

Louise Bourgeois,
Nature Study #5,
1995

da sind Leben, Tod, Sexualität, Vereinsamung, Entfremdung, Liebe und Zärtlichkeit.
Da wohnen Aggression und Sehnsucht, Gewalt und Fürsorge eng beieinander. Da wird in Zellen gesperrt und dann gemetzgert, zersägt, gehackt, da werden Lebensfäden abgeschnitten und mit Gliedern in Blut getaucht. Und doch ist es »Schönheit im Schoße des Schreckens«,[41] eine unglaubliche Melancholie und Poesie, mitunter gepaart mit Selbstironie, die ihr Alterswerk durchtränkt und umfängt:

»Die Skulpturen offenbaren ein ganzes Leben, das auf Erotik beruht; es geht immer um Sexualität oder ihr Fehlen. Das Verlangen, Erfolg zu haben, und das Wissen, wie man ihn erreicht, ist alles. Man muß unterscheiden zwischen der Sexualität, die eine Funktion hat, und der Erotik, die soviel mehr umfaßt. Erotik kann real oder bloß imaginiert sein, erwidert oder unerwidert. Da ist das Begehren, der Flirt, die Angst vor dem Versagen, Verletzbarkeit, Eifersucht und Gewalt. Ich interessiere mich für alle diese Elemente.«[42]

Niki de Saint Phalles Nanas und phantastische Gärten

Im zeitgenössischen Kontext, aber diesmal nicht aus dem Blickwinkel einer fragmentierenden männlichen Erotik, sondern aus dem einer fröhlichen, matriarchalischen Gegenwelt, lassen sich an Bomarzo die *Nanas* Niki de Saint Phalles und ihre phantastischen Gärten anschließen, vor allem der *Tarot-Garten* in der Toskana, der den würdigen Abschluß einer ›Architektur‹ der erotischen Baukunst bilden soll.
Nachdem sie sich in ihren Schießbildern, Assemblagen und alles verschlingenden Müttern selbsttherapeutisch von den bourgeoisen Zwängen ihrer Familie, ihrer Ausbildung in einer Klosterschule und einer ringsherum mit Tabus verstellten Erziehung und Moral befreit hatte, fand Niki de Saint Phalle, die ab 1960 mit Jean Tinguely zusammenlebte, seit Mitte der sechziger Jahre zu den *Nanas* und damit zu einer Welt der Fröhlichkeit, der Heiterkeit, der Farben. Das impliziert aber auch eine Welt der ›Sexplosion‹, des Bekenntnisses zu einer Welt des Eros. Was sie selbst anfangs als Symbole einer befreiten, sinnenfrohen Frau deutete, nennt sie in den achtziger Jahren feministische Vorbilder eines neuen matriarchalischen Zeitalters.
Die eingefleischten Feministinnen muß so etwas verstören, denn Niki de Saint Phalle gehorcht auch hier keinen Klischees mehr. Zwar treten die selbstbewußten, tanzenden, fröhlichen, Erotik aus allen Poren strahlenden *Nanas* auf ihrer ersten Ausstellung 1965 in der Galerie Iolas, Paris, mit dem Schlachtruf »Les Nanas au Pouvoir«, »Alle Macht den Nanas« in die Kunstwelt ein, und sie sollen den Männern auch durchaus nicht nur Versprechen machen, sondern Angst vor der unbändigen Kraft weiblicher Sexualität einjagen. Aber Niki bekennt sich eben durchaus nicht zu einem verkopften Feminismus, sondern zu einem, in dem dem Körper Priorität vor einer logisch-wissenschaftlich-technizistisch verregelten Welt zukommt. Schon auf ihren Schießbildern hatte sie nur auf die Köpfe der Männer, nicht auf ihre Körper geschossen. Andererseits, das beweisen alle ihre Äußerungen zu ihrem Werk, ist sie eine Künstlerin, die keinesfalls auf den Kopf gefallen ist und nur noch Bauch und Hintern zu betonen weiß, sondern auch eine kluge, analytisch begabte, kunsthistorisch bewanderte Frau. So schreibt Niki über Niki:

»Niki ist ein besonderer Fall, ein Außenseiter. Die meisten Plastiken Nikis haben etwas Zeitloses, sind Erinnerungen an alte Kulturen und Träume. Ihr Werk und ihr Leben sind wie Märchen: voller Abenteuer, böser Drachen, versteckter Schätze, voll menschenfressender Mütter und Hexen. Paradiesvögel kommen darin ebenso vor wie gute Mütter, Ahnungen des Himmels ebenso wie der Abstieg zur Hölle. (...)
Durch alle Zeiten und Kulturen hindurch sind Mythen und Symbole periodisch wiedererfunden und neu erschaffen worden. Niki zeigt uns auf ihre ganz moderne Art, daß diese Mythen und Symbole noch immer lebendig sind. So sind z. B. die Nanas Skulpturen ganz aus unserer Zeit – und doch muß man bei einigen sofort an die Venus von Willendorf denken.«[43]

Nach diesem ungehemmten Bekenntnis zum Mythos, aber auch zur Kunst als Existenzform, als Totalerfahrung intellektueller, emotionaler, technischer und praktischer Natur, fährt Niki etwas später mit einem Bekenntnis zur kannibalischen Kunst-Erotik fort:

»Ich sehe Niki als eine verschlingende Mutter, die sich die verschiedensten Einflüsse einverleibt hat: von Giotto, der frühsienesischen Malerei oder dem Zeital-

Niki de Saint Phalle, Tarot-Garten, Garavicchio, Toskana, seit 1979

Niki de Saint Phalle,
Der Golem, Jerusalem

Niki de Saint Phalle, Tarot-Garten,
Schloß des Herrschers

ter Rousseaus, mexikanischen und indischen Tempeln bis hin zu Bosch und Picasso. All diese wurden aufgegessen und verdaut – das Kind, das aus diesem Festmahl geboren wurde, ist und bleibt eine Niki.«[44]

Sichtbares Zeugnis dieser Auffassung wird insbesondere das Gemeinschaftsprojekt *Hon-en Katedral* (April – Juni 1966), das Niki unter Mitarbeit von Jean Tinguely und Per Olof Ultvedt für das Moderna Museet Stockholm schafft. In dieser Riesen-Nana wird die Frau zur begehbaren Skulptur, zum erotischen Tempel, den man durch die Vagina betritt, um sich in ihrem Inneren allerlei Lustbarkeiten hinzugeben. Niki legt damit gleichermaßen ein Bekenntnis zu den körperlichen und erotischen, wie zu den emotionalen und mythisch-narrativen Qualitäten von Architektur und Skulptur ab, wobei Ironie und Selbstironie möglicherweise aufkommendes Pathos unterlaufen. Am Schluß der Aktion zerstörte sich die Figur selbst.
In den Nanas beginnt Niki ihre fulminante Begabung mit deren Möglichkeiten und Fähigkeiten auszuschöpfen. Diese architekturalen Monumentalskulpturen fordern von Anfang an zu körperlicher Auseinandersetzung auf, dazu, sie zu belasten, auf ihnen herumzuklettern.[45]
Die phantastischen Gärten mit Phantasie-Haus-Skulpturen wie dem *Traum des Vogels* (1967–69 für den Regisseur Rainer von Diez entstanden), mit dem großen *Golem* für einen Kinderspielplatz in Jerusalem (1972), mit dem Skulpturhaus *Der Drache* (1973) im belgischen Knokke-le-Zout: All dies sind skulpturale Kunst-Architekturen, die jeweils eine Symbolskala verkörpern, welche von märchenhaften und dämonischen über spielerische zu erotischen und auch kannibalischen Konnotationen reicht.
Die Summe ihres Lebenswerkes aber beginnt Niki 1979 mit dem Bau des *Tarot-Gartens* in einem stillgelegten Steinbruch bei Garavicchio in der Toskana zu ziehen.[46] Geheimwissen, Magisches, Mystisches, Kabbalistisches ist in die Tarot-Karten eingegangen, die vermutlich auf ägyptische Hohepriester zurückgehen, die in solchen Bildsymbolen ihr machtsicherndes geheimes Wissen weitergaben. Erotik, Phantastik, blühende wuchernde Lebenslust, Symbole für Fruchtbarkeit, Liebe, Leben und Tod vereinen sich harmonisch in Nikis Konzeption dieses Zaubergartens, der seine Vorbilder nicht zuletzt im Garten der Villa d'Este und in Bomarzo besitzt. Hierzu sagt die Künstlerin:

»Bomarzo übt auf mich eine besondere Anziehungskraft aus. Eine der zentralen Figuren meines Gartens, die Hohepriesterin mit dem geöffneten Munde, aus dem einmal Wasser kommen und über die Stufen fließen wird, stellt eine Hommage an diese geheimnisvollen Skulpturen sowie an die Villa d'Este dar. Das Träumerische der Gärten von Bomarzo mit ihren Meerjungfern, Giganten, Ungeheuern und dem fallenden Turm hat auf mein Werk abgefärbt. Auch vom Symbolischen her gibt es zwischen den beiden Gärten Ähnlichkeiten. Die Alchimie ist der Schlüssel zu Bomarzo, die Archetypen sind es zu dem meinigen.«[47]

Als junge Frau hatte Niki den Park Güell Antoni Gaudís in Barcelona besucht, und sein Werk

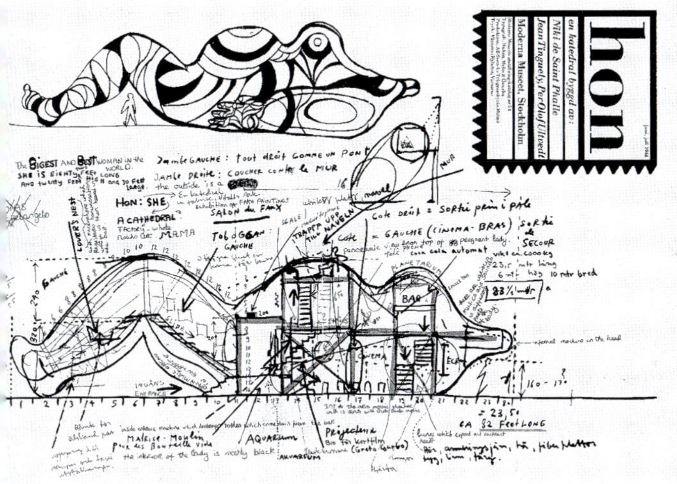

Niki de Saint Phalle, Jean Tinguely
und Per Olof Ultvedt,
Hon, Arbeitsskizze, 1966

Niki de Saint Phalle, Jean Tinguely
und Per Olof Ultvedt, Hon, 1966

blieb für ihr gesamtes Schaffen wegweisend. Für ihren *Tarot-Garten* wählte sie 22 Figuren des Kartenspiels aus und setzte sie frei in Skulpturen um. Magier und Hohepriester (Karten I und II des Tarot) sind in der Zentralskulptur des *Tarot-Gartens* zu einer Skulptur verschmolzen. Das bedeutet eine Vereinigung von männlichem und weiblichem Prinzip. Der ›Ozo‹ aus dem Garten von Bomarzo ist damit philosophisch wie künstlerisch weiterentwickelt worden.

Der Magier steht für die Urenergie in der schöpferischsten und aktivsten Form, gleichzeitig das Spielerische symbolisierend. Die Hohepriesterin symbolisiert dagegen das weibliche Prinzip des Universums, innere Weisheit in ihrer tiefsten Bedeutung. Sie steht für den weiblichen Archetyp. Die passive Kraft der Natur, Intuition, Geheimwissen und die großen Mysterien, aber auch Kreatürliches, erotische Kraft und Wissen werden durch diese Figur symbolisiert. Der Teufel ist ein bunter fröhlicher Gesell, der mit goldenen Hörnern und einem Dreifachpenis daherkommt. Dekonstruktivistische Prinzipien, wie sie im schiefen Haus von Bomarzo zu finden sind, hat Niki de Saint Phalle in ihren fallenden Turm aufgenommen, der von einer Tinguely-Maschine als Blitz Gottes geöffnet und zu Fall gebracht wird.

Die vater- und männermordende Niki hat im *Tarot-Garten* inmitten blühender Phantastik zum harmonischen Ausgleich von Intellekt und Gefühl, von Wissenschaft und Intuition, von Eros und Thanatos gefunden. Die dralle Sinnlichkeit der *Nanas* ist zwar noch vorhanden, doch gleichzeitig auch vergeistigt worden. Im Körper der Herrscherin (Karte III des Tarot-Spiels), der Großen Göttin, Himmelskönigin, Mutter des Gefühls, hat sich Niki ihr Atelier zum Leben und Arbeiten eingerichtet. Den höhlenartigen Innenraum stattete sie komfortabel aus:

»Die Wölbung der einen Brust ist zur Küche ausgebaut, in der anderen liegt etwas erhöht ein kleiner Schlafraum. In die Brustwarzen sind Fenster eingelassen, von denen aus das Meer zu sehen ist.«[48]

So erfüllte Niki sich ihren alten Traum, im Innern einer Skulptur zu leben. Die Großplastik ist ein Skulptur-Haus in Gestalt einer Sphinx. Die Sphinx im klassischen Sinn war bekanntlich ein Ungeheuer mit Löwenleib und Frauenkopf, das jeden tötete, der ihr Rätsel nicht lösen konnte.

Man sieht daran, daß Niki de Saint Phalle nicht etwa gedenkt, ihre Krallen und emanzipatorischen Spitzen ganz einzuziehen, doch hat sich ihre Identitätsfindung durch Kunst von einem provozierenden zu einem geradezu klassischen Prinzip gewandelt.

»Doch eine Klingel ertönte und zuerst, so schien es, mußten wir uns alle für das Essen umziehen. Albertina zeigte mir den mir zugewiesenen nüchternen, maskulinen Raum an der Vorderseite des Hauses – mit einem schmalen Bett, einem Sessel, mit schwarzem Leder bezogen, vielen Aschenbechern und einem Zeitschriftenständer, der die jüngsten Ausgaben von Playboy, The New Yorker, Time und Newsweek enthielt. Auf der Frisierkommode lagen silberne Bürsten. Ich öffnete eine Tapetentür und fand ein Badezimmer, und ich nahm eine heiße Dusche, wobei ich viel zitronenduftende Seife verbrauchte. Als ich in dem bereitgelegten weißen Bademantel wieder herauskam, lag ein Abendanzug mit allem Dazugehörigen – bis hin zu Seidensocken und einem wollenen Taschentuch – auf dem Bett bereit.
Als ich mich angezogen hatte, untersuchte ich die Taschen und fand ein goldenes Feuerzeug und ein dazu passendes Zigarettenetui, gefüllt mit schwarzen Balkan-Sobranie-Zigaretten. Ich besah mich in dem ovalen Spiegel mit dem Mahagonirahmen. Wieder hatte ich mich verwandelt. Die Zeit und die Reisen hatten mich so geändert, daß ich mich kaum mehr selbst erkannte. Nun war ich völlig der männliche Aspekt von Albertina. Deshalb weiß ich, daß ich als junger Mann sehr schön war. Weil ich weiß, daß ich aussah wie Albertina.
(...) Alles lag völlig ruhig; die Luft war erfüllt von den Düften des Herbstes – wie Pilze, wie Wein. Wieder klingelte es, und ich ging die mit einem dicken Teppich belegte Treppe hinab zur Bildergalerie, wo Albertina und ihr Vater überaus trockenen Sherry tranken. Das Abendessen fand an einem alten Tisch (England, achtzehntes Jahrhundert) statt, in einem anderen der keuschen, zurückhaltenden, weißgestrichenen Räume; ein Blumengesteck im flüchtig-transzendentalen japanischen Stil stand auf dem Sideboard, und Porzellan, Glas und Besteck waren von so erlesenem Geschmack, daß man ihre Gegenwart kaum wahrnahm. Die Mahlzeit selbst war sehr einfach und in völliger Übereinstimmung mit der Jahreszeit – eine klare Suppe, eine kleine Forelle, Hasenbraten, Pilze, Salat, Obst und Käse. Die Weine entsprachen präzise den Gängen. Mit dem sehr starken schwarzen Kaffee kam eine Auswahl seltenster Spirituosen, und wir rauchten alle wahrscheinlich unerschwingliche Zigarren. Immer noch war keine Bedienung zu sehen. Alle Gänge wurden in einem kleinen Speiseaufzug aus unterirdischen Küchenräumen heraufgeschickt, und Albertina legte uns vor. Während des Essens kam es zu keinem Gespräch, aber eine weitere Stereoanlage, hinter einer weißemaillierten Lautsprecheröffnung verborgen, spielte den Liederzyklus ›Die Winterreise‹ von Schubert. ›Haben Sie nicht auch das Gefühl‹, fragte der Doktor mit seiner leisen und weichen und doch scharfkantigen Stimme, ›daß unsichtbare Einflüsse mehr Realität besitzen als sichtbare? Sie beeinflussen uns in stärkerem Maße. Sie bringen uns leichter zum Weinen‹.«[1]

Linke Seite:
Lynn Davis, The Ministry of Sound, Diskothek, London, 1991

Kann man Außenarchitekturen bei einiger Abstraktion – und Architekturkritik tut dies nur zu oft – noch weitgehend als zweidimensionale oder skulptural vertiefte Flächen, nämlich Fassaden, beurteilen, so geht es bei Innenarchitektur und Interior Design immer um Körper mit Oberflächen und Innenräumen, um Inszenierungen des Innen von Architekturkörpern, deren Außen häufig keine oder nur eine untergeordnete Rolle spielt.
Das Eingangszitat von Angela Carter belegt, wie sehr es dabei auf das Zusammenspiel von Menschen, Architektur und Einrichtungsgegenständen ankommt, wie private Wohnwelten durch Accessoires erotisch besetzt und aufgeladen werden können. Es belegt auch einen androgynen Trend der Moderne, der mit zunehmender Emanzipation der Frau gerade in den neunziger Jahren Mode, Wohnkultur, Freizeitverhalten zunehmend prägt. Ambiente, Tischkultur, Eßkultur, ja das Timbre von Stimmen wirken dabei mit, um die beschriebene Atmosphäre erotisch zum Schwingen zu bringen. In einer auf Schnelligkeit und Mobilität bedachten Zeit wie der unseren ändert sich das Umschlagstempo solcher Innen-Inszenierungen rascher denn je zuvor, wobei bereits der Begriff Inszenierung auf Theatralik, auf Spiel, auf Dramatik und Narrativität, auf ein Ineinanderfließen von Illusion und Wirklichkeit, von Imagination und Wirklichkeit, auf jenes von den Medien und der Philosophie her bekannte, immer zentralere Problem unseres heutigen Lebens verweist, daß nämlich die Fiktion der Wirklichkeit kaum noch oder nicht mehr von der Wirklichkeit der Fiktion zu trennen sei. Imaginationen sind Bestandteil unserer Wirklichkeitsvorstellungen, der Künstler oder Designer setzt sie in Materialität um, und sie werden Realität.
Der Interior Designer, stärker als der Außenarchitekt, bedient sich gerne eines immer wichtiger werdenden immateriellen Baustoffs, der mit dem Inszenierungscharakter seiner Art von Architektur zusammenhängt, nämlich des Lichts. Er verändert damit Formen und Farben seiner Objekte, vermag Räume mit Licht zu strukturieren, Wände aus Licht zu simulieren, schafft u. U. immaterielle Objekte ganz aus Licht, integriert neuerdings immaterielle Kunstwerke, Licht- und Klangskulpturen, Computeranimationen und -simulationen, Filme, Video, Computergraphik in seine Raumgestaltung.
Und es werden beim Interior Design eben gerade kommunikative Funktionen von Architektur in Szene gesetzt, wobei es auf ein hohes Maß an Interaktivität von Benutzer und Raum ankommt. Dabei spielen von jeher, aber in besonderem Maße seit *Memphis* und dem postmodernen Design der achtziger Jahre, eine Vielzahl von Möbelstücken, Stühle, Sessel, Schränke, Regale, Vasen, Bilder, die speziell auf erotische Ausstrahlung hin unter Verwendung erotischer Symbole entworfen wurden, eine nicht unwesentliche Rolle.

Gernot und Johanne Nalbach, Art Hotel Sorat, Berlin, 1990

nicht einmal für eine einzelne Person. Innenarchitektonische Ausstattung und erotische Baukunst können auf unterschiedlichste Art und Weise Ensembles schaffen, die erotisch zu wirken vermögen. Dies verweist darauf, daß in einer Ära zunehmender Immaterialitäten sich das Erotische u. U. eher an Haltungen und Strukturen denn an Formen und Materialien festmachen läßt. So mag am anderen Ende der Skala, an Martin Cleffmanns verglastem, mehrgeschossigen Stahlbau in Konstanz, sichtbar werden, wie im zeltüberspannten Elternschlafzimmer auf dem Verdeck durch einen Schuß Romantik die erotische Stimmung inmitten einer Technikkultur entstehen kann.

Trendforscher gehen für die neunziger Jahre und darüber hinaus bei stetig wachsender Individualisierung des Publikums von einer Abnahme traditioneller Wohnwelten aus.[6] An deren Stelle werde ein Lebensraum ohne Zwänge angestrebt, bei dem das materielle Prestigedenken keine so große Rolle mehr spiele wie noch in den Achtzigern. Lebensqualität auf hohem Niveau galt noch als Stichwort für die frühen neunziger Jahre. Mittlerweile sei jedoch die Entwicklung von der Selbstdarstellung zur weniger nach außen auftrumpfenden Selbstverwirklichung weiter fortgeschritten – die eigene Wohnung als »Handschuh der Seele«, als dritte Haut. Eine derartige Haltung verbürge bis ins hohe Alter einen Zustand des Wohlbefindens.[7]

»Ours is a ready money society« diagnostizierte bereits Becky Sharp, die Protagonistin von William Makepeace Thackerays gesellschaftlichem Panorama-Roman *Jahrmarkt der Eitelkeit* (*Vanity Fair*, 1848). Thackeray bezog diese Einstellung schon aus seinem noch weitgehend mittelalterlich geprägten Vorbild, John Bunyans *Des Pilgers Reise* (*The Pilgrim's Progress*, 1674/75). Seit dem britischen Viktorianismus und der deutschen Gründerzeit aber hat sich die gesellschaftliche Rolle des Geldes und der Warenwelt dermaßen intensiviert, daß es hoffnungslos wäre zu leugnen, daß es auch eine Erotik eben dieser Warenwelt gibt. So sind eine Reihe von Dienstleistungsbetrieben, und hier handelt es sich vor allem um Hotels, Restaurants, Bars, Nachtclubs, Modeboutiquen oder auch Firmensitze, die auf Design Wert legen, geradezu für ein nach erotischen Prinzipien vorgehendes Interior Design prädisponiert.

Am Beispiel von fünfzehn Objekten der frühen neunziger Jahre von zehn ganz unterschiedlichen Designern aus sechs Ländern soll im folgenden demonstriert werden, in welcher Weise diese Designer sinnliche Anreize schaffen, das erotische Spiel des Einstimmens, Verführens, Genießens innenarchitektonisch inszenieren und ausreizen.

Für das Interior Design wie für viele andere Bereiche auch gilt, daß etwa Mitte der achtziger Jahre ein erheblicher Internationalisierungsschub einsetzt, der eine gegenseitige Befruchtung und Durchdringung von Kultureinflüssen aus Ost und West mit sich bringt; insbesondere sind hiervon Japan, Westeuropa und die USA betroffen. Was die Erotik angeht, ist der exotische Reiz des Fremden hier von besonderer Bedeutung, wenn sich etwa in Alfredo Arribas' Nachtclub *Barna Crossing* im Untergeschoß des Hotels *Il Palazzo* in Fukuoka spanisches Design und japanisches High Tech begegnen und durchmischen, wenn aus dieser Mischung ein Treppenabgang entsteht, der die taktile Sinnlichkeit einer aufgerauhten Wand mit Bullaugen-Lichteffekten verbindet oder verglaste Tanzflächen mit Laserduschen ausstattet, gleichzeitig in der Möblierung vor keinerlei stilistischen Hybriden zurückschreckt und Treppen installiert, die intensive Körperassoziationen wachrufen.

Oder, um ein anderes Beispiel aus Japan zu nennen, man betrachte sich Philippe Starcks Firmensymbol einer riesigen goldenen Flamme oder Fackel, die zugleich ein Spermatozoon und vieldeutig erotisches Gebilde ist, auf dem Dach der *Asahi Brauerei* in Azumabashi, einem nördlichen Stadtteil von Tokio. Starck, von dem weltweit jeder Design-Interessierte weiß, daß er eine durcherotisierte Formensprache benutzt, zeichnet sich dadurch aus, daß er im Inneren dieses Gebäudes beim Rückgriff auf Körperformen jede plumpe Eindeutigkeit verweigert und statt dessen auf eine grenzüberschreitende Ambiguität androgyner Erotik setzt.

Die Japaner bringen die Unbefangenheit und Starck die Unverfrorenheit auf, architektonische Großformen wie dieses Brauereigebäude mit weitläufiger Bierhalle zu erotisieren. Starck inszeniert eine teilweise surrealistisch anmutende Traum-, Theater- und Kulissenwelt, bei der De Chirico Pate gestanden haben könnte. Erotizismen schwingen dabei ständig mit, wenn z.B. der Toilettenfetischist Starck[8] die

Alfredo Arribas, Barna Crossing, Nachtclub, Fukuoka, Japan, 1989

Philippe Starck, Asahi la flamme, Raum im Obergeschoß, Tokio, 1989

Studio Citterio & Dwan, Esprit Verwaltung, Treppenhaus, Amsterdam, um 1990

Faszination der High-Tech-Architektur und raumgliederndes ästhetisches Element: die große Treppe in Volkwin Margs neuer Leipziger Messehalle, 1996

terten, flüchtigen Stadtszenerie, zerquetscht durch tausend Blicke und Überschneidungen; ein Magma, beinahe ein Schlamm von szenischen Fragmenten, unvorhersehbar und absolut nicht auf die Fluchtlinien einer ordentlichen Perspektive zu bringen; ein Fruchtwasser von Informationen, das man durch die Poren der Haut aufnimmt und durch noch feinere Sinne konsumiert. Kuramata jedoch gehört nicht dieser öffentlichen Seite von Tokio an. Shiro arbeitet im Inneren der anderen Ebene, der des inneren Raumes, der Plätze, der Routen, der Geschichten, des Schweigens und der Schatten, von denen diese riesige Stadt bis zum Rand angefüllt ist. Es ist diese geheimere und religiösere Ebene, welche die unbeschreibbare Qualität jenes Tokio zuwege bringt, das wir lieben.«[17]

Wesentlich weniger esoterisch geht es bei Michele Saee (Building) zu, der in seinen Modeboutiquen für *Ecru* in Los Angeles einer sehr handfesten, körperbezogenen Innenarchitektur frönt, die im Beispiel des Geschäfts auf der Melrose Avenue in Materialkombinationen aus Holz und Metall einen ausgeprägt maskulinen Charakter trägt, mit symbolgeladenen Initiations- und Penetrationsriten der Eingangs- und Fensterportale wie des Vitrinenmobiliars. Dabei spielt diversifizierte Lichtführung eine wesentliche Rolle. Organisch feminin präsentiert sich dagegen Saees *Ecru*-Boutique in einem Einkaufszentrum an der Marina del Rey, ebenfalls in Los Angeles. Neben visuellen Qualitäten spielen skulpturale Körperformen und taktile Eigenschaften des eingesetzten Sperrholzes dabei eine Hauptrolle:

»Kleider haben einen unmittelbaren Bezug zum menschlichen Körper. Sie folgen seinen Linien in einer Weise, die mit geometrischen Grundformen nicht simuliert werden kann. Von einer stilisierten, kleinen Figur inspiriert benutzen die Architekten von Building organische Körperkonturen in vergrößerter Form für Säulen, Tische und Decken.«[18]

Die Modeindustrie ist im Verlauf der achtziger Jahre zu einem derart wichtigen Wirtschaftszweig geworden, daß es unmittelbar einleuchtet, wenn bereits Verkaufsbetriebe als Körperarchitekturen ausgebildet werden, um die Kunden, die selten aus echtem Bedarf heraus, sondern aus Lust am jeweils Neuen kaufen, anzulocken und zu verführen. Das Spiel des Verkaufens und Kaufens wird zum wesentlichen Bestandteil des erotischen Prozesses. Dem Interior Design fällt dabei die unterstützende Rolle des Einstimmens, Sensibilisierens, Bereitmachens zum Kauf zu, der oft genug als erotischer Akt erlebt wird. Die Erotik der Warenwelt wird auf kaum einem anderen Gebiet so intensiv erfahren wie in der Mode.

Um den Konsum von überwiegend immateriellen Gütern, nämlich Unterhaltung, Tanz, zwischenmenschlichen Beziehungen erotischer Natur geht es dagegen in Nachtclubs. Getränke und Häppchen sind dabei meist nur ›appetizer‹ für andere Genüsse des Körpers und der Seele. Aus diesem Grunde bemüht sich gerade die Innenarchitektur von Nachtclubs um Intensität der multisensorisch-sinnlichen Gestaltung.

An drei ganz verschiedenen Beispielen sei nun nochmals vorgestellt, welch unterschiedliche Wege zu diesem Ziel eingeschlagen werden. Dabei wird deutlich, daß es innerhalb gewisser Bandbreiten zwar einen Grundkonsens über Aufgaben einer derartigen Gestaltung geben mag, vielleicht auch über die Mittel, mit denen dies zu erreichen sei, die Ausführung jedoch völlig von der Persönlichkeit des jeweiligen Designers geprägt wird. Die künstlerische Note jedes guten Interior Designs ist derart stark, daß es undenkbar erscheint, etwa einem Kollektiv eine solche Entwurfsaufgabe zu übertragen.

Beginnen wir mit Alfredo Arribas' *Velvet Bar* (1987) in Barcelona. Arribas ist Kind eines Zeitalters, das die Chaos-Theorie zu einer der wesentlichen Welterklärungsmythen gemacht hat, und obendrein hat er die steten fluiden Veränderungen der Medienkultur verinnerlicht. Prozessualität, Dynamik, spielerische Grundhaltung, organisiertes Chaos, Sichtbarmachen einer Vielfalt von Reizen und Stimmungen gehören daher zu den Konstituenten seines Entwurfsdenkens. Von der *Velvet Bar* sagt er:

»›Velvet‹ [Samt] ist ein Spiel, eine Reaktion, Amusement inmitten einer Atmosphäre, die vertraut zu sein scheint, die jedoch in Wirklichkeit völlig neu ist. Sie ist ein Amalgam von Farbe und Licht. Es ist ein barockes Projekt, absichtsvoll buntgescheckt, bei dem der ›funktionelle Stil‹ als Entschuldigung dafür dient, bestimmte Marotten abzuschütteln und weniger ausgetretene Pfade zu betreten.«[19]

Es gibt zwei verschiedene Eingänge, aber mit identischen Türen. Einer der beiden Zugänge führt über eine Rampe, er ist eindeutig als Initiation gestaltet. Die an menschliche Gesichter erinnernden Türen aus mattiertem Stahl vermitteln eine Anmutung von Geheimnis, von Blaubart und de Sade. Aber dahinter kommt es dann ganz anders. Auf langgestrecktem, aber engem Raum arbeitet Arribas mit einer Vielfalt von Zonen, Stimmungen und Materialien. Farben als die Kinder des Lichts werden in intensiven Blau-, Schwarz- und Rottönen stimmungsvoll eingesetzt, Nostalgieatmosphäre mit Reminiszenzen an die fünfziger Jahre wechselt mit ›New Wave‹-Eindrücken. Alle Oberflächen sind mit Blick auf haptische und visuelle Qualitäten ausgebildet. Schiefer, Teak, verschiedene Metalle, emaillierte und vergoldete Oberflächen, wechselnde Bodenbeläge unterstreichen in Verbindung mit geschwungenen, sinnlichen Formen das Konzept ›Haut‹, das schließlich programmatisch in der reichlichen Verwendung von Samt (velvet) gipfelt, von dem die Bar ihren Namen bezieht. Arribas wartet dabei immer wieder mit Überraschungen auf:

»Versteht man die Aufgabe eines Designers darin, durch Originalität einen bleibenden Eindruck zu hinterlassen, so ist das Werk des Katalanen Alfredo Arribas sicherlich richtungsweisend. Und man kann sich kaum eine merkwürdigere Erfahrung vorstellen als den Besuch der Toiletten in Arribas' Nachtclub *Velvet Bar*. Dort registriert ein Infrarotsensor das Nahen eines jeden Gastes, der die Toilette betritt. Der Sensor öffnet ein elektrisch gesteuertes Ventil, Wasser fließt durch eine zähe, farbige Flüssigkeit und füllt einen gläsernen Kasten. Ein paar Augenblicke später wird ein Stroboskop aktiviert. Das Spiel visueller Reize auf der Toilette dauert solange an, wie der Infrarotsensor die Anwesenheit eines Gastes gewahrt. Welchen Effekt das Ganze auf die Funktionaliät des ›Örtchens‹ hat, wissen wir nicht. Jedenfalls ist es das extremste Beispiel von Interaktion zwischen Besucher und Interieur, ein Prinzip, das dem Interior Design des ganzen Clubs zugrunde liegt.«[20]

Zaha Hadid, die in London ansässige irakische Diva von Architektur und internationalem

Michele Saee (Building), Modeboutique Ecru, Los Angeles, Kalifornien, 1988

Alfredo Arribas, Velvet Bar,
Nachtclub, Barcelona, 1987

Zaha Hadid, Moonsoon Club,
Sapporo, Japan, 1990

Design, soll mit ihrem vielpublizierten *Moonsoon Club* in Sapporo (1990) zu Wort und Bild kommen. Die visuelle Umsetzung brodelnder Leidenschaften hat Hadid sich zum thematischen Vorwurf genommen, und sie bietet dabei die ganze theatralische Kraft ihres feurigen Temperaments auf.

Hadids dekonstruktivistische Ästhetik feiert in Deckenskulpturen, Sitzskulpturen, Tischskulpturen raffiniert auf die Spitze getriebene, aber mit großem Formgefühl ausbalancierte Triumphe. Bei ihr wird so offen wie selten auch der Gratwanderungscharakter von Erotik zwischen Zärtlichkeit und Hingabe sowie Macht, Gewalt, Schärfe, Brutalität metaphorisch ins Design umgesetzt. Im Club des Erdgeschosses herrschen Rot-, Gelb- und Orangetöne, die Farben der sexuellen Leidenschaft, vor. Dann geht man ins Restaurant des Souterrains und trifft dort auf die ästhetisierte Eiseskälte von Glastisch, Deckenskulptur und Glaswänden, die sich wie Packeis ineinander verkeilen. *Moonsoon* lebt von seinen Kontrasten und der bis zum Bersten gespannten Vitalität seiner skulpturalen Details:

»Wie Wasser, das sich ausdehnt, wenn es friert, wirken Hadids Glasflächen. Wandverkleidungen aus feinen Glassplittern, die auf geätzte, in Stahlrahmen eingefaßte Glasscheiben aufgeklebt sind, werden von hinten beleuchtet. (...)
Über der Eiskammer wirbelt ein wahrhafter Feuersturm aus grellem Rot, Gelb und Orange, ein Wirbel, der die Kuppeldecke des Restaurants darunter durchbricht und zu einem glühenden Hochofen an der Decke emporsteigt.«[21]

Kaum jemals zuvor ist Sinnlichkeit in der Architektur mit großer Geste derart aufrührerisch, temperamentvoll, innovativ und formvollendet in Szene gesetzt worden.

Jugendkultur zählt für Designer zu den reichsten Nährböden für neue Einfälle, und Elemente der Subkulturen befruchten immer wieder den ›mainstream‹, helfen ihm dabei, nicht in Erstarrung zu veröden. So ist Lynn Davis' *Ministry of Sound* eines der ersten Rave-Tanzlokale in London. Von außen ist das 1300 Quadratmeter große bunkerartige Gebäude eines ehemaligen Depots und einer Garage kaum sichtbar, duckt sich im Stadtteil Elephant & Castle zwischen einen Bahndamm und einen Parkplatz.

Die Architektin Lynn Davis wollte den rauhen Charme der Industrieästhetik mit ihren Rohrsystemen, Leitungen, alten Beleuchtungs- und Heizungskörpern mit Imagines aus der Welt des Films und der Medien kombinieren. Metall und Stoff, Graffitikunst und Lichteffekte verschmelzen zu einem atmosphärisch dichten Gewebe narrativer, medial geprägter Eindrücke, die obendrein, wie häufig in England, Anleihen bei Amateur- und Studententheatern machen:

»Am anderen Ende der Bar befinden sich erhöht eine VIP-Lounge, ein kleines Kino und Toiletten. Die Lounge ist mit weißen Tüchern karg ausgestattet, die in zeltähnlichen Bahnen zwischen dem metallischen Schimmer defekter Heizungsrohre herabhängen. Dem improvisatorischen, beinahe post-apokalyptischen Charakter dieses Raumes wird durch einen riesigen spinnenartigen Kronleuchter im Stil der fünfziger Jahre ein Hauch von Arbeiterklasse-Charme verliehen. Das nahegelegene Kino ist in einem Eisenbahngewölbe untergebracht, das hinter dem Eingang noch Teile dekorativer Deckenfriese zeigt.«[22]

Das *Ministry of Sound* ist schnell zum Kultlokal geworden. Im Gegensatz zu den künstlerisch durchgestylten, teuren Edelnachtclubs, die wir zuvor präsentiert haben, herrscht hier die Unvollkommenheit der Improvisation. Doch erinnern wir uns der Eingangsbemerkungen über erotisches Ambiente in vielen Filmen, so wird klar, daß der erotische Reiz weniger im Budget als in der Originalität und der Entwurfsidee steckt, die es verstehen muß, multisensorisch Emotionen, Gestimmtheiten zu erzeugen. Die Bandbreite dabei ist groß, reicht von romantischem Kuschelsex bis zum harten Punk Rock, teilt sich in Oberflächen, Licht, Ton, Materialqualitäten, Raumunterteilungen und -konfigurationen mit. Erotik entsteht eben aus vielfältigen Formen sinnlicher Interaktion zwischen Menschen, Materialien und Immaterialitäten.

Daß Nachtclubs, Hotels, Boutiquen ihr Interior Design auf erotische Wirkungen abstimmen, weil diese verkaufsfördernd gerade für ihr spezifisches Angebot an materiellen und immateriellen Gütern sind, leuchtet ein. Daß aber industrielle High-Tech-Firmen sich in ihren Ausstellungs-, Schulungs- und Bibliotheksräumen der Prinzipien erotischer Baukunst bedienen, wie in der Niederlassung der Aluminiumfirma *Technal* in Toulouse geschehen, ist eher außergewöhnlich und bedarf der Begründung.

Jean-Michel Wilmotte, vielfach ausgezeichneter französischer Design- und High- Tech-Architekt, der auch an Norman Fosters *Carré d'Art*, dem Museum für zeitgenössische Kunst in Nîmes, am Richelieu-Flügel des Grand Louvre in Paris und am neuen Kunstmuseum in Lyon mitgearbeitet hat, schuf mit den *Technal*-Räumen ein Ensemble, welches in abstrakter Form vorbildlich demonstriert, mit welchen Prinzipien eine Architektur operiert, die man als erotisch bezeichnen kann.

Da ist zunächst einmal die historische Tiefenschichtung in der Verbindung von alt und neu, von Altstadt-Kellergewölbe aus dem 17. Jahrhundert und modernster Technologie, von Piranesi-Reminiszenzen und Industriekultur. Zur

Jean-Michel Wilmotte, Showroom für den Aluminiumhersteller Technal, Toulouse, um 1990

historischen Schichtung tritt die räumliche, das Hintereinanderschalten unterschiedlicher Effekte. Hinzu kommt der Reiz der Kontraste, die sich zugleich anziehen und abstoßen. Die leichten, grazilen Eigenschaften des Aluminiums erhalten durch die Gegenüberstellung mit den roten Steinbögen, Pfeilern und Wänden einen Kontext, der auch das Miteinander von Leichtigkeit und Schwere, Wärme und Kühle, von Emotion und Intellekt demonstriert. Ein beleuchteter Aluboden suggeriert Schwerelosigkeit.

Die zergliederten Räume offerieren immer wieder Intimität und Öffentlichkeit, Verstecke und Entdeckungen, arbeiten mit dem Prinzip der Verhüllung und Enthüllung, der Einblicke, Durchblicke, Ausblicke. Dies wiederum unterstreicht den Spielcharakter der Inszenierung. Tageslicht- und Kunstlichtzonen wechseln einander ab. Zahlreiche Öffnungen und Bögen lassen Tageslicht herein. »Die unregelmäßigen Ziegelgewölbe erhalten im teils natürlichen, teils künstlichen Licht eine neue Klarheit.«[23] Das impliziert aber auch Zwielicht und Schatten, keinesfalls gleißende Helle.

Der große Konferenztisch aus Aluminium im Untergeschoß nimmt die Formen des Bodens und des Gewölbes auf. Er besticht durch seine Eleganz und spielt wie ein Altar gleichzeitig auf die rituellen und sakralen Wurzeln und Aspekte der Erotik an. Er scheint über dem von unten beleuchteten Aluminium-Unterboden zu schweben, was bei dem blauglühenden Licht einen quasi-magischen und mystischen Eindruck hervorruft. Das ausbalancierte Kontrastverhältnis des Entwurfs und der Materialien, der Stimmungen und Impressionen, der historischen und zeitgenössischen Dimensionen und Implikationen weist Wilmottes *Technal*-Inszenierung als ein besonders gelungenes Beispiel sinnlicher Architektur aus. Deren Bandbreite ist in der Innenarchitektur weiter gestaffelt als in der Außenarchitektur.

Paul Simon
1964/1993
SAMSUNG
SAMSUNG
SAMSUNG
VAN WAGNER
SUNTORY
WHISKY
VAN WAGNER
Enjoy
Coca-Cola
Coca-Cola
Miss Saigon
MAGNO
SOUND & VIDEO
BROADWAY CARES EQUITY FIGHTS AIDS
ROXY
TIMES SQUARE
Broadway
Theatre
FAIR

»(...) denn während die Beschreibung Anastasias die Wünsche nur einen nach dem anderen weckt, dich zwingend, sie zu unterdrücken, werden bei dem, der sich eines Morgens mitten in Anastasia befindet, die Wünsche alle auf einmal wach und umgeben ihn. Die Stadt erscheint dir als ein Ganzes, wo kein Wunsch verlorengeht und deren Teil du bist, und da sie im Genuß all dessen ist, was du nicht genießt, bleibt dir nur, in diesem Wunsch zu wohnen und dich damit zu bescheiden.«[1]

Italo Calvino

Arthur Erickson, Museum of Anthropology, Vancouver, 1978–81

Wer kennt sie nicht, jene Stadterinnerungen, bei denen zunächst ein Hauptsinn dominiert und sich dann verschiedenste Sinneswahrnehmungen zu einer Collage aus Stadtfragmenten verdichten, die für den einzelnen im Kopf sein persönliches Konstrukt einer bestimmten Stadt ergeben? So ersteht mir z. B. Bozen seit meiner Kindheit als Symphonie von Marktgerüchen, von Obst, Gemüse, Schinken, Käse, Oliven, Datteln, erst in meiner Nase, bevor ich gewissermaßen unter den Lauben hervor auf den Renaissance-Marktplatz trete.

Vancouver, die zweite Heimatstadt und in einem ganz anderen Kulturkreis gelegen, ist mir zuallererst als Klangcollage gegenwärtig, mit dem durchdringenden Dröhnen der Mittagssirene auf dem Hochhaus von B. C. Hydro, der Hauptverwaltung der Wasserwerke, mit den Nebelhörnern und stampfenden Maschinengeräuschen der Schiffe, die in den Hafen einfahren, mit dem Surren der Kräne, dem steten Summen des Autoverkehrs und der alten O-Busse. Dann die allgegenwärtigen Schreie der Möwen und jenes spezifische Rollen und Tuten der Güter- und Personenzüge von Canadian Pacific Railways, wenn sie nach ihrer Überquerung der Rocky Mountains am Ufer entlang in den vorzüglich restaurierten Art-déco-Bahnhof hineinratterten. Seit diese Züge nicht mehr regelmäßig verkehren, fehlt meinem Ohr schmerzlich eine wesentliche Komponente im Klangbild der Stadt.

So wie es meine Augen beleidigt, wenn ich in Salzburg auf dem Mönchsberg stehe, das Stadtpanorama aus Renaissance und Barock in mich aufnehme, was unweigerlich Mozart evoziert, dann aber am gegenüberliegenden Ufer der Salzach gesichtslose Hochbauten das Weichbild der Stadt zerschneiden. Jeder Leser wird aus eigenem Erleben persönliche Synästhesien von Stadterinnerung ergänzen können.

Gemeint ist mit ›sinnlichem Stadtambiente‹ in unserem Kontext natürlich etwas mehr, nämlich die sinnliche Komponente von Urbanität und die Rolle, welche Architektur dabei spielt. Urbanität aber, das ist Leben und Treiben, Handel und Wandel, Kultur und Kommerz, Kunst und Wissenschaft, Bildung und Unterhaltung, das Miteinander von Geschichte und Gegenwart, das multisensorische Vibrieren menschlicher Kommunikation auf vielen Ebenen im städtischen Raum. Dabei entstehen Stilempfinden, Geschmack, Verfeinerung der Sitten, ein geistiges Klima, in dem politischer und kultureller Bürgersinn gedeihen, ein Ambiente, das Geschäftssinn, Weltoffenheit, individuelle Freiheit und Gemeinschaftsdenken miteinander verbindet. Die Kehrseiten positiver Urbanität freilich bilden die Schattenseiten des Stadtlebens: Lärm, Gestank, Schmutz, Wasser-, Müll- und Verkehrsprobleme, Gewalt, Kriminalität, Vereinsamung oder zu dichtes Aufeinanderleben. Auch dies beinhaltet jeweils Aspekte von Sinnlichkeit. Wo sie jedoch überhand nehmen, kippt Urbanität in ihr Gegenteil um, die Stadt wird zum Alptraum. Städtische Kommunikation aber spielt sich vor, auf und in Architektur ab. Architektur, die Rahmen bildet, die Bühne darstellt, die als Kulisse fungiert, Architektur, die quasi selbst zum Akteur wird, indem sie Menschen anlockt, Flair ausstrahlt, sich als Plattform für die ›comédie humaine‹ anbietet, Architektur, die durch ihre innere und äußere Gestaltung Sinnlichkeit weckt, Begegnungen stiftet.

Was aber sind die architektonischen Orte solch sinnlichen Stadtambientes? Altstadtquartiere wie in Prag, Lissabon, Rom, grachten- und kanaldurchzogene Bürgerviertel wie in Amsterdam und Venedig, bei denen Architektur die Augenlust stimuliert, Plätze, Hauptplätze, Domplätze, Marktplätze wie der Campo di Siena, der Markusplatz in Venedig, der Hauptplatz von Linz, die Marktplätze von Bremen, Brügge, Brüssel. Passagen, Galerien, Arkaden wie die von Bath, Berlin, Cleveland, Mailand, Paris und London. Ensembles von Häusern mit Einblicken, Durchblicken auf Innenhöfe, Ausblicken auf Plätze

Linke Seite:
Times Square, New York

Arthur Erickson, Robson Square, Vancouver, 1973–79

Arthur Erickson, Robson Square, Law Courts, Dachkonstruktion, Vancouver

Arthur Erickson, Robson Square, Dachseen mit Wasserfällen und Anlagen der ›Stramps‹, Vancouver

Arthur Erickson, Robson Square, Blick vom Dach der Law Courts auf das Kunstmuseum (ehem. Gerichtsgebäude)

Blocks erstreckende, abgestufte Struktur von insgesamt sieben oberirdischen und drei unterirdisch abgesenkten Stockwerken zu planen. Das zum Kunstmuseum umgebaute neoklassizistische Gerichtsgebäude von 1910 bildet die nördliche, das neue High-Tech-Gerichtsgebäude die südliche Begrenzung des Areals. Beide Gebäude führen einen spannungsreichen architektonischen und kulturellen Dialog miteinander und mit dem naturbetonten Mittelteil. Dort befinden sich Teile der Provinzregierung unter einem terrassierten innerstädtischen Dachpark mit künstlichem See, Wasserfällen und reicher Bepflanzung, die von der Deutsch-Kanadierin Cornelia Oberländer so gestaltet wurde, daß sie die Jahreszeiten und die Regionen Britisch Kolumbiens repräsentiert, daß vom Frühling bis in den Herbst immer Blumen blühen und im ›Indian summer‹ des Frühherbstes eine wahre Farbsymphonie erglüht. Auch das eigentliche Gerichtsgebäude ist reich bepflanzt und erinnert eher an ein mediterranes Hotel als an die landläufige Architektur des Rechts, die sich ja meist mit herrschaftsarchitektonischen Attributen wie prunkvollen Treppen, Portiken, Säulen dekoriert. Selbst die Verhandlungssäle wirken hell, bequem, freundlich und alles andere als repressiv. Pyramiden von ›stramps‹ (eine Kombination von ›steps‹ and ›ramps‹) genannten Stufen und Rampenwegen verbinden die einzelnen Ebenen der Außenanlagen, so daß man auch Kinderwagen hinaufschieben und auf den Stufen sitzen kann. Im abgesenkten Zentrum befinden sich Cafés, eine Rollschuhbahn, die im Winter zur Eisbahn mutiert, Galerien, Konferenzmöglichkeiten. Kanadischer Lebensart angemessen herrscht hier eine ganz andere Urbanität, als sie in den europäischen Zentren anzutreffen ist. Es ist eine naturbezogene, ›cleane‹, helle Sinnlichkeit und unkomplizierte Lebensfreude, die sich wiederum an der Ästhetik der Technik erfreut. Nach Wunsch läßt sie sich mit kulinarischen Genüssen und dem Kunstgenuß eines der besten Museen des Landes verbinden. Vor allem im Sommer und im Herbst ergreifen die Bürger Vancouvers wie die Touristen von *Robson Square* Besitz, genießen Gemeinschaft und die Möglichkeit, sich mitten in der Stadt auf den Bänken eines Dachparks zu entspannen. Sogar noch das Warten vor Gerichtssälen findet in einer humanen, kultivierten, bequemen und gleichzeitig naturbezogenen Szenerie statt.

Jean Pierre Cluysenaar, Galeries St. Hubert, Passagearm Galerie de la Reine, Brüssel, 1846–47, Lithographie

Franz Ahrens, Friedrichstraßenpassage, Berlin, 1908–09

John Eisenmann und George H. Smith, Cleveland Arcade, Alte Treppe, Cleveland, Ohio, 1888–90

Markthallen – Passagen – Shopping Malls

Über der Skizze der Plätze ist in unserem Argumentationsgang die Erotik der Warenwelt ins Hintertreffen geraten. Von den Marktplätzen läßt sie sich jedoch über die Markthallen mühelos wieder ins Gesichtsfeld holen. Die Markthallen, die ja vor allem Schutz vor Unbilden der Witterung bieten sollen, sind Tempel sinnlicher Genüsse. Seit meiner Schulzeit in Stuttgart kann ich an der dortigen Markthalle einfach nicht vorbeigehen. Ich muß hindurchgehen, mit allen Sinnen und Poren, mit Augen, Nasen und Ohren das multikulturelle Getriebe, das überreiche, zu Bergen getürmte, geschickt arrangierte Angebot an Obst, Fleisch, Wurstwaren, Käsen, exotischen Früchten, Fisch beaugscheinen, in mich

Jean Baptist Buron und Hippolyte Durand-Gosselin, Passage Pommeraye, Nantes, 1840–43, Lithographie von Benoist

Pomeranzew, Staatliches Universal-Kaufhaus GUM, Moskau, 1888–93

aufnehmen. Die Architektur des Gebäudes strahlt Solidität und schwäbischen Handwerksfleiß aus, eher abwehrend, verschlossen nach außen, einladend offen nach innen. Sie stammt aus einer Zeit, da sich noch keine virtuellen Luftikusse unter den Architekten anschickten, Raumgefüge in totaler Transparenz sich verflüchtigen zu lassen.
Innen, da wird die eßbare Warenwelt inszeniert, inszeniert sich selbst. In den Markthallen lassen sich noch am ehesten Verbindungen zur organischen Architektur islamischer, orientalischer Städte ziehen, die, von wenigen Hauptschlagadern durchzogen, vor allem das Gewirr verschlungener Sackgassen kennen, welche sich um Häuser mit abgeschotteten Außenfassaden und offenen Innenhofstrukturen gruppieren. In den Souks und Basaren wird es dann vollends organisch. Es ist, als müsse man seine Körper-Innensinne mobilisieren, als stiege man in körperinnere Innenkörper hinein. Geheimnisvoll locken halbdunkle Ladenhöhlen mit Waren, die im Licht schwankender Lampen glitzern, beschwörende Händlerstimmen ziehen einen nach drinnen. Das Handeln und Feilschen beginnt. Ist das Geschäft so abgeschlossen, daß sich keine Seite übervorteilt fühlt, gibt es den Versöhnungsmokka.
Die Passagen, Galerien, Arkaden des 19. Jahrhunderts dynamisieren das transitorische Raumerleben von Markthalle und Basar, sie sind ein Bautyp, der es bewußt darauf anlegt, den Besucher, den Flaneur, den Kunden in sich hinein, durch sich hindurch zu ziehen. Den Passagenraum passiert jemand, in ihm passiert etwas, er wird zum Erlebnisraum:

Passage des Panoramas, Paris, 1800, Aquarell

Emanuele Rocco, Galleria Umberto I, Neapel, 1887–91

»Passage ist im baugeschichtlichen Zusammenhang zunächst nur Durchgang, Raum mit Anfang und Ende. Aber dieser Raum besitzt als Hülle ein Gebäude, das sich verselbständigt, und seine Funktion differenziert sich. Der Benutzer ist der Passant.«[10]

Und Johann Friedrich Geist, der die Vielfalt der Passagen gesammelt und dem Interessenten wieder erschlossen hat, definiert:

»Mit dem Namen Passage bezeichnet man einen zwischen belebten Straßen hindurchgeführten, glasüberdachten Verbindungsgang, der auf beiden Seiten gesäumt ist von Reihen einzelner Läden. In den oberen Geschossen können Läden, Büros, Werkstätten, Wohnungen untergebracht sein. Die Passage ist eine Organisationsform des Detailhandels. Sie ist das Angebot öffentlichen Raums auf privatem Gelände und bietet Verkehrserleichterung, Abkürzung, Schutz vor der Witterung und nur dem Fußgänger zugängliche Flächen. Dieses Angebot soll sich umsetzen in den geschäftlichen Erfolg der Mieter der Räume der Passage und damit ihres Eigentümers.«[11]

Und weiter heißt es:

»Das illusionistische Element der Passage ist der Passageraum: gedachter Außenraum als Innenraum – ins Innere hineingezogene Fassade mit Außenarchitektur.«[12]

Damit ist die Passage per se ein erotischer Raum. Piranesi hat derartige Räume in seinen *Carceri* zum erstenmal als Architekturphantasien realisiert, mit all jenen Untertönen von Sadismus, Macht und Gewalt, die eine andere, der Öffentlichkeit meist verborgene Seite der Erotik ausmachen. So sind Passagen Orte der erotischen Verführung, indem sie den Passanten vor die Schaufenster der kleinen Läden locken, ihn in die Intimität des Ladeninnern hineinziehen, ihm individuelle Bedienung angedeihen lassen, ihm spielerisch die Exklusivität des Warenerwerbs vorgaukeln. Luxusindustrie für Luxusgeschöpfe. Was man kauft, ist nicht so wichtig. Wichtig ist der Akt des Kaufens an sich.
Nach außen betonen die Passagenräume die heitere Seite dieses erotischen Vorgangs. Mit reichverschlungenen Ornamenten, mit farbigen Wandgemälden und Blumenschmuck, mit Reklameschildern, mit Skulpturen und Halbreliefs geben sie sich unverhohlen als weiblich konnotierte Räume. Maler und Karikaturisten haben denn auch, zumal in Paris, die Chance weidlich genutzt, die Passagenräume auch ganz offensichtlich als Orte der Verführung, des Flirts, als Jagdrevier der Kokotten und Courtisanen darzustellen.
In der architektonischen Gestaltung der einzelnen Passagen werden durchaus Stereotype des National- und Regionalcharakters sichtbar. Das Spektrum reicht von heiter, beschwingt (Bath, *The Corridor*, 1825) über amourös-frivol (Paris, *Palais Royal*, 1786–88, *Galerie Vivienne*, 1824–25) zu elegant-pompös (Brüssel, *Galeries St. Hubert*, 1846–47), piranesihaft-grandios (Berlin, *Friedrichstraßenpassage* mit zweigeschossiger Brücke, 1908–09) und technisch-verspielt (*Cleveland Arcade*, 1888–90). Und die Mailänder *Galleria Vittorio Emanuele II* (1865–67), die prachtvollste von allen, das ist große Oper, Liebesdrama, gebauter Verdi und Puccini, schicksalsschwanger, erotiksüchtig, verhängnisvoll.
Markthalle, Basar und Passage entwickeln sich weiter, verdichten sich im Kaufhaus, spreizen sich in der ›Shopping Mall‹, differenzieren sich in der Gegenwart erneut aus.
Die Multiplikation des Warenangebots in der Vertikalität unter dem Motto »Die Menge empfangen und durch Verführungskünste festhal-

Giuseppe Mengoni, Galleria Vittorio Emanuele II, Mailand, 1865–67

ten«[13] gilt für eine begrenzte Zeit für jene prachtvollen Grands Magasins in Paris wie das *Louvre* (1855), das *Printemps* (1865), das *Samaritaine* (1869), das *Bon Marché* (1876), in neuerer Zeit die *Trois Quartiers* oder die *Galeries Lafayette* wie für *Harrods* in London, für *Bloomingdale's* oder *Macy's* in New York, das *Gum* in Moskau oder auch das *KaDeWe* in Berlin. Während die ersteren – wie das *Gum* – Architektur aktiv am sinnlichen Spiel teilhaben lassen, eine Synthese aus französischem Schloßbau und großer Oper anstreben, mit Lichtkuppeln, Lichthöfen, prachtvoll geschwungenen Treppen, Balustraden, filigranen Verbindungsbrücken, schwelgen letztere zwar noch in der Demonstration des Warenüberflusses, sind jedoch viel mehr auf lukrative Flächennutzung bedacht. Im Laufe der Zeit wird immer weniger der Auftritt des Publikums inszeniert als vielmehr der der Ware, was schließlich zu den Axiomen des Kapitalismus gehört. Die in die Lebensmittelabteilung des *KaDeWe* verlagerte Markthalle z. B. bietet mit sinnlichem Raffinement 200 Fischsorten, über 800 Wurstsorten und 1500 Käsesorten an – ein Sinnenschelm, wem da nicht das Wasser im Munde zusammenläuft.

Der Massenbetrieb demokratisierter Warenhäuser ruft schließlich nach neuen Formen. An *Harrods* in London z. B., das noch vor drei Jahrzehnten ein Hort exzentrischer, britischer Einkaufskultur war, kann man beobachten, wie schwer es ist, den Anstrich von Vornehmheit, Luxus und Exklusivität zu wahren, wenn täglich

Rüdiger Kramm,
Zeilgalerie les facettes,
Frankfurt am Main, 1991–92

Eberhard Zeidler,
Eaton Centre,
Toronto, 1972–79

Zigtausende von Einheimischen und Touristen durch das Haus strömen, Shorts und Jeans dort Einzug halten, wo einst überwiegend livrierte Chauffeure teuer duftende, in elegantes Understatement gekleidete Ladies und Gentlemen in die distinguierte Atmosphäre tiefer Teppiche, funkelnder Lüster und eines luxusbetonten Warenangebots entließen. Seit niemand mehr Schwellenangst vor der Institution *Harrods* verspürt, was nicht unbedingt die Rendite steigert, ist es schwer geworden, jenes Ambiente von Warenerotik und sinnlicher Ausstrahlung zu bewahren:

»Die ›shopping mall‹ ist zum Tempel der Frauen geworden (...) Männer regieren das Draußen, Frauen das Drinnen. (...) Frauen haben Schöße und Männer haben Penisse; folglich: Frauen schützen, Männer spritzen. (...)
Das heißt, daß wir alle zwei Welten bewohnen, eine der Projektion, und die ist künstlich, abstrakt und männlich; die andere der Protektion, und die ist sinnlich, nicht förmlich und weiblich.«[14]

Aaron Betsky weiß selbst, daß diese jahrhundertealte Geschlechterrollenzuschreibung ein Konstrukt ist, das heute nicht mehr aufrechtzuerhalten ist und längst im Begriff ist, sich fluid und prozessual zu verändern. Man kann dies exakt auch an der Architektur der Kaufhäuser und wiederentdeckten Passagen demonstrieren, indem man auf alten Photographien das dort vertretene Publikum betrachtet. Zahlreiche Passagen, Galerien, Arkaden wurden entweder im Zweiten Weltkrieg zerbombt oder als unrentabel in den fünfziger und sechziger Jahren abgerissen. In den siebziger Jahren gerieten aber sowohl die architektonisch gesichtslosen amerikanischen und kanadischen Shopping Malls an den Stadträndern wie die etablierten Innenstadt-Kaufhäuser in Umsatzkrisen.
Eberhard Zeidler war es, der 1972–79 mit dem *Eaton Centre* in Toronto einen Neuanfang setzte, der weltweit Schule machte.[15] Er studierte die alten Passagen- und Galerien-Architekturen Europas und der USA, er orientierte sich nicht nur an der Mailänder *Galleria* und der *Cleveland Arcade*, sondern z. B. auch an Weltausstellungs-Architekturen wie dem Londoner Kristallpalast von 1851. Heraus kam eine sehr eigenständige Lösung der Verbindung zweier Großkaufhäuser mit 300 Einzelhandelsgeschäften und Restaurants, die auf drei Ebenen einer fast 300 Meter langen Passage untergebracht sind. Jedes Photo zeigt, jeder Besuch führt unmittelbar vor Augen, daß sich traditionelle Geschlechterrollenzuschreibungen hier ad absurdum führen, daß es sich aber um eine äußerst sinnliche Erlebnisarchitektur handelt, bei der es der Architekt geschafft hat, immense Besucherströme (wöchentlich 1 Million, monatlich 4,3 Millionen Besucher, Zahlen vom März 1996) so zu kanalisieren, daß jene Überfüllungseffekte wie bei *Harrods*, die sinnliche Erlebnisse weitgehend abtöten, ausbleiben.
Wie konnte dies gelingen? Zeidler hatte insbesondere Erfolg in dem Bemühen, einer Megastruktur menschliche Dimensionen zu verleihen, indem er innerstädtische Straßensituationen innerhalb eines abgeschlossenen Großraumes auf drei Ebenen schuf. So lassen die schieren Raumdimensionen ungleich denen anderer benachbarter Bauten den Besucher nie als zwergenhaft erscheinen und sich fühlen. Darüber hinaus bewerkstelligte er rhythmisch kalkulierte gegenläufige, sich kreuzende Verkehrsströme von beiden Enden der Galerie, über Brücken und Verbindungsstege, Treppen und gläserne Fahrstühle hinauf und hinunter. Er integrierte ruhigere Zonen, Ecken, Winkel, Sitzgruppen, Bänke, Brunnen, Bepflanzung in die Großform, schuf somit Funktionen, Impressionen, Aussichten, Blickwinkel steten Wechsels. Biographisch bedingte Schiffsmetaphern wie Gangways, Relings, Brücken verbinden sich mit High-Tech- und Natur-Elementen. Vor den passagenzugewandten Fenstern der Bürotrakte in den oberen Geschossen befinden sich kleine Balkons mit Blumenkübeln und Hängepflanzen. Michael Snows Großskulptur von 60 fliegenden ›Canada geese‹ aus Fiberglas erzeugt einen einzigartigen Blickfang, der sich aus jeder Beobachtungsperspektive anders zeigt. Hinzu kommen solide Materialien, Eleganz und eine generell beschwingte Atmosphäre.
Nun gelten ja unter Architekten, Kritikern, architekturinteressiertem Publikum, mitunter sogar unter den Klienten kommerzielle Bauaufgaben als anrüchig und bringen dem Architekten meist wenig Ehre ein. Es fragt sich, ob dies Ausdruck eines allseitig schlechten Gewissens ist, sich mit dem Beelzebub Großkapital einzulassen? Mir schiene genau eine umgekehrte Denkhaltung vonnöten. Da wir nun einmal unstreitig in einer kapitalistischen Konsumgesellschaft leben, sollte sich eine möglichst breite Öffentlichkeit in kommerzielle Bauvorhaben einmischen. Gute, interessante, erlebnisreiche Einkaufsarchitektur sollte wieder eine Prestigesache sein. Nur so lassen sich die sinnlichen Erlebnisqualitäten der Stadt in größerem Maßstab retten und die architektonischen Unsäglichkeiten der Shopping Centers zurückdrängen. Und wenn erst einmal das virtuelle Kaufhaus dominiert, wird die Stadt an ihrer eigenen sinnlichen Auszehrung zugrunde gehen.
Die traditionellen Kaufhäuser haben mittlerweile ein variationsreiches ›Shop im Shop‹-System entwickelt, das es erlaubt, Großflächen kleinteilig zu strukturieren, unrentable Flächen ohne allzu großen Kapitaleinsatz schnell und mo-

disch zu variieren, Risiken durch die Hereinnahme von selbständigen Anbietern auf viele Schultern zu verteilen, dem Bedürfnis der Kunden nach intimen, bedienungsfreundlichen Kleinabteilungen Rechnung zu tragen:

»Das große Kaufhaus löst sich vielmehr auf in ein Netz von engen Straßen, umsäumt von kleinen Läden oder Verkaufsständen, die den Couturiers, Modemachern, Kürschnern, einschließlich der berühmtesten wie Saint Laurent, Chanel, Fath, Lagerfeld ein hohes Maß an Autonomie anbieten – unter einem gemeinsamen Dach.«[16]

Der Darmstädter Architekt Rüdiger Kramm bezog aus dieser Entwicklung und der Idee Friedrich Kieslers, der bereits 1925 in Paris das Projekt eines Warenhauses in Spiralform entwickelt hatte, den Anstoß zur Konzeption der *Frankfurter Zeilgalerie les facettes* als einer Kombination aus Passage und vertikalem Warenhaus. Selten sind so viele gründliche und kluge Überlegungen in ein kommerzielles Bauprojekt geflossen. Dennoch ist die Zeilgalerie zumindest geschäftlich nur ein sehr mäßiger Erfolg, um nicht zu sagen, ein ziemlicher Flop. Woran mag dies liegen, wo ja hier vieles aufgeboten wurde, um in der umsatzstärksten, aber architektonisch einfallslosesten Einkaufszone Deutschlands eine frische, sinnliche, kommerzielle Erlebnisarchitektur zu kreieren?
Abgesehen von den falschen Flächenberechnungen, die der betrügerische Bauherr Jürgen Schneider seinem Hauptgeldgeber, der Deutschen Bank, unterschob und welche die Rendite mindern, dürfte es zum einen die Abschaltung jener einzigen interaktiven Medienfassade sein, die eine besondere Attraktion darstellte und die aus Kostengründen stillgelegt wurde. Gewichtiger noch dürfte der fehlkalkulierte Bewegungsverlauf der Besucher in Rechnung zu stellen sein. Diese fahren mit der Rolltreppe acht Ebenen hinauf, und es tut sich in der Tat eine aufregende, mit vielen ästhetischen Überraschungsmomenten angereicherte, lebenssprudelnde Szenerie vor ihnen auf. Dann aber gibt es nur die Fußrichtung abwärts, der ziemlich stark geneigten Spirale entlang, und dies ist schon in Frank Lloyd Wrights Guggenheim Museum nicht ganz unproblematisch. Querverbindungen fehlen, und die vielen Läden sind aufgrund mangelnder Flächen und extrem hoher Mieten oft sehr klein.
Die wenigsten Menschen möchten sich aber z. B. beim Einkaufen von Schmuck oder Kleidung von Passantenscharen zugucken lassen. So flanieren die meisten vorbei, kaufen aber nicht. Es kann kein Zweifel sein, daß die *Zeilgalerie* eine ästhetische, sinnliche Bereicherung des Frankfurter Stadtlebens darstellt und auch den Geschmack eines Großteils des jüngeren Publikums trifft. Das reicht jedoch noch nicht zum finanziellen Erfolg. Ähnlich Hans Holleins *Haas-Haus* am Wiener Stephansplatz wird hier auf engem Raum zu viel gewollt. Die touristische Attraktion genügt nicht. Hollein hat sein Gebäude mit sinnlichen Materialien und Einfällen übergagt. Seht her, das kann ich auch noch! Kramm hat bei ästhetisch überzeugender Philosophie Verkaufspsychologie unterberücksichtigt und sich ›nolens volens‹ auf einige Risiken eingelassen, die einem anspruchsvollen Profi kommerzieller Architektur wie Zeidler kaum passiert wären.
Wie aber könnte man es machen? Welche Lösungswege bieten sich an, um unsere Städte wieder lebenswerter, liebenswerter, sinnlicher zu gestalten? Wie kann man zunehmender Abstraktion, der totalen Verdatung, der virtuellen Stadt gegensteuern? Surfen im Internet und World Wide Web besitzt zweifellos Vorteile und Reize, läßt aber gerade die körperlich-seelischen Bedürfnisse des Menschen weithin unberücksichtigt.
Anhand von drei zeitgenössischen Fallbeispielen wollen wir diesen Fragen nachgehen, um abschließend einige Vorschläge zu entwickeln, wie der weltweit zunehmenden Verödung der Städte begegnet werden könnte und wie man sich die ebenfalls weltweit zunehmende Tendenz zu einer Technik- und Medienkultur auch unter dem Aspekt sinnenbetonter Architektur zunutze machen könnte.

Granville Island Hotel, 1985–86

Eingang zu Granville Island unter der Granville Island Bridge

Granville Island Arts Club Theatre,
1984–85

Granville Island Sea Village

Granville Island, Vancouver

Das erste Beispiel stammt abermals aus Vancouver, und es handelt sich dabei um ein ganzes Stadtviertel, nämlich um Granville Island. Ein Inselchen, im Meeresarm False Creek gelegen, der Downtown Vancouver von den südlichen Stadtteilen trennt, war Granville Island noch Anfang der siebziger Jahre nicht mehr als eine heruntergekommene, verrottende Geisterstadt. Unter der gewaltigen Stahlkonstruktion von Granville Bridge führten schäbige, halbverfallene Kleinindustrien und Gewerbebetriebe ein kümmerliches Schattendasein. Was zu den Ursprungsgebieten der Stadt zählte, war zum Schandfleck verkommen.

1971 beschloß die kanadische Bundesregierung, hier ein Musterbeispiel urbaner Neuentwicklung zu starten. Sie kaufte das Gelände auf, ernannte den Architekten Norman Hotson zum Chefplaner und investierte 20 Millionen Dollar.[17] In den Folgejahren vollzog sich die vielleicht erstaunlichste Verwandlung eines Aschenputtels, welche die neuere Stadtgeschichte kennt. 1972 begann die Planung, 1977 wurde Granville Island als öffentliches Gelände für das Publikum freigegeben, 1988 ging man in die zweite, mittlerweile abgeschlossene Bauphase des Entwicklungsplanes. Hotson erhielt den Auftrag, einen Masterplan zu erarbeiten und die öffentlichen Flächen der Insel wie Straßen, kleine Parks, Plätze, Parkgelegenheiten zu entwerfen. Außerdem sollte er Vorschläge für ein sinnvolles Recycling bestehender Gewerbestrukturen unterbreiten und Richtlinien für die Bau- und Gestaltungsformen auf der Insel finden, innerhalb derer sich dann zahlreiche Architekten ans Werk machen konnten.

Es sollte ein Stadtviertel geschaffen werden, in dem sich Kunst, Theater, Kleinindustrie, Büros, Märkte und Werften mischen sollten. Als Wohnquartier wurde, unmittelbar zu Granville Island gehörend, Sea Village, ein Dorf aus Hausbooten, integriert. Für die zweite Entwicklungsphase projektierte man im Anschluß an Granville Island auf dem Festland einen Kranz von Häusern mit Eigentumswohnungen, deren Gebäudehöhe auf fünf Stockwerke beschränkt wurde. Das Multisensorische war von Anfang an Bestandteil der Pläne. Architektonische Überraschungseffekte, Unterhaltung, Vergnügen, Sinnenlust für Augen und Ohren, für Nase und Gaumen waren stets vorgesehen. Oft endet so etwas, eben weil es vorgeplant ist, in künstlicher Fröhlichkeit und Sterilität.

Das Gegenteil trat ein. Kanadische Mentalität und Vielvölkergemisch nahmen die Angebote nicht nur an, sondern entwickelten sie selbständig weiter. Granville Island birst im Sommer fast vor Vitalität, ohne zum Touristenghetto geworden zu sein. In den übrigen Jahreszeiten sind die Einheimischen bei weitem in der Überzahl. Für die Geschäftsleute, denen Rendite vor architektonische Attraktivität geht, lohnt sich die Bilanz ebenfalls. Die Umsätze von Granville Island haben die traditionellen Einkaufszentren von Vancouver das Fürchten gelehrt. Solange die Geschäfte ihren individuellen Touch behalten und nicht Ableger von Handelsketten wer-

Sinnlichkeit und Poesie des Rosts auf Granville Island, 1986

Wellblech und Rost auf Granville Island, Detail, 1986

den, dürfte der Erfolg auch andauern. Wo sonst außerhalb Asiens z.B. findet man einen Laden mit 2000 Drachen?
Mehrere Faktoren trugen zu diesem Ergebnis bei. Einige sind recht simple architektonische Grundsätze. So hat man beispielsweise nicht die ganze Insel zur Fußgängerzone gemacht. Man hat aber alle Straßen erstens gepflastert und zweitens bewußt ohne Gehsteige gebaut, so daß die Autofahrer gezwungen sind, Schritt zu fahren. Der gemischte, aber entschärfte Verkehr bewirkt, daß wie in orientalischen oder mittelalterlichen Städten alles durcheinanderschlendert, -wuselt und -wirbelt.
Man bewahrt Einheit in der Vielfalt. Mit Ausnahme weniger ›post and beam constructions‹ aus Holz und Glas für Restaurants und Markthallen bestehen alle Gebäude aus Wellblech, wie bunt, exzentrisch und postmodern zitierend auch immer. Das bewirkte niedrige Baukosten, verleiht dem Ganzen einen verspielten, aber rauhen industriellen Pioniercharme und einen High-Tech-Look, der sich aber nicht schnelllebigen Wegwerf-Moden unterwirft, weil es eben alte Wellblechgebäude sind, die revitalisiert wurden, oder neue, die Stilelemente von Moderne und Postmoderne zur Schau tragen, sich dabei aber dem freundlichen, demokratischen Diktat des Wellblechs beugen.
Zusätzlich hat Norman Hotson ein Leitsystem an Geländern, Handläufen und Begrenzungsrohren entworfen, das in verschiedenen Farben die Insel durchzieht und an dem sich die bunten Markisen der Geschäfte festmachen lassen, um Regen- oder Sonnenschutz zu bieten. Hotson hatte dies 1972 bei Hans Holleins Spielstraße anläßlich der Münchner Olympiade abgeguckt. Und er hat – wie vielleicht Hollein ebenfalls – die Idee auch aus Bernard Rudofskys Buch *Streets for People* (1969)[18] bezogen. Dort kann man sehen, daß der New Yorker Chatham Square bereits 1847 nach denselben Prinzipien zu einem quirligen Einkaufszentrum wurde.
Als wichtig für Granville Island erwies sich, daß man großen Wert auf die Erhaltung und die Neuansiedlung von Industrien legte. So gibt es Kettenfabriken, Schmieden, Bootswerften, und jedermann darf überall hin und zugucken, solange er die Arbeiter nicht behindert. So ist die Zementfabrik mitten auf der Insel ein pittoreskes, wuchtiges Industriemonument. So hat ein Braumeister aus Weihenstephan, der nach der Untersuchung des Wassers von Vancouver meinte, es gebe kein besseres zum Bierbrauen, die ›Island Lager Brewery‹ aufgebaut, die vorzügliches Pils braut. So trägt es wesentlich zum sinnlichen Ambiente der Insel bei, daß Handel und Gewerbe überall zum Anfassen sind, ohne dabei zur touristischen Folklore zu degenerieren.
Schließlich hielten die Künstler, Galeristen, Händler und Boutiquenbesitzer Einzug auf Granville Island, die Architekten und die Betreiber exotischer Reisebüros, die Abenteuerreisen in den kanadischen Norden, in die Arktis, auf die entlegensten Inseln anbieten, dazu die Bootsausrüster und Expeditionsspezialisten. Zwei Theater, eine Kunsthochschule, eine Kunstschule für Kinder, viele Künstlerstudios, ein

Eingang zu einem Lagerschuppen auf Granville Island, 1986

Dabei spielt, wie überall in Kanada und den USA, Geschichte eine ganz wesentliche Rolle, obwohl Vancouver erst 110 Jahre zählt. Sie wird hier durch das architektonische Material, nämlich Wellblech, verkörpert. Wellblech ist ein Armeleutematerial für Schuppen und Kleinbetriebe aus den Pioniertagen, robust, biegsam, billig. Auf Granville Island hat es sich mittlerweile demokratisch nobilitiert, findet in schicken Boutiquen ebenso Verwendung wie in Gewerbebetrieben, Bürogebäuden, Kunsthochschulen und Theatern. Die Architektur aus Wellblech agiert im Konzert einer multikulturellen Nation als farbiger Blickfang, als rustikale und gleichzeitig auch verspielte Gebrauchsarchitektur, die High-Tech und Postmoderne verbindet.

Es gab vielfach Ansätze, Granville Island zu imitieren, allerdings ohne durchschlagenden Erfolg. Norman Hotson selbst hat versucht, in North Vancouver ein Pendant zu schaffen, erhielt Aufträge mehrerer amerikanischer, australischer und asiatischer Städte zu ähnlichen Planungen. Granville Island aber ist Unikat geblieben, einmaliger Glücksgriff, dank seiner topographischen Lage, den vorgefundenen Bedingungen, der Mischungsverhältnisse von Bevölkerung, Struktur und Architektur. Derartige Konzepte, so zeigt sich, lassen sich nicht nachahmen. Sie können jedoch dazu anregen, mit Mut und Phantasie ebenfalls ortsspezifische originelle Vorhaben anzugehen.

postmodernes High-Tech-Hotel mit skurriler Kunst, populäre und urige Restaurants gibt es auf Granville Island. Die Hausbootbesitzer gebärden sich ebenso individualistisch, wie ihre Domizile liebenswürdig gepflegt und phantasievoll sind.

Die Perle dieses Ensembles bildet eine große Markthalle, Granville Island Public Market, eine Symphonie aus Blumen, Obst und Früchten, aus Fleisch und Käse, aus Wein und Gewürzen, aus Fischen, Fischen und nochmals Fischen, wie man sie in Europa wohl nur an wenigen Orten zu sehen bekommt, gewaltige Lachse, Lachsforellen, Heilbutt, Steinbutt, Seeteufel, Hummer, Garnelen, Shrimps ...

Über 70% der Bevölkerung von Vancouver sind nicht am Ort geboren, sind vielmehr aus 140 Ländern des Globus zusammengeströmt. Sie alle kaufen und viele von ihnen verkaufen. Diese exotische Mischung verbürgt per se Vielfalt und Phantasie, wichtige Ingredienzien urbaner Sinnlichkeit. Die Architektur spielt dabei einen dominanten Part, ist weit mehr als nur Hintergrundfolie oder Kulisse. Vergleichbar den homogenen oder den gewachsenen komplexen Stadtarchitekturen Europas stiftet sie Identifikation.

Butler's Wharf und Shad Thames

Der dramatische Umbruch von einer Industriegesellschaft zu einer postmodernen Dienstleistungsgesellschaft, der sich auch im Mutterland der Industrialisierung mit Vehemenz vollzieht, ist im Londoner Westend und auch in der City, wo ohnehin mit immateriellen Gütern, mit Informationen, Daten- und Geldströmen gehandelt wird, architektonisch kaum wahrnehmbar. In den Londoner Docklands jedoch, einer sich über viele Meilen hinziehenden Gewerbe-, Industrie- und Hafenlandschaft, wird der Strukturwandel in seiner arbeitsplatzvernichtenden Brutalität ungeschminkt sichtbar. Eine Fläche von 2226 Hektar steht zur Umwidmung und Neuplanung zur Verfügung. Wo bis in die sechziger und frühen siebziger Jahre das Arbeitsherz der britischen Metropole schlug, wo Hunderte von Schiffen geleichtert, beladen, repariert wurden, wo Lagerhäuser jeglicher Art vor Waren überquollen, wo sich die gesamte Palette der Zubehörindustrie für die Schiffahrt angesiedelt hatte, versuchen sich seit den frühen achtziger Jahren Dutzende von Architektenteams in der Umwandlung von Gewerbeflächen zu Wohngebieten und der Neuansiedlung von Betrieben.

1987 begann Olympia & York, die den Gebrüdern Reichmann aus Toronto gehörende, seinerzeit solideste und kapitalstärkste Bauentwicklungsgesellschaft, mit dem größten kommerziellen Bauprojekt der Welt, Canary Wharf. Aus der Retorte sollte hier eine zweite Londoner City entstehen, mit Büroflächen von mehreren Millionen Quadratmetern, mit rauchfreien Industrien, mit Läden, Hotels, Restaurants, Kneipen, Museen. Der ungehemmte Entrepreneurskapitalismus des Thatcherismus machte es mit zahlreichen Vergünstigungen für die Bauherren möglich, daß die Reichmanns unter Zuhilfenahme einer Reihe international renommierter Architekten planen konnten, im Zeitraum nur eines Jahrzehnts eine funktionsfähige Großstadt aus dem marschigen Boden der Themselandschaft zu stampfen, die seit Babylon ihresgleichen suchte.

Die Skepsis der gesamten nationalen und internationalen Architekturpresse hätte ihnen zu denken geben sollen. Diese entzündete sich an der in den Anfangsjahren absolut unzureichenden Infrastruktur, insbesondere der Verkehrsanbindung mit Straßen und U-Bahnlinien, an Zweifeln in die britische Konjunkturentwicklung sowie an der mangelnden Bereitschaft vieler Manager, aus der City themseabwärts ins Niemandsland zu ziehen. Glaubte man jedoch den frühen Hochglanzbroschüren von Olympia & York, so sollte dort geradezu eine paradiesische Großstadtidylle zwischen Fluß, zahlreichen Hafenbecken und neuangelegten Grünanlagen entstehen. Was das Imperium der Reichmanns, deren versteuerbares Vermögen noch Anfang der neunziger Jahre auf 25 Milliarden Dollar geschätzt wurde, dennoch 1993 erst ins Taumeln und dann zum Einsturz brachte, war neben unzureichender Auslastung und wesentlich geringeren als den vorausberechneten Mieteinnahmen der niedrige Ölpreis. Sie, die stark im Oilcarriergeschäft engagiert waren, hatten ihre gesamte Finanzierung auf einen Faßpreis von 18–19 US $ abgestellt. Als der Preis pro

Barrell auf 16 $, zeitweise sogar auf 12–13 $ absackte, konnten sie ihren gigantischen Schuldendienst nicht mehr bedienen.
Dennoch ist Canary Wharf mit dem Zusammenbruch von Olympia & York nicht untergegangen. Die Entwicklung hat sich verlangsamt und verschlankt, sie wird in Zukunft vermutlich weniger strikt geplant verlaufen, und gerade deshalb stehen die Chancen nicht einmal schlecht, daß die Isle of Dogs mit Canary Wharf als dem Herzstück der Docklands in ein bis zwei Jahrzehnten, von sinnlichem Leben durchpulst, eines der attraktivsten Stadtgebiete Londons darstellen könnte.
So sind in den Docklands zahlreiche mißglückte, aber auch einige überaus gelungene architektonische Revitalisierungsversuche zu besichtigen. Oder mit den Worten Stephanie Williams':

»Die Londoner Docklands enthalten eine der abschreckendsten Ansammlungen von Gebäuden des späten 20. Jahrhunderts, die man auf der Welt zu sehen bekommen kann. Es grenzt schon an ein Wunder, wäre es nicht so beschämend, daß man derart architektonisch äußerst mißlungene Bauten aus derselben Periode in einem so vergleichsweise kleinen Gebiet einer Stadt finden kann, so eng massiert und so unzusammenpassend. (...) Und dennoch, es sind die Docklands, in die man gehen muß, will man einige der besten Beispiele britischer Architektur aus den achtziger Jahren finden.«[19]

Metropolitan Wharf, London

Butler's Wharf, London, Renovierung seit 1987

Zu den raren Perlen gehören die Neuentwicklung von St. Katherine's Docks unterhalb von Tower und Tower Bridge auf der linken Themseseite und direkt gegenüber Butler's Wharf und Shad Thames. Nur wenige Minuten Fußweg über die Tower Bridge vom Tower of London, der alten königlichen Stadtfestung, entfernt, öffnet sich hier im Stadtviertel Bermondsey, wo jahrhundertelang das Handelszentrum der Hauptstadt lag, der Blick in eine andere Welt. Gemeinsam mit dem Anchor Brewhouse bildet Butler's Wharf den größten zusammenhängenden historischen Gebäudekomplex der Docklands. Deren Gebäude richteten ihren Focus immer nach der Themse oder den Hafenbecken aus. Unscheinbarer, härter, oft geradezu grimmig präsentieren sich die den Straßen zugeneigten Rückseiten. In deren Hinterland wiederum entstanden die Gewerbebetriebe und kleinen Fabriken mit rauchgeschwärzten Schornsteinen und einer von Chemiedünsten gesättigten Luft, hinter ihnen dann die Billigwohnungen der Dockarbeiterfamilien.
So bilden Butler's Wharf und die langgezogene rückseitige Straße, Shad Thames, sowie die umliegenden Straßen und Gäßchen ein zusammenhängendes Stadtviertel, das in seiner Ausdehnung etwa Granville Island in Vancouver gleichkommt. Wie in einem Biotop entstehen dort seit Ende der achtziger Jahre nach weitgehendem Niedergang auf der Grundlage alter architektonischer Substanz neue städtische Lebensformen. Den besonderen sinnlichen Reiz dieses Viertels macht seine Arbeitsvergangenheit aus. Aus allen Poren dieser teils abweisenden, teils theatralischen Lagerhausbauten in Londoner Backstein dünstet quasi noch eine Aura von körperlicher Schwerstarbeit und Kapitalanhäufung. Gerade in Shad Thames wirken viele der alten Kontor- und Lagerhäuser wie sardische Bergfestungen, mit vergitterten Fenstern, Schießscharten und skurrilen Vorbauten für Lastenaufzüge, mit Kränen, deren Galgen bizarre Schatten auf das verwitternde Mauerwerk werfen. In unterschiedlicher Höhe ziehen sich überdachte Stege für Lastkarren von Lagerhaus zu Lagerhaus über die schmalen Straßen. Schmiede-

Shad Thames, London

Shad Thames, London

Horselydown Lane, London

Shad Thames, Brunnenhof, London

eiserne Brücken mit oder ohne Geländer, teilweise mit Wellblech verkleidet, etablieren ein Netzwerk vom Fluß über enge Gäßchen zu den bis 130 Meter landeinwärts liegenden Lagerhäusern.

Der düstere Eindruck eines ›satanic gloom‹ rührt natürlich von den Sicherheitsvorkehrungen her, mit denen man sich im 19. Jahrhundert gegen das organisierte Verbrechertum der Metropole wappnen mußte, das vom kolonialen Überfluß seinen Teil abhaben wollte. Wer Dickens' späte Romane gelesen hat, den durchziehen noch heute wohlige Schauder der Angstlust, vor allem wenn er abends oder an nebligen Herbsttagen durch diese Gassen streift:

»Diese Gegend von Bermondsey brachte einige von Dickens' eindrucksvollsten Portraits der Armut hervor; Gustave Doré machte ihre infernalische Atmosphäre unsterblich.«[20]

Der prickelnde sinnliche Reiz dieser Häuser geht einmal von der Textur ihrer verwitterten Backsteinfassaden, den vergitterten Fenstern, dem Rost in seinen schillernden Zerfallsstadien, den knalligfarbigen ›loading doors‹ der Lagerhäuser auf den verschiedenen Ebenen aus. Man kann sich gut vorstellen, wie sich plötzlich eine, viele oder alle Türen auf einmal öffnen, Sänger heraustreten und eine Oper oder ein surrealistischer Film beginnt. Dem Maler Gerd Winner, der sich jahrelang mit alten Stadtstrukturen New Yorks und der Londoner Docks beschäftigt hat, ist es wie vielleicht keinem anderen gelungen, in seinen photographischen Kompositionen, die er auf Siebe projiziert und malerisch überarbeitet, den erotischen Reiz dieser Gebäude sichtbar zu machen.[21]

Winner geht ihnen gleichsam mit Röntgenblick unter die steinerne und hölzerne Haut. Aus abblätternden Farb- und Mauerschichten, aus ambiguen Zeichen verdichten sich die Signale von Geheimnis, Verlockung, Dekadenz, Sünde, Enttäuschung, die Schauder abgründiger Erotik im Sinne Georges Batailles. Diese Architekturen strahlen ja häufig auch ein gehöriges Maß an Brutalität, Gewalt, Fesselungsmetaphern aus. Sie verkörpern gleichsam Architektur gewordene Sadismen, die eine dunkle Seite der britischen Seele enthüllen, wie sie unter der bürgerlichen und aristokratischen Wohlanständigkeit des 18. und 19. Jahrhunderts die ›rakes‹ vom Schlage eines Earl of Rochester hervorbrechen ließen.

Gerd Winner, Clink Wharf, Siebdruck, 1971

Gerd Winner, London Docks – St. Katharine's Way, Siebdruck, 1970

Ernst Kasper und Klaus Klever, Kaiserbad, Aachen, 1993–94, Spiegelungen von St. Foillan und Dom

Kasper und Klever, Kaiserbad, Aachen, Fassade am Büchel

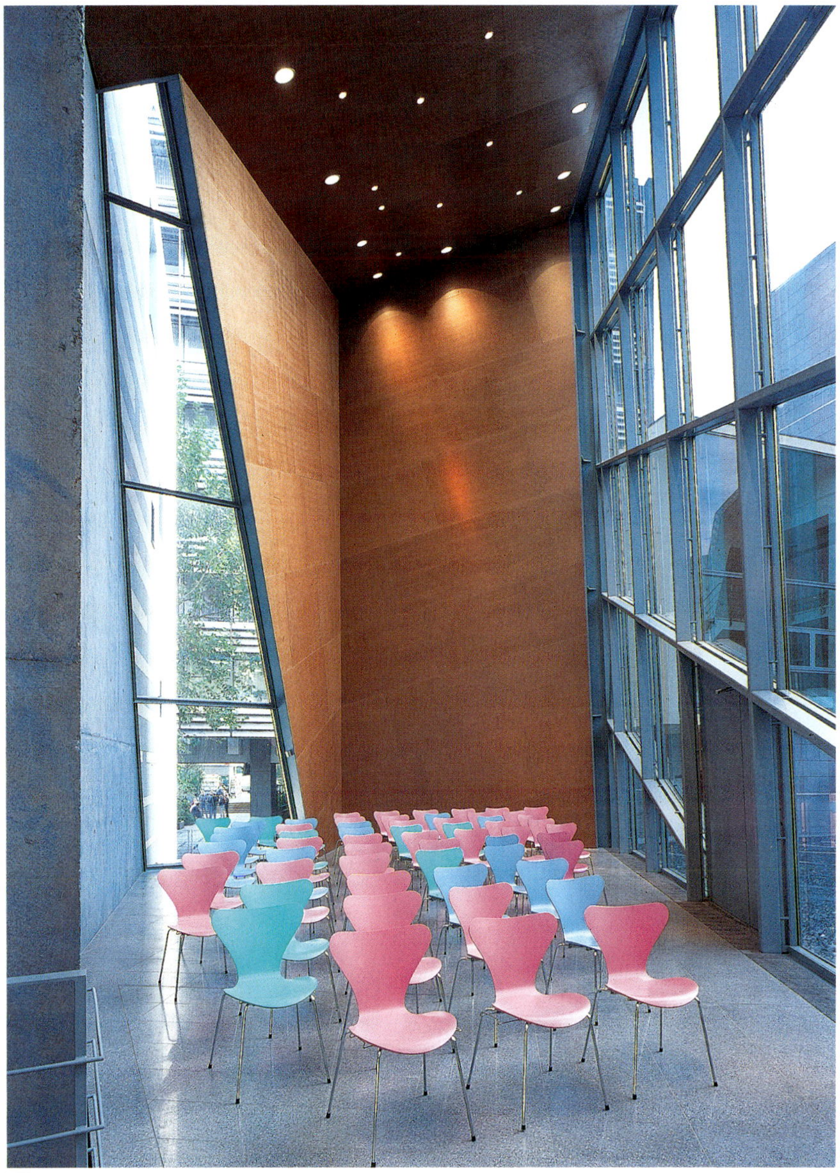

Kasper und Klever, Kaiserbad, ›Aachen Fenster‹

schen Franken die Gegend von Aachen eroberten, blieben die heißen Quellen ungenützt. Erwähnt wird die schon damals so genannte Kaiserquelle erst wieder, als 765 König Pippin dort einen Zweikampf ausficht, bei dem die Quelle durch Moder, Fett und Blut verunreinigt worden sein soll:

»Erneute Größe und Bedeutung erlangte der Standort Aachen unter Pippins Sohn Karl. Karl baute eine Pfalz. Entscheidend für die Standortwahl war das Vorhandensein der heißen Quellen. Einhard berichtet ausführlich von der großen Vorliebe Karls für das Bad im heißen Thermalwasser, und daß Karl die Thermalbäder mit seinen Söhnen, mit Gästen und sogar mit seinem Gefolge aufsuchte, um zu schwimmen. Über hundert Menschen sollen zeitweise mit Karl im Bad gewesen sein. Andere Schriftsteller berichten von der Pracht der Badeanlagen.«[24]

Letztere erwiesen sich durch die Jahrhunderte hindurch als wichtiger Wirtschaftsfaktor der Stadt. Dem jeweils zeitgenössischen Geschmack und dem Stand der Badkultur folgend wurden sie immer wieder umgebaut, erweitert, durch Hotelbauten ergänzt. Als die Ärzte im 17. Jahrhundert die Bedeutung der Trinkkuren erkannten, verlagerte sich ein Großteil des Badebetriebs in ein neues Kurzentrum an den unteren Quellen, weil dort genügend Platz zum notwendigen Promenieren vorhanden war. Elegante Kur- und Badehotels bestanden jedoch an der Kaiserquelle inmitten der Aachener Altstadt bis in den Zweiten Weltkrieg hinein, als das Kaiserbad durch Brand und Sprengbomben stark beschädigt wurde. 1963 wurde ein sehr viel bescheidenerer flacher Neubau an der Front zum Büchel, mit einem großflächigen Schieferrelief des Bildhauers Ewald Mataré versehen, in Betrieb genommen. Bereits zwei Jahrzehnte später entsprach das Gebäude nicht mehr zeitgenössischen Konzepten für Bau und Betrieb eines Thermalbades. 1984 wurde der Badebetrieb an der Kaiserquelle endgültig eingestellt.

Natürlich entstand nun die Frage, wie mit dem baulichen Vakuum im Zentrum Aachens umgegangen werden sollte, mit einem kulturgeschichtlichen Ort, dem schließlich die Stadt ihren Ursprung entscheidend mitverdankte. Nach jahrelangen Querelen und alternativen Konzepten wurde 1990 ein Realisierungswettbewerb für eine Platzbebauung ausgeschrieben, der den Architekten weiten Spielraum für öffentliche Nutzungen ließ, aber auf zwei Forderungen beharrte:

- Sicherstellung des Blicks auf den Dom von einer bestimmten Stelle des Büchels aus
- bauliche Darstellung der Bindung des Ortes an die Quelle und deren nahezu 2000jährige Nutzung.[25]

Aus diesem Wettbewerb gingen drei erste Preisträger hervor: Joachim und Margot Schürmann aus Berlin, Kay Friedrichs aus Aachen sowie die Aachener Architektengemeinschaft Ernst Kasper und Klaus Klever. Nach einer Überarbeitungsphase entschied sich der Rat der Stadt Aachen 1991 für den Entwurf Kasper/Klever, das Investorenehepaar Ceszkowski trat in einen Erbbaurechtsvertrag ein. Im April 1993 wurde mit dem restlichen Abriß begonnen und schon im Oktober 1994 erfolgte die Übergabe des neuen Kaiserbades.

Kasper und Klever, Eingang zum Kaiserbad vom Haus der Kohle, Aachen, 1993–94

Realisiert wurde damit ein kompromißlos moderner Entwurf, der Platzgestaltung und drei Baukörper umfaßt. An plastischer Durchformung, sensibler Sinnlichkeit und Dialogfähigkeit mit den überragenden Baudenkmälern der Aachener Altstadt sucht dieser Entwurf in der jüngeren deutschen Architekturgeschichte seinesgleichen.

Dabei machen die beiden Architekten es weder sich noch einem Großteil der Aachener Bevölkerung leicht, da sie eben keine gefällige, sich anhübschende, eingängige Architektur entworfen haben, sondern eine, die jenes Gesetz der Kunst befolgt, welches da heißt, daß echte Kunst, folglich auch Baukunst, mit der Überwindung von Widerständen zu tun hat, daß sie den Betrachter und Benutzer zu partiellem Umdenken und Neu-Sehen zwingt, daß sie sich ihm nicht an den Hals wirft, sondern in lebendiger Auseinandersetzung erfahren, erlitten, erlebt sein will.

Es sind die dekonstruktivistischen Elemente, die dieses hier bewirken, die Schrägen, die spitzen Winkel, die riskanten Equilibrien, die ungewohnten Blickwinkel, Wirbel und Sogwirkungen, die entstehen, die Farben, Materialien und Texturen der Oberflächen. Sie konstituieren gleichzeitig den spielerisch-experimentellen Charakter, der diese Architektur bei aller Solidität von Planung und Ausführung auszeichnet.

Dazu kommt die architektonische Auseinandersetzung mit Aachener Stadtgeschichte vom Mittelalter bis in die sechziger Jahre dieses Jahrhunderts, indem nämlich nicht nur der Dialog mit den durch die Geschichte nobilitierten Bauwerken von Mittelalter und Renaissance gesucht wird, sondern auch ein vielgeschmähtes architektonisches Stiefkind der sechziger Jahre, das am südlichen Platzrand aufgeständerte Haus der Kohle, in das neue Ensemble mit einbezogen wird. Und siehe da, es spielt seine Rolle mit Würde, erweist sich als ein ehrliches, wenn auch nicht überragendes Stück Moderne.

Das Konzept des neuen Kaiserbads, so die beiden Architekten, wurde von den Platzrändern zum Zentrum hin entwickelt. Es reagiert auf das unmittelbare städtische Umfeld, ergänzt es, unterstützt bestehende Formen und kreiert neue. Die Architekten verstehen ihre Bauten vor allem als skulpturale Figuren:

> »Drei Baukörper, eher plastische Gebilde als gefügte Architekturen, bilden durch ihre Position ein Spannungsfeld. In der Mitte liegt der Quellplatz – Analogie des einstigen Quellsumpfes, Symbol für Leben und Geburt der Stadt. Der Quellplatz ist nicht Vorgabe, sondern Ergebnis.«[26]

Dieser Quellsumpf ist auch ein eminent sinnliches und eminent weibliches Symbol. Die architektonische Lösung, die Quelle aus einem

Gaststätte und Reste der Säulenarkadenwand, Kaiserbad, Aachen, 1993–94

Quellplatz, Kaiserbad, Aachen, 1993–94

Grund von grünen Gneiskieseln und Granitstreifen emporquellen und in den Zwischenräumen des Kieselpflasters wieder versickern zu lassen, ist diskret erotisch, visuell und taktil. Der Quellplatz fungiert als ein mythischer Ort der Kraft, der Erneuerung, aber auch der Stille:

> »Wäre es uns gelungen, das fließende Wasser zu erwärmen, so wäre der Ort bei kühlem Wetter in Nebelschwaden gehüllt worden. Die Mythisierung des Ortes wäre dann vollkommen gewesen.«[27]

Die gesamte Gestaltung des Platzes und der Baukörper jedoch ist von sinnlichen und zutiefst erotischen Prinzipien durchdrungen. Dabei spielen die warmen Farben der Oberflächen ebenso mit wie deren texturale Häute und Hüllen, etwa wenn man vom Büchel aus auf das erste Gebäude mit seinem ausgekerbten Blick auf den Dom schaut oder die platzzugewandte Seite des zweiten Gebäudes mit seinem grünem Gitterwerk betrachtet:

Rüdiger Kramm, Zeilgalerie les facettes, Frankfurt am Main, 1991–92

Kneipe um die Ecke schätzt, das altvertraute Bistro, sein Stammglas im Pub, den Fleck an der Wand, die knarrende Diele, etc. All dies sind sinnliche Signale, die langfristig Bestand haben, und die es überhaupt erst ermöglichen, Veränderung zu ertragen. Stete Beschleunigung könnte auf Dauer niemand aushalten.
Sicher gibt es nicht nur die Sinnlichkeit des Rosts, der abblätternden Farbschichten, des wärmeaufsaugenden und wieder abstrahlenden Mauerwerks, der ächzenden alten Installationen, des gemaserten Holzes, der gedämpften Töne, sondern auch die der glitzernden Technik, der organischen Formen und der neuen Medien. Bemüht man einmal mehr die Künstler als Seismographen, so läßt sich seit einigen Jahren ein vehementer Wandel in der Integration neuer Medien in Installationen und Skulpturen beobachten. Dieser findet inzwischen auch seinen Niederschlag auf dem Kunstmarkt, wo plötzlich Medienkünstler wie Gary Hill, Bruce Nauman, Rebecca Horn, Nam June Paik, Bill Viola weit oben auf den Rangskalen anzutreffen sind.[32]
Die Werke dieser Künstler sind oft Hybride, bei denen mediale Bestandteile eine Symbiose mit traditionellen Werkstoffen und Ausdrucksmöglichkeiten eingehen. Aber auch genuine Medienkünste wie Laserinstallationen, Holographien, Bildschirmkünste sind auf dem Vormarsch, zur Zeit allerdings noch teuer und technisch noch nicht ausgereift genug, um Langzeitbenutzung möglichst wartungsfrei zu überstehen. Ihnen eignet zweifellos eine Tendenz zur Entkörperlichung, dies gilt insbesondere auch für virtuelle Realitäten. Wir werden uns im Verlauf der nächsten Jahrzehnte immer stärker daran gewöhnen, in verschiedenen Realitäten ›zu Hause‹ zu sein, und ›virtual realities‹ werden wie selbstverständlich dazugehören. Man kann darüber in apokalyptische Verzweiflung über die Atomisierung des außer sich geratenen Subjekts und seiner Prothesen geraten wie Baudrillard oder die Invasion der mikrobiotischen Körperfresser beschwören wie Virilio, man wird jedoch diese Entwicklung kaum aufhalten, sicher aber kanalisieren können. Und außerdem wird nichts so heiß gegessen, wie es in der poststrukturalistischen Philosophenküche gekocht wird.
Auf dem Vormarsch sind aber auch die Medienarchitekturen. Wenn wir von den virtuellen Architekturen der Netzwerke und anderen Telekommunkationssystemen einmal absehen, so bedeutet Medienarchitektur wesentlich eine Hybridisierung und Substituierung herkömmlicher architektonischer durch mediale, meist multimediale Ausdrucksmittel, etwa die Umsetzung von Umweltgeräuschen auf graphische Bildwände, mit denen Fassaden bestückt werden, unterschiedlichste Formen medialer Narrativik, die in Bewegtform statt früherer statischer Elemente das Gesicht von Gebäuden prägen können. Daß die etwa nicht sinnlich sein könnten, da sei hochauflösende Fernsehtechnik und die fortgeschrittene Computeranimation vor: die Stadtbilder von Tokio, Osaka und New York bezeugen es. Aber was sie bislang zu offerieren haben, ist nur ein matter Abglanz dessen, was möglich sein wird. In den Cyberspace-Welten wird überdies die Rekorporalisierung entkörperlichter Medienräume erprobt. Insofern bestünde also kein Grund zu übertriebener Besorgnis. Dennoch wird unzweifelhaft mit den neuen Technologien die Bedeutung der Räume und damit die der architekturalen Körper im herkömmlichen Sinne zurückgehen. Die Zeit dagegen wird bleiben, wird Räume kannibalisieren. ›Zur Zeit wird hier der Raum‹, und nicht umgekehrt.
Es wird an den Menschen liegen, dies nicht alles einfach hinzunehmen. Den Unternehmern käme es gelegen, wenn sich alle Kaufhäuser virtualisieren ließen und selbst die Postdienste keine Versandhauskataoge mehr zustellen müßten, sondern sich alle Kaufvorgänge über Bildschirme abwickeln ließen. Sie könnten dann nämlich den Kapitalaufwand für aufwendige Bauten sparen. So weit aber wird und darf es nicht kommen, denn die Menschen werden nun einmal, allen Medientheoretikern zum Trotz, auch selbst Körper bleiben, die mit allen Sinnen, nicht nur den Augen und Ohren, Städte erleben wollen. Um dies auch im 21. Jahrhundert noch zu gewährleisten, sei den Architekten die Beschäftigung mit den sinnlichen Möglichkeiten medialer Technologien ins Studienbuch geschrieben und gleichzeitig eine intensive Schulung ihres Körperbewußtseins empfohlen. Anschauungsunterricht, in welche Richtungen hier die Entwicklung verlaufen könnte, vermögen z. B. die neueren Entwürfe von Coop Himmelb(l)au, der Kölner AG4 und Toyo Itos zu liefern, welch letzterer es auf dem Hintergrund jahrhundertealter Traditionen japanischer Ästhetik besonders gut versteht, Sinnlichkeit mit neuen Mitteln zu bauen, sichtbar zu machen und über das Körperliche hinaus in jene geistigen Bezirke zu transzendieren, aus denen Japaner seit alters ihr Gespür für Ritual, Zeremoniell und die Konzentration ihrer geistig-seelischen Kräfte beziehen.

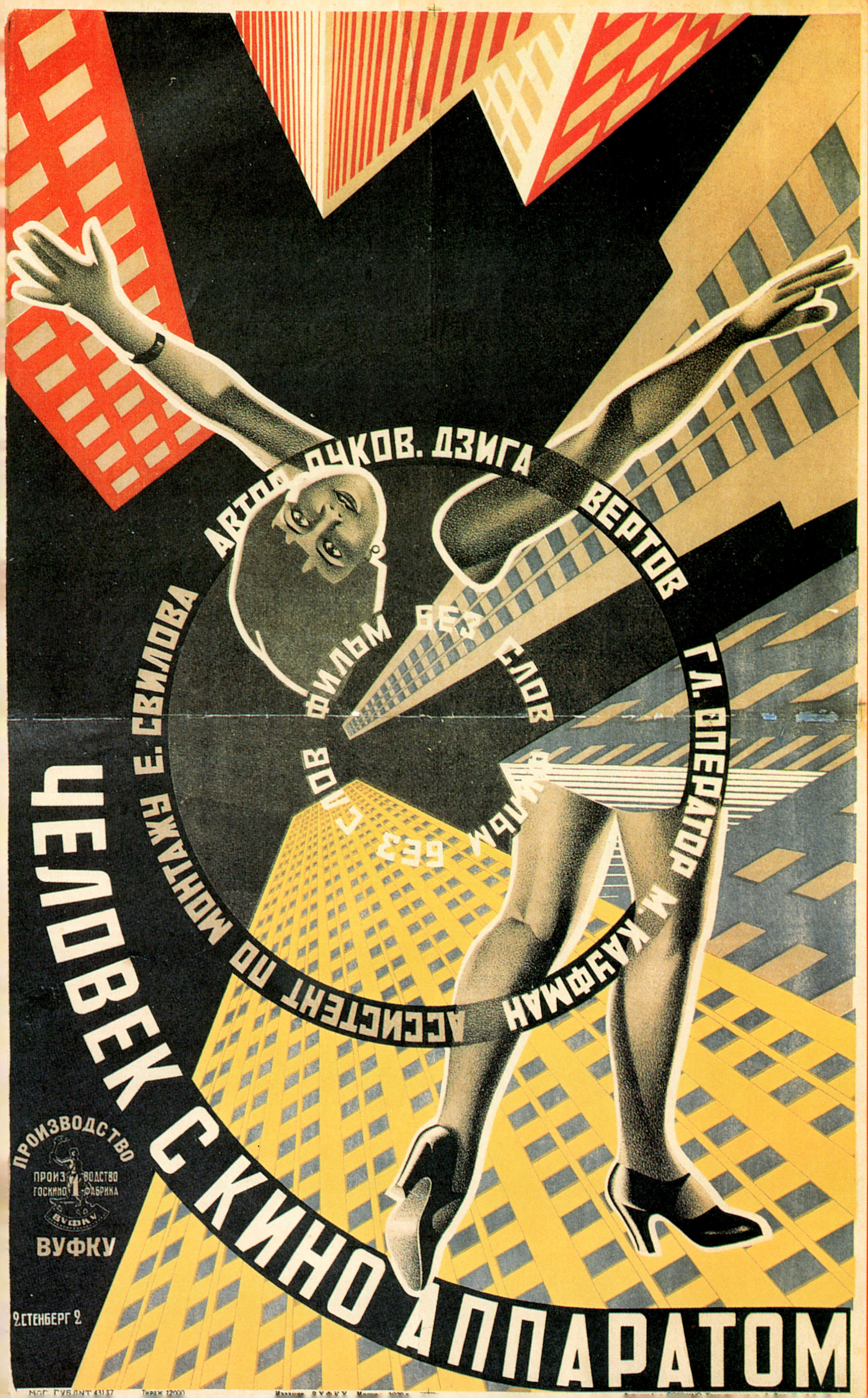
ЧЕЛОВЕК С КИНОАППАРАТОМ
АВТОР РУКОВ. ДЗИГА ВЕРТОВ
ГЛ. ОПЕРАТОР М. КАУФМАН
АССИСТЕНТ ПО МОНТАЖУ Е. СВИЛОВА
ФИЛЬМ БЕЗ СЛОВ
ФИЛЬМ БЕЗ СЛОВ
ПРОИЗВОДСТВО
ПРОИЗВОДСТВО ГОСКИНОФАБРИКА
ВУФКУ
ВУФКУ
2. СТЕНБЕРГ 2

ARCHITEKTUR UND EROTIK IM FILM

Angela Krewani

»I like to think, if I may be so arrogant, that it's possible to compare the work of a film-maker with that of an architect.«[1]

»Poetisches Gesetz der Erotik, daß sie die Aufmerksamkeit vom Bezeichneten abzieht und ein Spiel der Zeichen entfacht, ein Spiel der Metaphern, der Bilder, die Brücken schlagen zum erotischen Objekt.«[2]

Der Zusammenhang von Film und Erotik kann auf den unterschiedlichsten Ebenen beobachtet werden. Zum einen enthält die spezifische Situation des Kinobesuchs schon viel Sinnliches: Der Zuschauer sitzt unerkannt im dunklen Bauch des Kinosaals und verfolgt die Geschehnisse auf der Leinwand, kann sich von ihnen anregen lassen sowie seine geheimen oder weniger geheimen Wünsche auf das Gesehene projizieren.[3] Und die Ereignisse auf der Leinwand verkörpern die Symbole, Metaphern, Assoziationen und Hinweise auf Erotik, von denen die Filmgeschichte eine Vielfalt aufweist: Körper, Haare, Kleidung, Wäsche, ebenso Ausstattungen wie Treppen, Materialien wie Chrom, Stahl, Glas oder Stein und Wasser verführen den Betrachter zum erotischen Phantasieren.[4] In diesem Zusammenhang erhält die Architektur im Film, entweder als Dekor für erotische Szenen oder aber als Metapher oder Symbol von Erotik, eine wichtige Rolle.

Die Verbindung von Architektur und Erotik im Film besteht schon seit Anfang der Filmgeschichte, wobei gerade die frühen Filme zu Beginn des Jahrhunderts bereits existierende Muster aus Malerei und Literatur übernahmen und sie filmisch umsetzten. In diesem Kontext tritt, vor allem zu Anfang des Jahrhunderts, die Thematisierung von Erotik und Großstadterleben in den Vordergrund. Die Darstellung der Großstadt als Ort von Entfremdung, Entpersönlichung, sexueller Perversionen und Prostitution ist ein Topos der Literatur der Moderne, der sich durch deren wichtigste Texte zieht: Prostitution im schmutzigen, verlebten Paris Emile Zolas und Charles Baudelaires, das nebelige, industrielle London Charles Dickens', das mythische New York von John Dos Passos und Theodore Dreiser sowie das sündige schillernde Berlin der zwanziger Jahre, wie es Alfred Döblin in seinem Roman *Berlin Alexanderplatz* beschreibt.[5]

Überhaupt: Berlin gilt für den Film vom Beginn des Jahrhunderts bis zum Zweiten Weltkrieg als die symbolische Stadt des rastlosen Lebens, der Suche nach immer weiter ausufernden Vergnügungen, der mannigfaltigen sexuellen und erotischen Begierden, aber es ist zugleich auch ein Ort des sozialen Elends, der Arbeitslosigkeit, der Kriminalität und der Vereinsamung. In der bildenden Kunst liefern die Stadtdarstellungen von Kubismus und Futurismus, der ungehemmten Lebensfreude, der energetischen Auflösung des Körpers, der ausgeprägten Dekadenz und im Expressionismus der käuflichen Sexualität den Kommentar zu den gesellschaftlichen Entfremdungsprozessen der Metropolen-Kultur der Moderne.

Zwei Filme, die exemplarisch für die Stadterfahrung der Moderne herangezogen werden können, sind Fritz Langs *Metropolis* (1926) und Walther Ruttmanns *Berlin. Die Sinfonie der Großstadt* (1927). Fritz Langs *Metropolis,* dem Manhattan als das sinnbildliche New York zugrundeliegt, fungiert bis heute als Beispiel für filmisch-architektonische Visionen einer Großstadt. Indem der Film den Mythos der goldenen Zukunftsstadt mit dem Mythos vom Turmbau zu Babel verbindet, schafft er auch die Anklänge an den Mythos der Hure Babylon. Die moderne Großstadt ist nun nicht mehr der Ort der politischen Information, der allgemeinen Bildung, von Rationalität und Moderne, wie es das Bauhaus konzipierte, sondern sie wird aus ihrer eigenen Geschichtlichkeit in einen mythischen Kontext katapultiert: Sie erscheint als der archaische und immer gleiche Ort der erotisierten Warenwelt.

Maria, die Maschinenfrau in ›Metropolis‹, Stummfilm von Fritz Lang, 1927

Bei Fritz Lang jedoch ist die Stadt eine zeitgenössische, moderne Hure, deren Qualitäten nicht so sehr im Feilbieten des eigenen Körpers bestehen als in dessen Mechanisierung und technischer Ersetzbarkeit. Freder Fredersen, der Sohn des Beherrschers der Stadt, verliebt sich in das Mädchen Maria, das durch einen ihr zum Verwechseln ähnlichen Roboter ausgetauscht wird. Der Tausch symbolisiert die Mechanisierung der Erotik, die nun nicht mehr von den Körpereigenschaften eines bestimmten Menschen ausgeht, von Geruch und Taktilität seiner Haut, sondern deren Reiz allein auf der mechanischen Reproduktion von Körpereigenschaften beruht. Die Korrelation von Mechanisierung und Erotik geht so weit, daß sie als die ›gefährlichere‹ Variante dargestellt wird. Auf einem Tanz vor der tonangebenden Gesellschaft der Stadt beweist die Roboterfrau dergestalt ihre betörende Wirkung, daß sie zur Agitation der Arbeiter eingesetzt wird. Mit dieser narrativen Wendung bestätigt der Film ein landläufiges Vorurteil über die ›subversive‹ Kraft des Weiblichen.

Die unkontrollierbare Erotik der Maschinenfrau, in der die Angst vor der weiblichen Sexualität und die Angst vor der Mechanisierung der Menschen ineinanderprojiziert sind, steht als Warnung vor den Auswirkungen der Technologie. Sowohl die ›feine Gesellschaft‹ als auch die

Linke Seite: Georgij und Vladimir Stenberg, Chelovek s Kino Apparatom, Lithographie, 1926

Verwandlung der Maria
in ›Metropolis‹,
Stummfilm von Fritz Lang, 1927

Boris Bilinski, Plakat für die französische Premiere von ›Metropolis‹

Arbeiter der Zukunftsmegalopole *Metropolis* erweisen sich als korrumpierbar durch diese Form von Technoerotik. Eine wirkliche gesellschaftliche Veränderung ist mittels derartiger Repräsentanz nicht zu erreichen: Die Roboterfrau muß zerstört, die ›echte‹ Maria re-installiert werden, und ihre Liebe zum Herrschersohn Freder Fredersen deutet die Aussöhnung der Klassengegensätze an. Hier bietet der Film keine politisch motivierte Lösung, sondern hebt die Gegensätze im Märchenhaft-Mythologischen auf. Außerdem transportiert der Film das in der europäischen Kulturtradition fast durchgängig doppelt besetzte Bild von Weiblichkeit: Die Stadt und deren Maschinenimagines verkörpern die ›bedrohlichen‹, ›erotischen‹ oder ›dunklen‹ Aspekte von Weiblichkeit, die gerade im Bild der domestizierten Bürgersfrau nicht mehr existieren dürfen. Folgerichtig werden sie im Verlauf der Handlung dann ja auch, mit Hilfe des Sieges über die angsteinflößende Maschinenfrau, überwunden. Zurück bleibt die aus dem 19. Jahrhundert bekannte sittsame Geliebte und Ehefrau.[6]

Die Korrelation von Architektur bzw. Technologie und Erotik, die in *Metropolis* anhand der Figur der technischen Maria vorgeführt wird, ist in Walther Ruttmanns Dokumentarfilm *Berlin. Die Sinfonie der Großstadt* ebenfalls anzutreffen. Allerdings geht Ruttmann in seinem filmischen Experiment weiter als Fritz Lang in *Metropolis*. Während in *Metropolis* die Erotik zwar technisiert, aber dennoch an den weiblichen Körper angekoppelt bleibt, transformiert Ruttmann die Stadt Berlin in einen überaus mobilen Stadt-Körper. Dieser Stadt-Körper, der morgens erwacht, stellt sich dem Zuschauer in einem maschinenähnlichen Rhythmus zur Schau: Inhaltliche Aspekte außer acht lassend, schneidet Ruttmann Szenen in maschinellen Taktfrequenzen hintereinander, dadurch demontiert er die kontextuelle Wahrnehmung der Stadt zugunsten ihrer absoluten Fragmentierung. Ein zeitgenössischer Kritiker beschreibt den Film unter Zuhilfenahme einer durchaus erotisch gefärbten Metaphorik:

Erich Kettelhut, Filmbauten für ›Metropolis‹

»Das erwachende Berlin, tote Straßen, Bummler, Wachtschutzpatrouille, geschlossene Fenster, schiefe Jalousien, draußen vor den Toren das stille nährende Land. Dort wächst Milch in den Leibern der Kühe, ein Schild daneben – Berlin, 15 Kilometer. Und nun erwacht Berlin, rasch, stoßweise, reibt kaum die Augen aus, hat sie schon offen, hell, hastig, nun schleudern die Häuser die Arbeiter aus, die Angestellten, Straßenbahnen fangen sie auf und Autobusse und Untergrundzüge verschlucken, speien sie wieder in die Rachen der Fabriken. Maschinen jauchzen, formen, zerstören, werden von Menschen bedient, dienen

Plakat zum Film ›Berlin, Die Sinfonie der Großstadt‹,
Walther Ruttmann, 1924

Tanz der Maria
in ›Metropolis‹, Stummfilm von Fritz Lang, 1927

Plakat zum Film
›Berlin, Die Sinfonie der Großstadt‹

Menschen. Berlin schickt seine Kinder auf die Straße, in die Schule, in Schlachthöfe wird das Vieh getrieben, in die Kontore die Beamten. Nun dröhnt, rast, donnert Berlin. Reklame, fliegende Händler, Kommerzienräte in Autos, ankommende D-Züge, Fremde ergießen sich in die Fremdenstadt, tauchen unter im Strudel. Und weiter braust, zischt, sprudelt die losgelassene Hölle, Schupohand senkwärts, waagrecht, Prügelei, Westen, Norden, Luxus.«[7]

Die erotische Besetzung des Stadt-Körpers Berlin geschieht, im Gegensatz zu *Metropolis*, anhand der formalen Konstituenten Schnitt und Montage. Diese fragmentieren die Stadt Berlin zu einem zuckenden, rhythmisch pulsierenden Körper, der sich den Bewegungen der Maschinen anpaßt, denen sich auch der fragmentierte weibliche Körper als traditionelles Symbol für Erotik unterordnet: Es sind die tanzenden Beine der ›Tiller Girls‹, der damals bekanntesten Revuetruppe, die Ruttmann mit Bildern maschineller Arbeitsabläufe koppelt. Die Montage greift das schon im 19. Jahrhundert bekannte Thema der sündigen Großstadt auf, in deren Revuen, Vaudevilles und Theatern es immer zu Darstellungen von käuflicher Sexualität kommt. Die *Sinfonie der Großstadt* überschreitet aber das 19. Jahrhundert-Klischee, indem sie dieses von reinen Körperdarstellungen loslöst und Maschinenstrukturen und -rhythmen in die erotischen Präsentationen integriert. In den Montagen Ruttmanns wird die Erotik menschlicher Darstellungen transformiert in eine vom direkten Körperbezug losgelöste Erotisierung der modernen Großstadt. Dies ist durchaus den Manifesten der Futuristen vergleichbar, die ebenso ihre sinnlich-emotional konnotierten Ansprüche an das futuristische Haus stellen, wenn sie von der »angeborene(n) Schönheit seiner Linien und seiner Formen« sprechen.[8]

In diesem Zusammenhang ist es auch bezeichnend, daß Ruttmann nicht, wie es noch Fritz Lang in *Metropolis* vornimmt, dem Zuschauer den weiblichen Körper insgesamt als erotisches Symbol präsentiert, sondern seine Analogien von Körper und Großstadt greifen das in der kubistischen und futuristischen Malerei bereits behandelte Thema der fragmentierten Stadtwahrnehmung auf. Ruttmanns Stadt kann demgemäß nur noch eine Erotik der Fragmentierung

Dziga Vertov, Plakat zum Film ›Der Mann mit der Kamera‹

und Mechanisierung anbieten. Auffällig an dieser Form der Besetzung ist ihre Geschlechtsneutralität. Die rhythmisch pulsierende, maschinelle Großstadt besitzt keine eindeutig weiblichen oder männlichen Eigenschaften. Hier ist schon eine durch die Geschlechtsneutralität der maschinellen Arbeitsprozesse bedingte Auflösung von Geschlechterstereotypen angedeutet, die sich bis in die Gegenwart hineinzieht und die in der zeitgenössischen Gender-Debatte aufgefangen ist: Eine hochtechnisierte, arbeitsteilige Gesellschaft, die sich den Bedürfnissen der Maschinen anpaßt, kann auf starre Abgrenzungen der Geschlechter bis zu einem gewissen Grad verzichten.

In seinem formalen Experiment und seinen Analogien von Mechanisierung und Erotik enthält Ruttmanns Film zahlreiche Elemente, die in den Filmen des russischen Konstruktivismus ebenso dargestellt und in den Manifesten explizit angesprochen werden. Die Nähe von bildender Kunst, Architektur und Film ergab sich aus dem Anliegen des Konstruktivismus, die Darstellung von Inhalt und Abbildung durch die Darstellung von Form und Struktur als neuen Wirklichkeitsbezug zu ersetzen. Dabei spielt für den russischen Konstruktivismus die Nähe von Architektur und Film eine besondere Rolle. Denn Le Corbusier zufolge stellen nur diese beiden die »eigentlichen Künste der Moderne« dar. So merkt er 1929 an: »Ich habe den Eindruck, daß ich bei meiner Arbeit genauso denke, wie Eisenstein bei der Erarbeitung seines Typus von Filmkunst denkt.«[9]

Zusätzlich weist die Biographie der wichtigsten konstruktivistischen Filmemacher eine Nähe zur Architektur auf: Sergej Eisensteins Vater war Architekt, und Eisenstein selbst begann als Bühnenbildner an der Proletkult-Bühne, deren Leiter er innerhalb kurzer Zeit wurde. Lev Kulesov hatte seine Filmarbeit als Architekt bei Jevgenij Bauer, dem »Klassiker opulent ausgestatteter Melodramen«,[10] begonnen. Bezeichnenderweise trug sein erster Film von 1918 den Titel »Proekt inzenara Prajta« (Das Projekt des Ingenieurs Prait).[11]

Trotz ihrer mechanistisch ausgeprägten Konstruktionsphantasien berief sich die russische Filmavantgarde der zwanziger Jahre wiederholt auf den menschlichen Körper, den sie zur Grundlage ihres konstruktivistischen Experiments machte, wie es Kulesov 1922 in einem Manifest statuierte:

»Wir wissen, daß der Kinematograf keine Theaterschauspieler braucht. Wir wissen, daß der gewöhnliche Mensch mit dem vollkommenen Mechanismus seines Spießkörpers für den Kinematografen inakzeptabel ist. Wir brauchen ›Ungeheuer‹. (...)
Ungeheuer – das sind Menschen, die ihren Körper in präziser Kenntnis seiner mechanischen Konstruktion trainiert haben. (...)
Auf der Grundlage genauer Berechnungen und Experimente studieren wir den Mechanismus des menschlichen Körpers. Und zwar nicht deshalb, weil wir die Ästhetik der Maschinen lieben, sondern weil der menschliche Körper wirklich ein Mechanismus ist.«[12]

Im Kontext der russischen Filmavantgarde wird nicht nur die Konstruktion erotisiert, sondern der menschliche Körper gemäß den Gesetzen der Mechanik re-konstruiert. Folgerichtig besteht eines von Kulesovs berühmt gewordenen filmischen Experimenten in der Montage eines weiblichen Körpers aus Versatzstücken weiblicher Filmbilder: die Lippen der einen Frau, Beine der anderen, Rücken der dritten usw.

Auch Dziga Vertov rekurriert in seinen konstruktivistischen Träumen auf den Körper, dessen angeblich maschinelle Eigenschaften er libidinös besetzt. Hierbei ist interessant, wie explizit er sich als Architekt bzw. auch als ›Baumeister‹ versteht:

»Die Unfähigkeit des Menschen, sich zu beherrschen, ist vor den Maschinen beschämend; aber was tun, wenn uns die fehlerlosen Funktionsweisen der Elektrizität mehr erregen als die regellose Hetze aktiver und die zersetzende Schlaffheit passiver Leute. (...)
Unser Weg – vom sich herumwälzenden passiven Bürger über die Poesie der Maschinen zum vollendeten elektrischen Menschen. (...)
Ich bin Kinoglanz (Filmauge). Ich bin Baumeister. Ich habe dich, heute von mir geschaffen, in die wunderbarste, bis zu diesem Augenblick nicht existierende und ebenfalls von mir geschaffene Kammer gesetzt. Diese Kammer hat zwölf Wände, die ich in verschiedenen Teilen der Welt aufgenommen habe.«[13]

Auf gleiche Art und Weise zeigt sich auch in Sergej Eisensteins Manifesten immer wieder die erotische Besetzung der Konstruktion im Film, wenn er die Montage mit dem affinitiven und durchaus sinnliche Komponenten enthaltenden Begriff der Attraktion verbindet.[14]

Die in die Filme montierte erotische Symbolik knüpft an den Gebrauch derartiger Symbole in einem Großteil der Avantgardekunst des 20. Jahrhunderts an: Es geht nicht mehr um die ganzheitliche Darstellung des menschlichen, zumeist des weiblichen Körpers, sondern dieser erscheint nur noch fragmentiert; die Fragmente allerdings besitzen dann einen eindeutigen Symbolcharakter. Eine der Schwierigkeiten der russischen Filmavantgarde bestand in der visuellen Umsetzung der erotischen Besetzung von Konstruktionen. An dieser Stelle verläßt sie sich dann – und hier sehe ich den Widerspruch zu den Manifesten – auf die traditionelle symbolische Besetzung des weiblichen Körpers.

Dieser Umstand tritt z. B. deutlich in dem Filmplakat Georgij und Vladimir Stenbergs zu Dziga Vertovs *Mann mit der Kamera* (1926) zutage. Im Vordergrund befindet sich die Darstellung der tanzenden Beine eines Revuegirls. Der Rückgriff auf die traditionellen Symbole verweist auf das Dilemma der Erotisierung von Konstruktion im konstruktivistischen Film. Zur Darstellung dieser Besetzung der ansonsten ›neutralen‹ Linien der Konstruktion bedarf es einer anerkannten und allgemeingültigen Symbolik.

Die Diskrepanz zwischen einer Erotik der Konstruktion und einer Erotik in der Darstellung wird wie von keinem anderen von dem britischen Regisseur Peter Greenaway aufgegriffen, der sie problematisiert, sie unterwandert und mit ihr experimentiert. Die meisten Filme Greenaways, der ursprünglich als Maler ausgebildet worden war, beschäftigen sich mit Fragen der Konstruktion von Raum und Bild. Greenaway hatte sein Filmschaffen mit experimentellen Filmen begonnen und war dann zu konventionelleren, narrativeren Filmen übergewechselt. Sein Hauptinteresse jedoch, das der Konstruktion und der intermedialen Divergenz von Bildern gilt, hat er stets beibehalten. Die Spielfilme *Der Kontrakt des Zeichners* (1982) und *Der Bauch des Architekten* (1986), die beide innerhalb der Renaissance des britischen Kinos in den achtziger Jahren entstanden und zum ›New British Cinema‹ zählen, beschäftigen sich explizit mit den Themen Erotik und Architektur.

Der Kontrakt des Zeichners, der im England des ausgehenden 17. Jahrhunderts spielt, bezieht einen Gutteil seines spezifischen Witzes aus der bewußten Verknüpfung von Architektur und Sexualität. Mrs. Herbert, die Gattin des gleichnamigen Landbesitzers, bittet den prominenten Zeichner Mr. Neville um zwölf Zeichnungen ihres Hauses. Diese Zeichnungen sollen als Geschenk für Mr. Herbert dienen, der angeblich zu seinem Haus und seinen Pferden ein innigeres Verhältnis hat als zu seiner Frau. Seine Tochter charakterisiert die Wertehierarchie des englischen Landadels folgendermaßen: »A house, a garden, a horse, a wife«. Von den Zeichnungen erhofft sich Mrs. Herbert, das Interesse ihres Mannes vom Haus ab- und auf ihre Person hinzulenken.

Entgegen seiner anfänglichen Weigerung wird Mr. Neville zu einem Vertrag verpflichtet: Als Honorar erhält er eine bestimmte Geldsumme und die freie Verfügung über die Dame des Hauses – der Ehemann befindet sich auf Reisen. Der Grundvertrag wird ausgeweitet durch einen weiteren Vertrag zwischen dem Zeichner und der Tochter von Mrs. Herbert, die, um der Familie den Grundbesitz zu erhalten, einen Erben braucht.

Im Verlauf der Handlung wird offensichtlich, daß der Zeichner in seinen Zeichnungen auch gleichzeitig die Indizien eines Mordes an Mr. Herbert darstellt. Am Schluß findet sich die Leiche Mr. Herberts, und der Zeichner wird, des Mordes am Hausherrn verdächtigt, von den anderen Bewohnern des Hauses geblendet und umgebracht. Die Blendung des Zeichners thematisiert nochmals die im Film durchgehend behauptete Divergenz von Sehen und Erkennen. In dem Moment, in dem der Zeichner die um ihn herum gesponnene Intrige erkennt, verliert er seine Sehkraft. Darüber hinaus steht in der Freudschen Symbolik Blendung auch für Kastration, was im Kontext des Films als Kastration in künstlerischer Hinsicht durchaus einleuchtet.

Wie Greenaway in einem Interview anmerkt, überprüft *Der Kontrakt des Zeichners* Darstellungsmuster und Wirklichkeitskonstruktionen der Medien Malerei und Film:

Szenenphoto aus ›Der Kontrakt des Zeichners‹, Peter Greenaway, 1982

»Und dann das Thema mit dem Zeichner, unterschiedliche Charakteristika einer Landschaft herauszusuchen und sie in geradezu minimalistischer Weise auszuführen. Auch die Art und Weise, wie der Film strukturiert ist, indem er zu verschiedenen Tageszeiten zu denselben Landschaften zurückkehrt, um zu schauen, wie das Licht Gestalten, Formen, Vertikale schafft, zu sehen, wie sie sich verändert haben und welch neue Signifikanz sie zu je unterschiedlichen Tageszeiten gewinnen. Mein primäres Interesse gilt der Landschaft, den Ideen, die im Zusammenspiel von Handlung, der Symmetrie und jenen Themen involviert sind, die den ganzen Subtext der Gartenbaukunst bilden.«[15]

Die Themen Garten und Gartengestaltung werden von den Figuren diskutiert. Dabei kristallisiert sich die gegensätzliche Gartenauffassung des Zeichners und des deutschen Schwiegersohns, Mr. Talman, heraus. Talman gibt sich als orthodoxer Vertreter des Barockgartens mit seinen klaren geometrischen Formen und seinen eindeutig definierten Zentren zu erkennen, Mr. Neville dagegen favorisiert die seinerzeit aufkommende Auflösung geometrischer Formen zugunsten der ›naturnahen‹, asymmetrisch-romantischen Konzeption von Garten. Die gegensätzlichen Ansichten finden ihre Entsprechungen auf politischer Ebene: Der deutsche Protestant Mr. Talman ist ein Anhänger des Hannoveranischen Königshauses und Befürworter von dessen feudaler Politik, der katholische Schotte Mr. Neville selbstverständlich Gegner des englischen Machtanspruchs auf Schottland und Irland und Anhänger des englischen Liberalismus.

In den diskursiven Kontext von Gartengestaltung und Landschaftsmalerei ist zudem die Reflexion einer idealen Erotik eingebunden. Bei einem Treffen mit Mrs. Herbert lenkt der Zeichner deren Aufmerksamkeit auf ein Gemälde Claude Lorrains (oder im Stile Lorrains), dessen Werke im späten 17. Jahrhundert bei englischen Sammlern besonders beliebt waren. Es folgen lange Einstellungen auf die antikisierenden erotischen Darstellungen, die in einem Idealgarten zwischen pseudo-antiken Ruinen inszeniert werden. Hier wird der kunstvoll ausgestaltete Garten ironisch als der ideale Ort vielfältiger erotischer Begegnungen vorgestellt. Er bildet damit einen Kontrast zu den sexuellen Begegnungen zwischen Mrs. Herbert und dem Zeichner, die sich eher durch Feindseligkeit auszeichnen.

Im Gegensatz zur Gartenmalerei Lorrains stehen überdies die Zeichnungen von Mr. Neville, der sich immer um eine möglichst objektive, niemals idealisch antikisierende oder barock geometrisierende Wiedergabe von Haus und Garten bemüht. Nevilles Zeichnungen werden durchgängig in Totalaufnahme eingeblendet. Der Zeichner wird mit seinen Gerätschaften, vor allem der Kadrierungshilfe gezeigt. Der Blick durch letztere verweist sowohl auf die perspektivische Konstruktion des gemalten als auch des filmischen Bildes und offenbart damit die Künstlichkeit des wahrnehmenden Blicks.[16] Zudem dient er als selbstreflexives Mittel zur Erzeugung von Distanz in der Darstellung.[17]

Eine weitere Distanzierung bewirken auch die extremen Stilisierungen in der Ausstattung des

Szenenphoto aus ›Der Bauch des Architekten‹, Peter Greenaway, 1986

Films: die übertriebene Kostümierung, die rhetorischen Feinheiten, die Manierismen der Schauspieler. Sie alle unterstützen den Eindruck der Konstruktion von Wirklichkeit. Auf der formalen Bildebene besteht der Verweis auf die Konstruktion in den prononcierten vertikalen und horizontalen Linien, die das Filmbild prägen. Demzufolge tritt als herausragender Aspekt des Films die Befragung des konstruktivistischen Wahrheitsanspruchs in den Vordergrund: Während bei den avantgardistischen russischen Regisseuren die erotische Besetzung der filmischen Konstruktion immer mit dem Bemühen um eine Synthese der Künste und damit auch um eine gültigere und universellere Version von Wirklichkeit verbunden war, taucht Greenaway deren Anliegen in ein ›postmodernes Licht‹, indem diese Fragestellungen nur noch spielerisch zitiert oder parodistisch unterwandert werden.

Im Gegensatz zu den Filmen der russischen Avantgarde, die noch relativ naiv und unreflektiert erotische Symbole in ihre Konstruktionen integrierten, erotisiert der *Kontrakt des Zeichners* nicht die Konstruktion, sondern er stellt jede Form von Erotik und erotischem Umfeld als kunstgeschichtlich bedingte Konstruktion vor, losgelöst von den Bedürfnissen und Empfindungen des Körpers. Die historische Distanz dient der Überprüfung des Zustandekommens erotischer Besetzungen und architektonisch definierter Konnotationen. Viele der im Film dargestellten amourösen Begegnungen zwischen dem Zeichner und den beiden Frauen finden an Orten traditioneller Lustbarkeiten statt: in den prachtvoll ausgestatteten Boudoirs der Damen, hinter einem großen Sonnenschirm in der Schäferidylle des Parks, im Badehaus, im Heu in der Scheune. Zusätzlich zitiert Greenaway Topoi der Malerei des 17. Jahrhunderts, die er in seinem Film umsetzt.

Der Überprüfung sinnlich aufgeladener Orte und Architekturen entspricht die Demontage erotischer Symbole. Diese Aufgabe übernimmt in erster Linie die lebende Statue, die sich wie ein zynischer Kommentar der Handlung an den jeweiligen architektonischen Orten präsentiert. Ein lange Einstellung, in der die Statue fast in einer Hecke verschwindet und steinern in grüne Pflanzlichkeit transformiert erscheint, gibt Aufschluß über das völlige Fehlen einer bestimmten Spielart von Erotik, nämlich als taktiles, sinnliches Wahrnehmen von Materialien und Oberflächen, als Permutation von deren spezifischen Strukturen.

Gleichzeitig parodiert diese Einstellung auch die Bemühungen eines Zeitalters, sich auf kulturellem Weg der Natur anzunähern. Im *Kontrakt des Zeichners* ist alles Kultur, nichts mehr Natur. Und dieser Kultur ist es trotz ihrer die Sinne manchmal überstrapazierenden Ausformung nicht gelungen, den Menschen ein Gefühl für das Prickeln der Sinne zu vermitteln. Sie agieren wie mechanisch aufgezogene, hohle Puppen in einer speziell für sie geschaffenen prächtigen Ausstattung.

Der Film präsentiert Erotik als kunstvolle Konstruktion, bei welcher die Architektur eine herausragende Rolle spielt. Letztere vermag allerdings niemals ›authentisch‹ zu werden, da sie zu sehr im Repertoire der von ihr geschaffenen Zeichen gefangen ist. Ähnlich verhält es sich mit den Aktivitäten des Zeichners. Dieser gibt sich der Illusion hin, mit perspektivischen Hilfsmitteln ein wirklichkeitsgetreues Abbild des Landhauses zu schaffen. Eingedeckt mit den Instrumenten zeichnerischer ›Wahrheitsfindung‹ entgeht ihm der Umstand, daß er mit seinen Bildern die Indizien festhält, die einen Mord beweisen, den er nicht begangen hat.

In dieser Hinsicht konzentriert sich der Film auf die Diskrepanz von objektiver Darstellung und subjektivem Erkennen. Da die gesamte Energie des Zeichners in die objektive Darstellung des Hauses einfließt, gelingt es ihm – auch aufgrund seiner Arroganz – nicht zu erkennen, daß er das Opfer eines Komplotts ist. Eine der letzten Szenen verweist deutlich auf den Opferstatus des Zeichners: Während dieser im Film durchgängig schwarz gekleidet war, die anderen Figuren weiß, ist hier die Farbgebung umgekehrt. Das Opfer, Mr. Neville, erscheint in symbolischem Weiß, seinen Mördern bleibt die Farbe Schwarz vorbehalten.

In noch stärkerem Maß bezieht sich der nächste Film Greenaways, *Der Bauch des Architekten*, auf den Zusammenhang von Architektur und Erotik. Der Chicagoer Architekt Stourlay Kracklite soll in Rom eine Ausstellung des französischen Idealarchitekten Etienne-Louis Boullée organisieren. Auf der Zugreise nach Rom empfängt seine Frau, die bis dahin nur Fehlgeburten hatte, ein Kind von ihm. In Rom angekommen, beginnt für Kracklite eine Obsession mit seinem eigenen Bauch, die ihn von den Kollegen der Ausstellung und seiner Frau entfremdet. Von einem Arzt erfährt er die Diagnose Magenkrebs, ihm wird die Leitung der Ausstellung abgenommen und seinem Konkurrenten Caspasian übertragen, mit dem seine Frau schon längst eine Affäre begonnen hat. Während diese die Ausstellung eröffnet und unerwartet mit seinem Sohn niederkommt, stürzt Kracklite sich aus dem Fenster.

Der Film etabliert erotisch-architektonische Bezüge um die Achse Kreativität, Schwangerschaft, Idealform, Körper und Tod. Ganz offensichtlich ist die inhaltliche Parallele zwischen Kreativität und Schwangerschaft. Diese wird zu Anfang des Films von Kracklites Frau Louisa unter Hinweis auf ihre Fehlgeburten angesprochen, die immer dann eintraten, wenn eines von Kracklites architektonischen Projekten gescheitert war. Während seines Aufenthalts in Rom verschieben sich die architektonischen Ambitionen Kracklites auf seinen Körper: Mit der fortschreitenden Schwangerschaft Louisas

Szenenphoto aus ›Der Bauch des Architekten‹, Peter Greenaway, 1986

In einem Interview weist Greenaway auf sein Interesse an der künstlerischen und architektonischen Form und deren Umsetzung im Film hin:

»Meine Anliegen wiederholen den Wunsch, die Ästhetik der Malerei ins Kino zu bringen. (...) ›Der Bauch des Architekten‹ versucht für diejenigen, die wirklich hingucken wollen, all die verschiedenen Arten auszukundschaften, mit Hilfe derer Kunst die menschliche Form reproduziert hat.« [20]

Im Zuge dessen parodiert Greenaway unter anderem den idealtypischen Ansatz Boullées, indem er ein ironisches Spiel mit dessen Körperanalogien treibt, die Boullée relativ naiv aufstellt, wie aus dem zitierten Text zu ersehen ist: Die Formen gehen aus der Natur hervor, und es besteht eine Analogie zum menschlichen Körper. Greenaway greift diesen Gedanken auf und entwickelt ihn demontierend weiter. Dabei rückt die Kugel in den Mittelpunkt, die sowohl in der Ausstellung bei *Newtons Kenotaph* eine bedeutende Rolle einnimmt als auch in den Körpern von Mr. und Mrs. Kracklite, nämlich in deren Bäuchen.

Greenaway nun lotet die Diskrepanz zwischen den Idealformen Boullées und Kracklites krankhafter Obsession mit seinem eigenen und fremden Bäuchen aus. Die Krankheit wird in diesem Kontext zum Symbol für seine Unfähigkeit, etwas anderes als ideale Formen zu erschaffen. Durch diesen Anspruch gelähmt, müssen folgerichtig alle seine Architekturprojekte scheitern; das macht ihn zum idealen Partner für Boullée, der ebenfalls niemals eines seiner Projekte verwirklichen konnte. Die Perspektive des verfallenden Körpers wird ausgeweitet auf die Figuren der Antike, deren Krankheitsgeschichte und deren Sterben ebenfalls wiedergegeben werden. Die Szene, in der Kracklite in einem Straßenrestaurant vor dem Pantheon essenden Frauen seinen entblößten und kranken Bauch zeigt, verdichtet die Thematik des Films. Vor den geometrischen Formen der Architektur weist er auf seinen Bauch, der von innen aufgefressen wird. Darüber hinaus erhält der Vorgang des Essens eine zynische Ambiguität von Essen und Gefressen-Werden, ebenso die Unvereinbarkeit von Innen und Außen.

Die Parallele von Krankheit und Schwangerschaft, die ihre architektonische Entsprechung im Gegensatz von gezeichneter Idealform und deren baulicher Unmöglichkeit hat, ermöglicht Greenaway eine satirische Demontage von Idealkonzepten. In diesem Kontext erscheint die letzte Szene nochmals als Zusammenfassung filmischer Reflexion: Die hochschwangere Louisa Kracklite soll die Ausstellung vor einem großen Modell von *Newtons Kenotaph* eröffnen. Als sie das Band durchschneiden will, bricht sie zu-

wächst die Beschäftigung Kracklites mit seinem eigenen Bauch, er konzentriert sich auf die künstlerische Reproduktion von Bäuchen. Im Gegensatz zu Louisa wächst in Kracklite nichts heran. Aus diesem Grund muß Kracklite natürliche Reproduktivität durch künstlerische ersetzen. Der Film veranschaulicht Männerdarstellungen in Kunst und Photographie, zudem bildet sich in Kracklite eine zwanghafte Neurose zum Kopieren von Bauchdarstellungen heraus. Hier spielt der Film parodistisch mit dem altbekannten Topos von Kunst als männlicher Kompensation fehlender Gebärfähigkeit.

Die erotisch-architektonische Pointe differenziert sich durch die Referenz auf das Werk Boullées. Boullée (1728–99), ein Zeitgenosse Piranesis, hatte zeitlebens eine Architektur der »Erhabenheit« eingefordert, die mit den Idealformen Kubus, Kugel und Kreis operierte. Der Film greift diese Grundformen auf und macht sie bis ins Detail zu seinen Gestaltungsprinzipien. Das Pantheon, häufig Ort der Handlung, besteht aus diesen Grundformen. Selbst die Kuchen der stilvoll inszenierten Bankette sind aus Kugeln und Kuben geformt.

Und schließlich zieht auch Kracklite diese zur Beschreibung eines körperlichen Zustandes, nämlich seiner Magenschmerzen, heran: »It either feels like a short, sharp-cornered cube or a pyramid – I must have an old disease.«[18] Die Analogie von Körper und Architektur, die Kracklite in seiner Metapher anspricht, gilt ebenso für Boullée. Sein Entwurf für *Newtons Kenotaph* erhebt die Kugel zum Idealkörper, wobei auch die Parallele zwischen menschlichem und architektonischem Körper wieder angesprochen ist:

»Vom Wesen der Körper, ihrer Eigenschaften, ihrer Analogie zum menschlichen Organismus.
Auf der Suche danach, aus dem Wesen der Körper ihre Eigenschaften und ihre Analogien zum Organismus zu entdecken, begann ich meine Forschungen mit den Körpern von unbestimmter Form (corps bruts). (...) Gelangweilt vom stummen und sterilen Anblick, den mir die unregelmäßigen Körper boten, ging ich zur Untersuchung der regelmäßigen über. Als erstes erkannte ich in ihnen Regelmäßigkeit, Symmetrie und Vielfalt, und ich sah, daß dadurch ihre Form und Gestalt bestimmt würden. (...)
Ich verstehe unter Proportionen eines Körpers eine Wirkung, die aus der Regelmäßigkeit, der Symmetrie und der Vielfalt hervorgeht. Die Regelmäßigkeit begründet die Schönheit eines Gegenstandes, die Symmetrie seine Ordnung und den schönen Gesamteindruck, die Vielfalt gibt den Gegenständen die verschiedenen Flächen, durch die wir sie voneinander unterscheiden. Folglich wird aus der Vereinigung und der gegenseitigen Übereinstimmung all dieser Eigenschaften die harmonische Erscheinung der Körper geboren. Als Beispiel kann die Kugel als die Form angesehen werden, die alle Eigenschaften der Körper in sich vereinigt. (...)
Aus all diesen Beobachtungen geht hervor, daß die Kugel in jeder Hinsicht das Bild der Vollkommenheit bietet. (...) Hier haben wir also alle die einmaligen Vorzüge vor uns, die dieser Körper von Natur aus hat und die auf unsere Sinne eine unbegrenzte Macht ausüben.
Damit ist also bewiesen, daß Proportion und Harmonie der Körper aus der Natur hervorgehen und daß durch die Analogie, die sie zu unserem menschlichen Organismus haben, die Eigenschaften, die aus dem Wesen der Körper hervorgehen, Macht über unsere Sinne besitzen.«[19]

Anita Ekberg in ›La dolce vita‹,
Federico Fellini, 1959

sammen, die Geburt ihres Kindes hat begonnen. In diesem Moment erscheint die halbgeöffnete Kugel von einem blauen Licht ausgeleuchtet, die Kamera fährt zurück und gibt in der Totalen den Blick auf die Frau frei, die vor der Kugel ihr Kind gebiert, Boullées Motto, »Die Architektur soll der Natur zum Ausdruck verhelfen«, ironisch kommentierend. Danach fährt die Kamera nach oben und zeigt Kracklite, der sich aus dem Fenster stürzt.

Die Bilder des Films dramatisieren außerdem die Diskrepanz von architektonischer Idealform und krankhafter Körperlichkeit. Alle Räume des Films sind den monumentalen Architekturentwürfen nachempfunden: hohe Räume, lange Gänge, Kolonnaden und runde Türöffnungen, die den Blick auf weitere Gänge freigeben. Die geometrischen Einstellungen der Kamera transformieren die architektonische Idealform in filmische Perspektiven: »Wenn Sie so wollen, die Architekten, damit meine ich Sascha und mich, befinden sich hinter der Kamera. Alles ist mit einem architektonischen Blick betrachtet, die Fassaden, die Erhebungen, die formalen Entwürfe«, merkt Greenaway dazu an.[21]

Die Farben dagegen symbolisieren die anfällige Körperlichkeit seines Protagonisten: Die Bilder sind in den Fleischfarben des menschlichen Körpers ausgeleuchtet, die die ›Erhabenheit‹ der Architektur dementieren und ihr eine archaische Komponente verleihen.

Der Zusammenhang von Erotik und Architektur findet sich auf vielerlei Ebenen; Voraussetzung dafür ist, daß die jeweilige erotische Situation ambivalent bleibt, sich nicht auf eine Bedeutung, eine Form, eine Materialität oder einen bestimmten Zustand festschreiben läßt. In diesem Zusammenhang bilden Referenzen auf die totalitäre und faschistische Verwendung von Boullées Monumentalarchitekturen eine Warnung vor eindeutigen, widerspruchslosen Konzeptionen von Erotik.

Unter diesem Aspekt betrachtet wird offensichtlich, wie ambivalent der Film ist. Fast jede Situation liefert ihre eigene Negation: Selbst die Entdeckung Kracklites, der seine Frau beim Liebesspiel mit Caspasian beobachtet, verliert durch die nachfolgende Szene ihre Glaubwürdigkeit – ein kleiner Junge blickt durch dasselbe Schlüsselloch in denselben Raum und sieht lediglich ein Modell von Boullées Leuchtturm. Diese Szene kann durchaus als Kommentar zum Verhältnis von Erotik und Architektur begriffen werden: Kracklite beobachtet Caspasian und Louisa beim Liebesspiel, währenddessen sich Caspasian das Leuchtturmmodell Boullées als Phallussymbol vor seinen Penis hält. Diese Szene, die Kracklite durch das Schlüsselloch beobachtet, spricht für das Fehlen einer selbstbestimmten Körperlichkeit in Kracklites Seelenleben. Das architektonische Idealmaß Boullées definiert selbst seine erotischen Eifersuchtsphantasien.

Der Distanz von Körpern zu den dargestellten Formen von Erotik und Sinnlichkeit in Greenaways Filmen entspricht die Distanz der Bilder zu ihren Inhalten. Im *Kontrakt des Zeichners* stellt die Kadrierungshilfe die Distanz der Bilder her, im *Bauch des Architekten* sind es die Postkartenperspektiven auf Rom, die erstarrten Bilder römischer Ikonen wie Pantheon, Petersplatz oder Forum Romanum. Die ›Postkartenperspektiven‹ erfüllen neben dem filmästhetisch distanzierenden Effekt zusätzliche Funktionen: Sie verweisen auf die unendliche kulturelle Vielfalt und die historische Tradition der Stadt, sie zeigen die Fremdheit des amerikanischen Architekten in der europäischen Situation, die gleichzeitig auch die Fremdheit des englischen Filmemachers in der italienischen Filmtradition ist. Das durch letztere hochgradig erschöpfte Problem der Darstellung Roms[22] löst Greenaway durch seine ›postmoderne‹ Postkartenperspektive, die sich anscheinend nicht mehr um eine individuelle Sichtweise kümmert.

Federico Fellinis Film *La dolce vita* aus dem Jahr 1959 parallelisiert Formen von erotischen Begegnungen und Architektur. Die Erotik der ›schmuddeligen Hotelzimmer‹, die in vielen anderen Filmen ebenso ausgereizt ist, spielt sich in Marcellos Begegnung mit der reichen und in jeder Hinsicht gelangweilten Maddalena ab: Auf einer nächtlichen ziellosen Spazierfahrt durch Rom treffen sie auf eine Prostituierte, die sie nach Hause fahren. Hier zeigt der Film die Stadt Rom aus ihrer schäbigsten Perspektive: Es sind die heruntergekommenen, lieblos hochgezogenen Betonwohnblocks an den Rändern der Stadt, die nicht einmal mehr durch ein Straßennetz verbunden sind.

Ein dazu kontrastierender Aspekt von Erotik und Architektur ist in Marcellos Begegnungen mit der amerikanischen Filmdiva Sylvia ironisch präsentiert. Diese finden vor der Kulisse des antiken und touristischen Rom statt, in Kirchen, auf offenen Plätzen oder in Edelrestaurants zwischen Ruinen. Während einer Stadtführung besteigt Sylvia, verfolgt von einer Meute Paparazzi, den Turm des Petersdoms. Der Aufstieg durch das runde Treppenhaus wird zur symbolischen Verfolgungsjagd auf das Objekt der sexuellen Begierde.

Eine weitere Szene mit Sylvia gehört mit zu den bekanntesten Szenen der Filmgeschichte. Bei der nächtlichen Suche nach einem Zimmer treffen Marcello und Sylvia auf die vom Mondlicht beschienene Fontana di Trevi. Sylvia rafft ihr Abendkleid und steigt in den Brunnen, wirft den Kopf zurück, breitet die Arme aus und fordert Marcello auf, zu ihr zu kommen. Die Verschmelzung der Symbole Frau und Wasser stilisiert sie zum Symbol zeitloser, archaischer Sinnlichkeit. Allerdings läßt Fellini diese Deutung nicht stehen, macht sie als Projektion Marcellos kenntlich. In dem Moment, in dem er unter der Wasserkaskade die das Ewig-Weibliche symbolisierende Amerikanerin küssen will, wird der

Brunnen abgestellt. Das Wasser versiegt, der Tag bricht an, der Traum ist aus.
Anscheinend sind für den Film sehr häufig Großstädte die geheimnisvollen Orte erotischer Spannung und erotischer Spielarten, so auch New York. Die Kombination der Lichter des nächtlichen Manhattan, der überfüllten Straßen und der immer präsenten Prostitution bemüht wieder das seit Anfang der Filmgeschichte bestehende Klischee der sündigen Großstadt und der fragmentierten Großstadterfahrung, die Flüchtigkeit der sexuellen Begegnung und das nicht eingehaltene Versprechen der schreienden Neonreklamen.
Für diese Art filmischer Codierung von Erotik und Architektur wäre Martin Scorceses Film *Taxidriver* (1975) zu nennen, der hervorragend das Thema dekadenter Erotik im glitzernden Lichtermeer Manhattans verbildlicht.
Eine andere und individuellere Herangehensweise bieten in diesem Zusammenhang die Filme Woody Allens, die eine Art Hommage an New York, seine Architektur und seine Bewohner darstellen. Der Film *Manhattan* (1979) beginnt mit einer Liebeserklärung an New York: Es sind die ausgedehnten Kamerafahrten durch Hochhausschluchten, der ehrfürchtige Blick entlang endlos aufragender Fassaden und die liebevolle, ins Detail gehende Betrachtung von Jugendstil- und Art-déco-Ornamenten, die Manhattans Architektur sinnlich erfahrbar machen. Hier ersetzt die Erotik der Häuser die fehlende Sinnlichkeit der Menschen, die in und zwischen diesen Häusern leben, reden und ihre Liebesbeziehungen zerreden. Demzufolge versteht sich *Manhattan* als Analyse der Unfähigkeit seiner Bewohner zu erfüllten und gelebten erotischen Beziehungen – die Stadt ist erotisiert, nicht mehr ihre Bewohner.
Neben Manhattan ist im letzten Jahrzehnt auch die Stadt Tokio in unseren Blickwinkel filmischer Betrachtung gerückt. Der 1992 entstandene Film *Tokyo Decadence* von Ryu Murakami setzt die in *Manhattan* angesprochene Demontage menschlicher Erotik weiter fort. Im Gegensatz zu den Bewohnern Manhattans, die noch sympathische Egoisten und Romantiker waren, welche sich auf der Suche nach der idealen Liebesbeziehung befanden und dabei ständig scheiterten, kennt *Tokyo Decadence* diese Form der Beziehung nicht mehr.
Im Mittelpunkt des Films steht eine junge Prostituierte, die sich als Sado-Maso-Hure verdingt. Auf dem Weg zu ihren jeweiligen Kunden bewegt sich die junge, schöne Frau durch eine eiskalte Welt stählerner und gläserner High-Tech-Architektur, die hoch aufragend die Menschen als fremdartige Kriechlinge erscheinen läßt. In dieser körperfeindlichen Umwelt liegt es auf der Hand, daß ein Kunde versucht, die Hure zu ›entkörperlichen‹, indem er mit Haargel ihre Haare an den Kopf anstreicht, symbolisch versucht, sie zu entfernen. »Die Haare einer Frau sind ihr Leben selbst. Ich verstehe, warum es den Nazis gefiel, die Frauen als Strafe kahlzuscheren.«
Im Verlauf ihrer Begegnung verlangt er von ihr, sich vor dem Fenster des Hochhauses auszuziehen. In dieser Szene schwenkt die Kamera auf die Fassade des Highrise, fährt an ihr hoch und zeigt die junge Frau nackt und verloren im Fenster des Hotelhochhauses stehen, schwenkt nach innen und setzt die Frau vor einem Abgrund ins Bild, in dem sich die Lichter und Verkehrsadern der Stadt auftun. In dieser Architektur, welche die sie bewohnenden Menschen grausam vom eigenen Körper entfremdet, ist Erotik nur noch als käufliche, sadistische Variante möglich.
Die Stadt Tokio ist auch Thema des Dokumentarfilms *Sans Soleil* (1982) von Chris Marker. Der im gleichen Jahr wie *Blade Runner* entstandene Film greift die Erotisierungstendenzen der Konstruktion, wie sie in den Filmen der russischen Avantgarde vorangetrieben wurden, auf, führt diese aber in eine medialisierte Architektur über. In Markers Tokio sind die Körper der Menschen und die Stadtkörper zugunsten von Medien- und Zeichenfassaden aufgelöst. Selbst die Träume der Menschen spielen sich auf überdimensionalen Medienfassaden ab. Hier existiert, im Gegensatz zu *Blade Runner*, der auf der Kontinuität archaischer Verhaltensmuster besteht, kein menschlicher Körper mehr, der diese Verhaltensmuster ausagieren könnte. In *Sans Soleil* haben Bildmaschinen mythisch-archaische und erotische Funktionen übernommen. Zwar stellt *Sans Soleil* mit der Medialisierung der Stadt eine Rückkehr zum magischen Denken in Aussicht, der Körper und seine Erotik allerdings haben sich in der Flut der Medienbilder verloren.

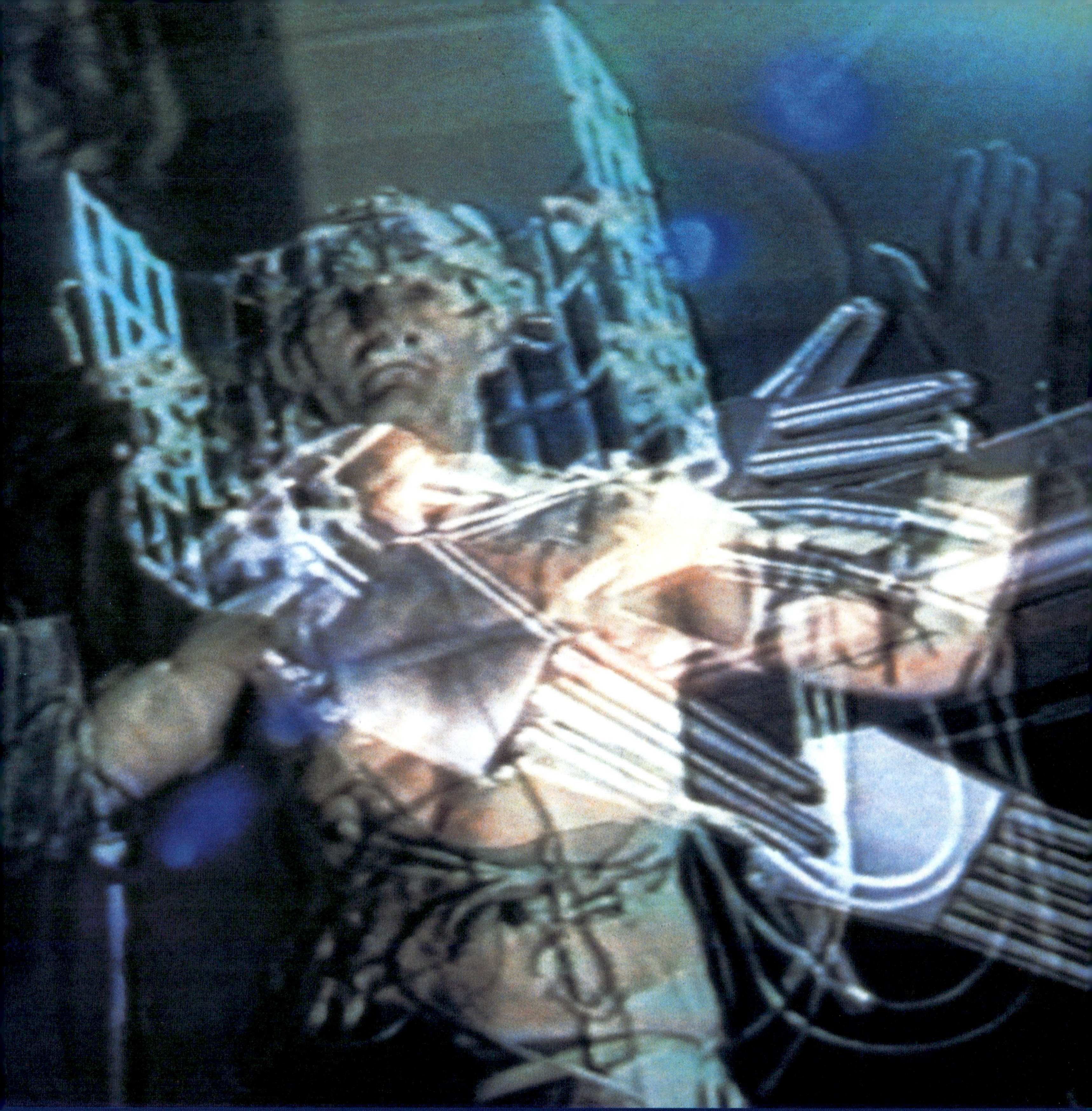

VON MEDIENGESTÜTZTEN RAUMKÖRPERN UND KÖRPERRÄUMEN ZU MEDIALISIERTEN KÖRPERN IN IMMATERIELLEN RÄUMEN: CYBERSEX

»Darin liegt die Schizophrenie unserer Lebensbedingungen: Telematische Systeme zur globalen Vernetzung virtueller Realitäten ermöglichen uns die gleichzeitige Präsenz hier und andernorts. Im Laufe der nächsten Jahre werden wir uns mehr und mehr daran gewöhnen, mit anderen und mit uns selbst als virtuelle Daseinsformen in virtuellen Räumen umzugehen.«[1]

Ray Ascott

»Mondo 2000: ›Was wird in dieser Welt der Zukunft mit den schönen Künsten geschehen?‹
Hans Moravec: ›Ich vermute, daß die Vielfalt dessen, was Menschen tun werden, größer sein wird als je zuvor, mit einer Tendenz zur Stammesbildung. Die Homogenisierungseffekte der Zivilisation werden verschwunden sein. Wir werden Sippen und Stämme erhalten, die sich in äußerst bizarre Richtungen entfalten werden, da sie keinem Zwang mehr ausgesetzt sein werden, ihren Lebensunterhalt zu verdienen. Die Leute werden einfach ihren Instinkten folgen. Im Grunde werden wir alle müßiggehen können.‹
Mondo 2000:›Und Sex?‹
Hans Moravec: ›Na ja, ich hab' das einfach so übergangen. Sicher. Warum nicht? Nur: Sex wird ganz harte Konkurrenz von Dingen wie virtuellen Realitäten bekommen. Die könnten viel besser sein, weil man dann mehr Parameter kontrollieren kann. Die Zwänge und Einengungen entfallen, die man mit einem tatsächlichen physischen Gegenstand hat, der wie eine menschliche Person geformt ist. In der virtuellen Realität kann man Formen simulieren, die einfach vielfältiger sind.‹«[2]

Hans Moravec

»Wie jede andere bedeutsame technische Entwicklung stellt uns auch das Phänomen Cyber vor ethische Probleme. Brainscanning, mind machines, hypermedia, synergetische Verhältnisse zwischen Mensch und Maschine, so sehr sie heute noch technische Utopien sein mögen, werden uns vor ethische Entscheidungen stellen. Was darf man können?«[3]

S. J. Schmidt

Alle drei hier zitierten Autoren sprechen das Moment Utopie an, von dem zumindest in der Architekturdebatte gern behauptet wird, es sei der kontemporären Architektur verloren gegangen. Im Gefolge neuer technologischer Entwicklungen und Horizonte jedoch hat utopisches Denken auch in der Architektur seit den sechziger Jahren in erheblichem Maße frischen Nährboden gefunden, aus dem heraus immerhin so revolutionierende, an die Grundfesten architektonischer Grammatik und Rhetorik rührende Konzeptionen wie die von ›intelligenten‹ Architekturen im allgemeinen und von Medienarchitektur im besonderen entstanden sind.[4] Zunehmende Computerisierung, Hybridisierung, ja Virtualisierung zahlreicher Lebens- und Arbeitsbereiche stellt auch die Architektur vor neue Herausforderungen.[5] Widerwillig muß die Zunft akzeptieren, daß nicht nur die Entwurfspraxis sich durch CAD-Programme, dreidimensionale Simulationen und Animationen radikal umstellt, sondern daß es tatsächlich etwas so scheinbar Widersinniges wie immaterielle Architekturen gibt. Cyberspace ist Architektur, besitzt Architektur, enthält Architektur,[6] und die Profession muß sich in ihren Aussagen darauf einstellen.
Diese Entwicklung, die Mitte der neunziger Jahre anfängt, deutlichere Konturen anzunehmen, läßt sich in ihren Anfängen an der Weltraumeuphorie, den ›affluent society‹-Utopien und der beginnenden Pop- und Medienkultur der sechziger Jahre festmachen. Peter Cook und Archigram realisieren in England als erste, daß die explodierende Szene der Pop- und Fernsehwelten inmitten weitreichender Technikbegeisterung architektonische Konsequenzen fordert, und sie integrieren deshalb mobile Elemente, Rohrgerüste, Zellstrukturen, pneumatische Gebäude, Bildwände (große elektronische Bildschirme gibt es noch nicht) in ihre Stadtentwürfe wie *Plug-in-City* oder *Instant City*.[7] Weniger poppig, aber im Grunde umstürzlerischer, philosophisch provozierender und durchdachter reagieren die sich Ende der sechziger Jahre formierenden Wiener Avantgardegruppen, insbesondere Haus-Rucker-Co und Coop Himmelblau, deren Wirkung auf die Architekturgeschichte inzwischen eine festumrissene Größe ist.
Unter dem Einfluß der Jugendkultur, der um Bewußtseinserweiterung kreisenden Drogendiskussion, der sich abzeichnenden Umwelt- und Stadtkatastrophen und vor allem auch der mit High-Tech-Romantik verbundenen Weltraumbegeisterung der späten sechziger Jahre finden diese Gruppen zu völlig ungewohnten Architekturkonzepten, innerhalb derer sich herkömmliche Vorstellungen vom Architekturkörper radikal wandeln und eine Symbiose mit der Körperarchitektur anstreben. Die Bezugsgrößen der euklidischen Geometrie werden über Bord geworfen. Statt dessen werden an Taucher- und Raumanzüge angelehnte Architekturgebilde propagiert ebenso wie pneumatische Strukturen, Kugeln, Ballons, amorphe Hüllen. Man kommt

Peter Cook und Archigram,
Instant City, 1968

Haus-Rucker-Co,
Mind-Expander I,
Rückseite, 1967

Linke Seite:
Stelarc,
Event for virtual arm

dazu, erstmals in einer außerordentlich metaphorischen Weise innere Organe wie Herz, Lunge, Fruchtblase als Architekturen zu entwerfen und in Modellen zu bauen. Von Anfang an wohnt solchen Experimenten auch eine hocherotische Dimension inne. Und es wird schnell evident, daß derartige Architekturen nur mit einem verhältnismäßig komplexen Grad an Medialisierung zu verwirklichen sein werden.[8] So hörte ein vielfach variiertes frühes Projekt der Gruppe Haus-Rucker-Co (1967) auf den Namen *Mind Expander*. Als Derivat von Taucher- und Raumanzügen wurde der *Mind Expander* als architektonische Haut und spezifische Körperarchitektur entworfen, die die psycho-physische Erlebniswelt des Menschen zu erweitern gestattete. Mann und Frau sollten mit Hilfe derartiger Architekturen neue Körpererfahrungen machen, ihre Körperinnenräume auf neue Weise erforschen und erleben sowie darüber auch intensivere zwischenmenschliche Beziehungen entwickeln. Im programmatischen Text der Gruppe heißt es:

»Mind Expander
Rote Punkte vor den Augen
Der Sessel hat einen Schalensitz für 2 Personen, einen Mann und eine Frau, darüber einen PVC-Ballon, der über die Köpfe der Sitzenden reicht. Sie helfen dem Mädchen beim Einsteigen. Dann kommen Sie. Das Mädchen sitzt etwas höher und seine Beine liegen über Ihrem rechten Oberschenkel. Sie kippen den Ballon herunter und stellen den Takter ein. Die Herztöne des Takters sind ruhig und gleichmäßig. Ihre Augen folgen den roten und blauen Linien des Ballons. Luft, die Sie atmen, strömt langsam durch Ihren Körper, Ihr Herz beginnt ruhiger zu schlagen. Das Mädchen neben Ihnen atmet wie Sie, langsam und sehr gleichmäßig. Sie haben vergessen, ob das Mädchen blonde oder braune Haare hat. Die Beine des Mädchens sind ohne Gewicht. Sie spüren nichts davon. Sie spüren nicht seine Haut, nicht seinen Arm, den es um Ihre Schultern gelegt hat. Es ist einfach da, ohne daß Sie daran denken. Ganz tief und fließend. Alles beginnt zu fließen. Das Mädchen ist in Ihrem Atem und Ihren Augen. Sie denken nur mehr an das Atmen. Sie haben das Gefühl, als würden Sie geatmet. Rosa Punkte kreisen vor Ihren Augen. Die Augen wandern im Rhythmus des Atems über rote und blaue Linien. Die Linien werden zum Takt, der Takt zum Atem. Der Kreis beginnt sich zu schließen. Sie sind glücklich darüber. Die Reise hat begonnen.«[9]

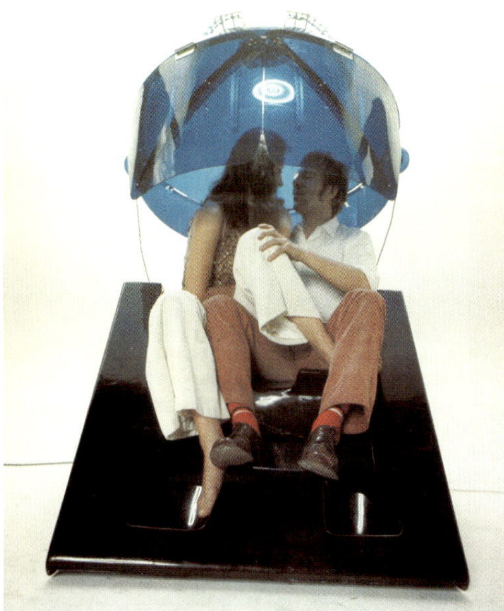

Haus-Rucker-Co,
Mind-Expander II,
1968/69

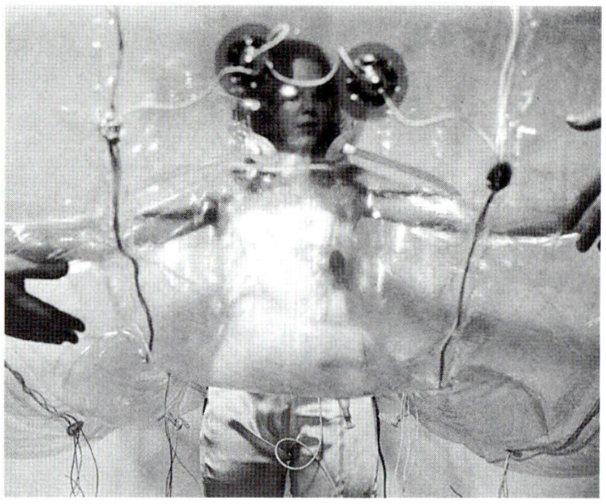

Coop Himmelblau,
Herzraum,
1969

Haus-Rucker-Co,
Banilla Future,
1971

Sieht man einmal von den lustvollen Bürgerschreckattitüden der jungen Wiener Architekten ab, so führt die beschriebene Art autogenen Trainings zu einem Gefühl der Entkörperlichung. Mit Hilfe dieses Architekturapparats werden Grenzen zwischen Architektur, Skulptur und technischem Objekt aufgehoben, werden die Übergänge zwischen künstlerischem, psychologischem, physiologischem und erotischem Experiment fließend.
Auch frühe architekturale Projekte von Coop Himmelblau zielen in die gleiche Richtung, legen jedoch von Anfang an stärkeren Nachdruck auf Medialisierungseffekte. Projekte wie *Stadt mit pulsierendem Raumtragwerk* (1966), *Städte, die pulsieren wie das Herz* (1967), *Herzraum* (1969), *Feedback Vibration City* (1971) betonen einerseits alle den Charakter von organischen Körperräumen, die, zu Raumkörpern umfunktioniert, den inneren Organen des Menschen nachgebildet sind. Andererseits unterstreichen sie die intensiven psychophysischen Wechselwirkungen zwischen Menschen in medialisierten Anzügen, die deutlich als Vorläufer der Cyberspace-Datenanzüge zu erkennen sind, und derartigen Architekturen.
Die Entwürfe für Raumkapseln dienen als Denkanstöße für weitere Haus-Rucker-Co-Experimente mit pneumatischen Strukturen, die, nach Art einer Fruchtblase ausgebildet, 1967 in Wien Furore machen. Abermals wird das erotische Moment besonders hervorgehoben:

»Ballon für Zwei
(...) Unsere Ballons helfen Ihnen, ein unbekanntes Gefühl von Ruhe, Geborgenheit, Entspannung zu entdecken. Und Liebe. Wir wollen Ihre Empfindsamkeit steigern. Sie machen eine Reise, gemeinsam mit jemandem, den Sie lieben. In den Inner Space. Wie Astronauten. Nur geht's nach Innen. Sie werden besser denken und besser lieben. Sie werden alles besser machen, weil Sie ruhiger sind und entspannter. Sie können den Ballon bei sich zu Hause aufstellen. Neben dem Blumentischchen oder drüben beim Fernsehapparat. Er ist nicht anspruchsvoll. Sie haben's schon dringend nötig!
Haus-Rucker-Co
The Love Protector.«[10]

Im Ballon, in der Fruchtblase, die zugleich aber auch Modell einer Raumkapsel ist, Behausung mit rudimentärster Möblierung, wird ironisch embryonale Kuschelseligkeit als Rezept gegen eine kalte, freudlose, feindliche Umwelt empfohlen.
Das bekannteste Projekt aus der Frühphase der Gruppe Haus-Rucker-Co in dieser Hinsicht wurde das *Gelbe Herz* (1967–68), das 1968 in einer aufsehenerregenden Aktion in der Baugrube des neuen Wiener Polizeipräsidiums am Schottenring installiert wurde. Das *Gelbe Herz* verbindet Ideen von Körperarchitektur, pneumatischer Struktur, die Metaphorik von Herz und Fruchtblase, lebenserhaltender Zelle, Liebesnest, High-Tech-Apparatur und Medienarchitektur. Als Ort der Entspannung und Meditation gedacht, verfügt es über einen eigenen Rhythmus, der neuartige haptische, optische und akustische Eindrücke vermitteln soll. Und schaut man genauer hin, so bemerkt man, daß die russische Raumstation *Mir* über die gleiche Grundform und Systematik der Raumaufteilung verfügt. Als gebautes Körperorgan symbolisiert ›Herz‹ in besonderem Maße Leben, Liebe, Energiekreislauf, Emotion und Technik.
Wenn Coop Himmelblau in den Jahren 1968 bis 72 ebenfalls sehr vielfältig mit körperarchitektonischen Vorstellungen und Stadtmodellen experimentiert, so mögen die Anknüpfungs-

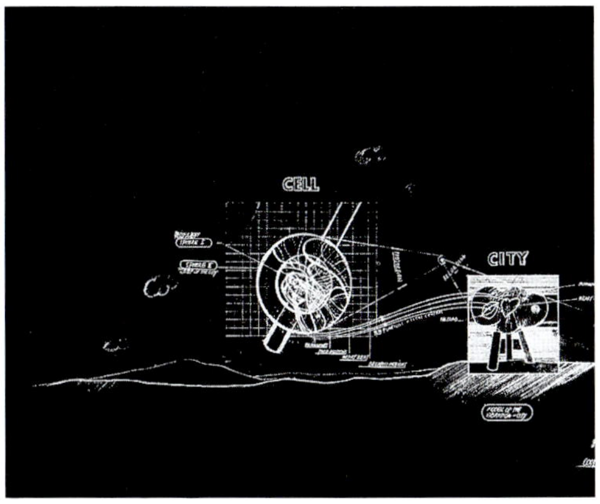

Coop Himmelblau,
Feedback Vibration City,
1971

punkte wie bei den Kollegen in der zeitgenössischen ästhetischen, politischen, technischen und umweltorientierten Architekturdebatte liegen, sind aber intellektuell hintergründiger und reflektierter. Sachverhalte, Befindlichkeiten werden erahnt, andiskutiert, die fast drei Jahrzehnte später Gegenstand expliziter Forschung in zahlreichen technischen und medizinischen Disziplinen geworden sind. Dazu gehören visuelle und haptische Experimente und solche mit Herzrhythmen, Elektroenzephalogrammen und Brainscannern, die allesamt als Vorläufer medialisierter Architekturen von Medienkultur, Cyberspace-Programmen und Netzwerken der Informationsgesellschaft einzustufen sind. Die Inversion der bekannten Metapher vom ›Herzen der Stadt‹ in Projekte wie *Städte, die pulsieren wie das Herz* (1967), *Herzraum* (1969), *Herzstadt* (1969) weisen bereits auf einen Grad an Abstraktion und Immaterialisierung von Architektur hin, wie er erst mit den sich andeutenden neuen Technologien der Jahrtausendwende näher exploriert werden kann:

»Unsere Architektur hat keinen physischen Grundriß,
sondern einen psychischen.
Es gibt keine Wände mehr.
Unsere Räume sind pulsierende Ballons.
Unser Herzschlag wird zum Raum,
unser Gesicht ist Hausfassade.« (1968)[11]

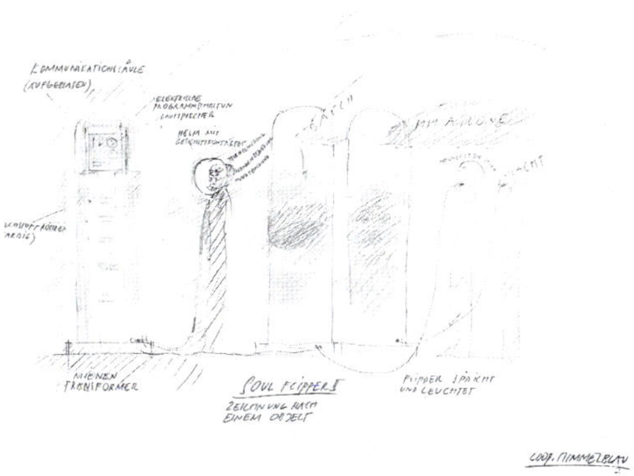

Coop Himmelblau,
Gesichtsraum,
Soul Flipper, 1969

Räume sollen also entgrenzt und immaterialisiert, akustische Phänomene verräumlicht und Körperfragmente als dynamische Bildwände konzipiert werden. Gewiß gehört jugendlich unverfrorener Mut dazu, von einem Entwurf wie *Feedback Vibration City* (1971) zu behaupten:

»Die Stadt verändert sich ständig mit den Herzschlägen,
Atemzügen, Alpha-Wellen und Bewegungen der Bewohner.
Sie ist die zu Ende gedachte Kommunikationsstadt.«[12]

Nichts ist da zu einem Ende gedacht, vieles aber angerissen, was Fragen der Verkehrs- und Stadtplanung in einer postindustriellen, hochmedialisierten Gesellschaft am Ende des 20. Jahrhunderts angeht.[13] Stärker als in den Entwürfen von Haus-Rucker-Co tauchen bei Coop Himmelblau bereits hybride Körper auf, die symbiotische Verbindungen mit Medienelementen eingehen. Dabei handelt es sich um Fernsehen, Radio, Sprechfunk, Scanner, Touchscreens, elektronische Steuerungselemente, ohne daß im einzelnen genau dargestellt würde, um welche Geräte oder Technologien, abgesehen vom Fernsehen, es geht, weil diese ja teilweise noch gar nicht erfunden sind, sondern hier erst erahnt werden. Mediengestützte Körperarchitekturen/Architekturkörper verweisen darauf, daß künftig menschliche Körper wie Gebäude ohne Medienausstattung – in Baudrillards und Weibels Terminologie »Prothesen« – nicht mehr existenz- und funktionsfähig sein werden. In ähnliche Richtung neigt z.B. David Cronenbergs Film *Videodream*, in dem der menschliche Körper zum Abspielgerät mutiert.
Die aufgewiesenen Wege führen in die Weltraumtechnologie, die Kunst, die Medizin und vor allem auch in die Medienarchitektur. Man braucht nur die Kommentare der Gruppe zu einigen ihrer Projekte aus den späten sechziger Jahren durchzulesen, um zu sehen, welche für die Zeit noch utopische, jedoch durchaus futuristisch-praktische Potenz in diesen Entwürfen steckt:

»Der weiße Anzug
Das kalte Medium Fernsehen wird heiß.
Die audiovisuelle Information,
die auf und in dem Projektionshelm erscheint,
wird durch Geruch bzw. haptische Information
der pneumatischen Weste unterstützt.« (1969)[14]

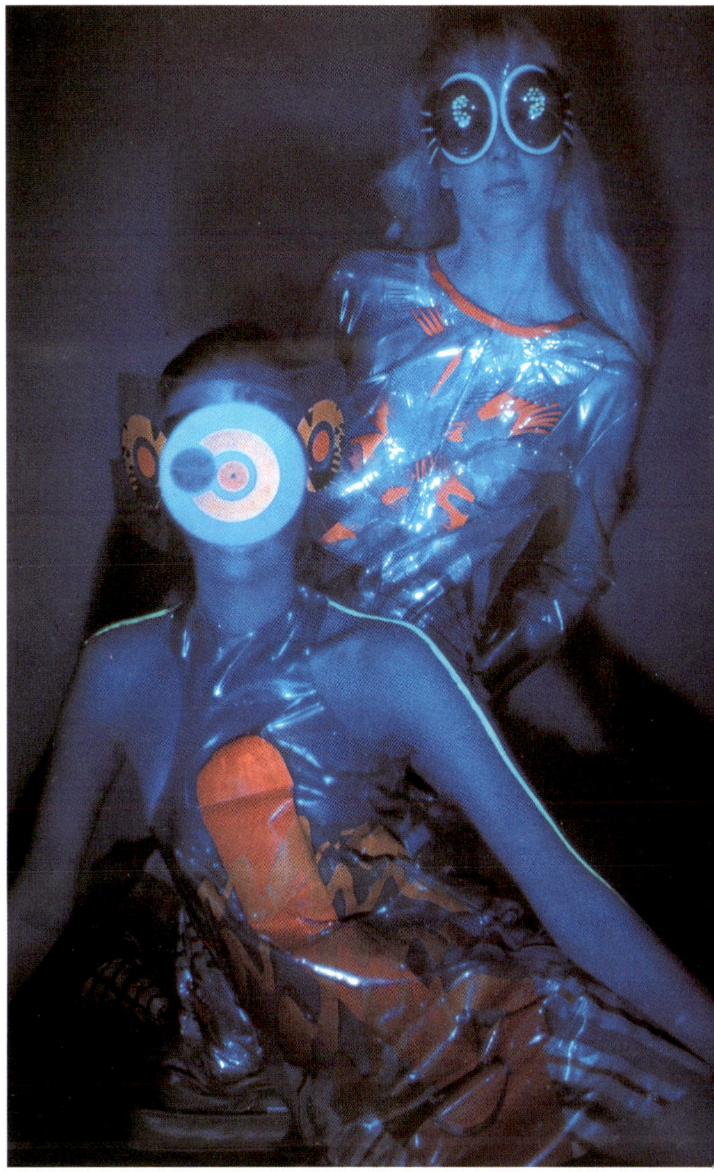

Haus-Rucker-Co,
Electric Skins und
Environment Transformer, 1968

Zum *Herzraum* (1969) heißt es:

»In der durchsichtigen Hülle – gleichsam der vergrößerte Brustkorb – ist der Herzschlag sicht- und hörbar in pulsierendes Licht übersetzt.«[15]

Und das Projekt *Gesichtsraum, Soul Flipper* (1969) wird folgendermaßen kommentiert:

»Die Mimik, die ja die Fassade des Gemütszustandes einer Person ist, wird in der Tonsäule ›objektiviert‹, d.h. Lächeln wird in fröhliche Farben übersetzt, bei einer traurigen Miene leuchtet die Säule blau. Entsprechend dazu ist das Tonprogramm.«[16]

Lichtkunst, elektronische Klangskulpturen, Medienkunst-Installationen haben in der Folgezeit sich solcher Gedanken angenommen und sie auf unterschiedlichste Weise realisiert. Man muß sich vor Augen halten, daß die Wiener Avantgardegruppen ebenso wie Archigram in den späten sechziger und siebziger Jahren der architektonischen Subkultur zuzurechnen sind. Und bis fermentierende Innovationen aus der Subkultur Richtungen des jeweiligen ›main-

Ken Sakamura,
TRON-Intelligent House Concept,
1989

Ken Sakamura,
TRON-Intelligent House Concept,
1989

Es verfügt über 400 untereinander vernetzte, computergesteuerte Subsysteme, die alle Aspekte der Gebäudeautomation abdecken. So werden die 85 Fenster unter Berücksichtigung von gewünschter Temperatur, von Windrichtung, Luftfeuchtigkeit, Sonnenintensität und Verschmutzungsgrad der Außenluft automatisch geöffnet und geschlossen, Heizung und Raumklima über ein Sensorennetz differenziert geregelt. Teile der Verglasung sind in ihrer Transparenz dem jeweiligen Wunsch nach Privatheit anpaßbar, können also auf Knopfdruck abgedunkelt oder undurchsichtig gemacht werden. Ein mit Beleuchtung gekoppeltes Musikprogramm sorgt für »ausgeglichene Stimmungslagen« der Bewohner. Die Küche ist mit Vakuum-Müllabsauger und Laserdisc-Rezeptregister ausgestattet. Ähnliches gilt in fast allen Punkten für Caes Dams niederländisches Projekthaus, das etwas weniger computerisiert vor allem auf elektronische Unterhaltung und Bequemlichkeit der Bewohner abgestimmt ist, wobei der computergesteuerte Herd 500 Kochrezepte gespeichert hat.

Besondere Aufmerksamkeit zog im Rahmen des Tokioter Projekts die Toilette auf sich. Neben berührungsloser Warmwasserspülung, Warmlufttrocknung und sensorgesteuerter Sitzheizung informiert sie ihren Benutzer laufend über Puls, Blutdruck, Eiweiß- und Zuckerwerte seines Urins auf einer computerlesbaren Codekarte und druckt auf Wunsch auch Diätempfehlungen aus.

Im Keller findet sich ein computergestütztes Containerlager für die Aufbewahrung von Kleidern und die Archivierung von Büchern, die in diesem Kontext etwas antiquiert anmuten. Die Gebäudeelektronik greift auch raumbildend ein. Ein Akustikgenerator ermöglicht die Simulation verschiedener Raumvolumina und Schallcharakteristika für Einzelbereiche des freien Erdgeschoßgrundrisses.[19]

Der Vergleich zeigt, daß zumindest die Richtung des realisierten Experiments der literarischen Phantasie folgt. Daß eine unmittelbare Umsetzung in weite Bereiche der Haus- und Wohntechnik bevorstünde, ist nicht zu befürchten, eher ein schrittweises Einführen einzelner Komponenten.

Zu diesem Schluß kam auch die Fachtagung ›Das Intelligente Haus‹, die im Juli 1995 in Bonn stattfand und gemeinsam vom Bundesministerium für Bildung, Wissenschaft, Forschung und Technologie (BMBF) sowie dem Fraunhofer-Institut für Systemtechnik und Innovationsforschung (FhG-ISI) Karlsruhe ausgerichtet wurde. Es liege vor allem an der Industrie, so wurde dort argumentiert, wann die Vision vom intelligenten Haus realisiert werde. Der potentielle Markt, der sich daran knüpfe, lasse sich aus heutiger Sicht nicht einmal grob abschätzen. Reinhard Seyer von der Daimler-Benz AG stellte auf dieser Tagung das intelligente Haus als netzwerkstrukturiertes Automationssystem vor. Zum Schluß des Symposiums entwarf die Psychologin Carmen Lakaschus eine Vision zukünftigen Wohnens. Nach ihrer Vorstellung sollte das wirklich intelligente Haus in all seinen Funktionen durch die Stimme seiner Bewohner steuerbar sein, und damit schließt sich der Kreis zurück zu William Gibson.

Computer- und Sensorsteuerungen haben in Fabriken, Büro- und Wohnhochhäusern im Verlauf der achtziger Jahre immer weitere Bereiche der Haustechnik übernommen. Sie haben durch PCs und Medienvernetzung an fast jedem Arbeitsplatz allmählich auch Bürolandschaften gründlich umgestaltet, doch die eigentliche Revolution hat hier erst im Verlauf der neunziger Jahre voll eingesetzt. Sie ist dabei, die Sozialbeziehungen umzugestalten und in ihrem Gefolge, ihnen zugehörig, auch die menschliche Erotik in ihrem Verhältnis zu Architektur und Raum.

So erlebt gegenwärtig z. B. das Büro als eine der typischsten Arbeitswelten des 20. Jahrhunderts – und für postindustrielle Gesellschaften gilt dies noch stärker als für Industriegesellschaften – einen tiefgreifenden sozialen, ökonomischen, aber auch architektonisch gestalteten Wandel.[20]

Gaetano Pesce, Werbeagentur Chiat/Day,
Lobby, New York

Gaetano Pesce,
Werbeagentur Chiat/Day,
New York

Zukunftstechnologien, Zukunftsindustrien, neue kommunikative Prozesse richten ihr Augenmerk in besonderer Weise auf die Arbeitswelt Büro. Das Büro vermag als Ort ubiquitär zu werden, kann überall stattfinden und in vielen Fällen in die Wohnung der Arbeitskräfte verlagert werden. Dort, wo es weiterhin in speziellen Bürogebäuden angesiedelt ist, wird es sich weitgehend medialisieren, multifunktionalisieren und nicht mehr jedem auf Dauer seinen festen Arbeitsplatz bieten. Damit geraten tradierte Ordnungssysteme ins Wanken, verändern sich zugunsten prozessualer Experimentierfelder. Dies führt im Verein mit Kostenzwängen und Rentabilitätsüberprüfungen z.B. zum Wegfall von Hierarchieebenen, zu ›Lean Management‹ und ›Downsizing‹ ganzer Verwaltungskomplexe, wie es vor allem große Konzerne in den frühen neunziger Jahren weltweit vorgeführt haben.

Zunehmend stellt sich heraus, daß Tausende von Büroarbeitsplätzen an die Peripherie der Städte oder in die Wohnungen der Arbeitnehmer verlagert werden, daß Bürofluchten in Wohnflächen oder für gemischte Nutzung umgewidmet werden. Die rapid sich einbürgernden Datenautobahnen und die auf sie verlagerten Kommunikationsformen werden in absehbarer Zeit zu radikaler Verringerung der Flächen für Firmenbüros führen. Die verbleibenden Büroflächen werden offener, anregender, kommunikativer werden müssen. Philip Johnson, selbst im hohen Alter noch mit untrüglicher Witterung für kommende Trends begabt, diagnostizierte Anfang 1996 in einem Fernsehinterview den Wolkenkratzer als einen zum Aussterben verurteilten Dinosaurier:

»Das Bürogebäude muß künftig eine Fülle von Informationen und Ideen bieten. Jedes Zimmer, jede Wand, jede Sitzungsecke muß die Kreativität fördern.«[21]

Das bedeutet, daß zumindest ein Teil der verbleibenden Büroräume und -flächen, insbesondere jener für kreative, visuell und kommunikativ orientierte Berufe, auch erheblich sinnlicher werden sollte, als dies in der Regel derzeit noch der Fall ist. Für die überwiegende Mehrzahl der Büroflächen gilt jedoch das genaue Gegenteil: Sie werden sich entpersönlichen und immaterialisieren. Die in den neunziger Jahren in den USA mit Vehemenz betriebene Entwicklung, jegliche Erotik am Arbeitsplatz zu unterbinden, zu tabuieren, ja mit empfindlichen Strafen zu belegen, spielt unter dem Deckmantel von Emanzipation, Frauenschutz, Verhinderung sexueller Belästigung dieser Entwicklung in die Hände. Mittlerweile wird sogar darauf geachtet, daß Männer und Frauen einen Körperabstand von etwa einem Meter halten, männliche und weibliche Angehörige derselben Firma dürfen nicht mehr zusammen im Flugzeug reisen, ganz zu schweigen von Körperkontakten, die von Blicken bis zur körperlichen Berührung reichen. Traditionell und in vielen Kulturen ist aber gerade der Arbeitsplatz ein bevorzugter Ort des Sich-Kennenlernens, der Kontaktaufnahme unter den Geschlechtern und der Partnerwahl, ohne daß dies gleichbedeutend mit dem Vollzug sexueller Praktiken sein muß. Wo sonst kann man persönliche Qualitäten besser kennenlernen als am Arbeitsplatz? Wie soll noch Teamgeist zustande kommen, wo schon jeder anerkennende, flirtende Blick unter das Verdikt von Sittenaposteln fällt?

Die amerikanische, mittlerweile auch in vielen europäischen Ländern zu beobachtende Entwicklung zur Enterotisierung menschlicher Beziehungen am Arbeitsplatz wird im Endeffekt eher zu solipsistischen, vereinsamten, zu sozialen Kontakten weitgehend unfähigen Menschen führen als zu selbstbestimmten, selbstbewußten, ihre Individualität wie die Gemeinschaft genießenden Persönlichkeiten, wie dies von den Protagonisten solcher Entwicklungen meist idealistisch gefordert wird. Architektonische Tendenzen, die dem parallel laufen, müssen von einer ›Architektur für die Sinne‹, welche einem stärker ganzheitlich ausgerichteten Menschenbild das Wort redet, abgelehnt werden. Sehr viele Angehörige von typischen Büroberufen werden sich im 21. Jahrhundert aber von zu Hause aus mit ihren Arbeitskollegen in aller Welt vernetzen können. Viele neue Firmen werden ganz auf diesem Prinzip aufbauen. Netzwerke fördern Telearbeitsplätze, die Ort und Zeit der Arbeit variabel gestalten lassen. Sie werden jedoch mehr Arbeitsplätze vernichten als neue schaffen. Die elektronisch-digitale Revolution ist längst dabei, das sozialpartnerschaftliche Tarifsystem, wie es sich in Deutschland und anderen europäischen Staaten nach dem Zweiten Weltkrieg ausgebildet hat, herauszufordern und zu unterminieren. Arbeitsplätze mit genau definierten Aufgaben, klaren Kom-

Rem Koolhaas, Zentrum für Kunst und Medientechnologie,
Karlsruhe, Entwurf, 1988/89

Coop Himmelblau, Campus de Jussieu,
Paris, Entwurf, 1992

petenzen und festen Verträgen werden immer seltener werden.
Wie werden sich Erotik und Partnerwahl in einer Gesellschaft gestalten, in der die Feststellung der amerikanischen Virtual-Reality-Forscherin Allucquère R. Stone, sie verbringe mehr Zeit mit ihrem Computer als mit irgendeinem ihrer Freunde, eher zur Regel als zur Ausnahme geworden ist?[22] Von daher werden Formen virtueller Sexualität, wenn schon nicht Cybersex im umfassenderen Sinne, in absehbarer Zeit alltäglich werden.

Es wäre schlichtweg falsch zu behaupten, alle Architektur folge dem Prinzip der Entmaterialisierung, Entkörperlichung und Virilios Thesen vom »Verschwinden der Wirklichkeit«. Eine Notwendigkeit hierzu besteht nicht einmal im Bereich der ›Medienarchitektur‹ im engeren Sinne.[23] Da lassen sich scheinbar gegenläufige Tendenzen vereinen, wie das Œuvre von Rem Koolhaas zeigt. In seinen Entwürfen für die *Bibliothèque de France* und das Karlsruher *Zentrum für Kunst und Medientechnologie* (*ZKM*, 1988/89) sowie den *Campus de Jussieu* (1992) in Paris werden einerseits Hierarchieebenen der Geschosse und Treppen zugunsten großer Atrien, variabler Grün- und Kommunikationsräume abgeschafft, andererseits werden spezielle Hausteile und -komponenten, z.B. ganze Spezialbibliotheken, als abstrahierte Organe in den freien Raum gehängt und erinnern so an die frühen Haus-Rucker-Co- und Coop-Himmelblau-Projekte.[24] Bauteile werden über Medien, Rolltreppen und Lifte miteinander verbunden, Bildschirmwände und Medienfassaden übernehmen Elemente traditioneller architektonischer Rhetorik, z.B. von Fenstern und Wänden, gestalten diese variabel und dynamisch. Eine äußerlich auf Kuben und Container reduzierte Architektur wird in ihrem Inneren und auf ihren Fassaden mannigfach gestalt- und bespielbar. Allerdings sind die drei erwähnten Koolhaas-Entwürfe an Kostensteigerungen und Ängsten der prospektiven Bauherren gescheitert, was beweist, wie sehr solches Denken dem allgemeinen Bewußtsein noch voraus ist.
Der scheinbare Widerspruch zwischen einer Architektur von langweiligen Kuben und einer von traditionell plastisch durchgeformten Fassaden löst sich auf, sobald man das Denken in starren Alternativen zugunsten variabler Optionen verläßt, zu denen ja auch Hybridformen aller Art gehören. Dann stimmt plötzlich auch der Satz nur noch eingeschränkt, daß der elektronische Körper der für immer reproduzierbare, perfekte Körper ohne Organe sei,[25] denn Cybersex z.B. ist ja gerade der Versuch, den immateriellen und wie auch immer veränderten Satelliten eines realen, materiellen Körpers mit individuell steuerbaren organischen und multisensorischen Empfindungen auszustatten. So könnte die Wiederkehr der Körper im Datenraum stattfinden – Cyberspace als Rekorporalisierung des Abstraktions- und Entkörperlichungsprozesses, mit einer Fülle denkbarer Konsequenzen für Medizin, Erotik und Architektur.

Jean Nouvel,
Fondation Cartier, Paris, 1991–94

Jean Nouvel, Mediapark,
Wettbewerb Block 1,
Köln, 1991

Jean Nouvel, Galeries Lafayette, Berlin, 1992–96

Die moderne Medientheorie hat bislang mit Ausnahme Paul Virilios, der bekanntlich selbst Architekt ist, kaum Notiz von der Architektur genommen. Die Architektur hingegen wird in Zukunft auf medientheoretische Ansätze nicht mehr verzichten können. Diese jedoch sind weitgehend durch geringen oder völlig fehlenden Praxisbezug gekennzeichnet und arbeiten sich statt dessen am Unbehagen über echte oder vorgebliche Tendenzen gesamtgesellschaftlicher Entwicklung ab. Am Beispiel Jean Nouvels und Paul Virilios lassen sich exemplarisch kreative Wechselwirkungen zwischen Theorie und Praxis aufzeigen. Nouvel folgt jenem theoretischen Ansatz, der durchaus der Praxis gegenwärtiger Medienentwicklung entspricht, dem Trend zur Entmaterialisierung bis hin zur Immaterialität und zum »Verschwinden der Wirklichkeit«, wie Virilio das nennt. Aber während der Theoretiker aus seiner Analyse Endzeitstimmung herausfiltert, macht der Praktiker daraus künstlerisch experimentierende, funktionelle Architektur.

Nouvel hält nicht viel von ausgefeilter Städteplanung, da sie von der prozessualen Realität ständig überholt werde.[26] Die zeitgenössische Stadt erfinde sich mit berstender Vitalität gegen die Architekten ständig selbst. Die traditionelle visuelle Stadtgrammatik von Toren, Achsen, Zentren sei außer Kraft gesetzt, sei unter dem Ansturm chaotischer Wirklichkeit obsolet geworden. Nouvel, der Filmenthusiast, akzeptiert deshalb stets örtliche Gegebenheiten und spricht von der Narrativik der Stadt wie auch von derjenigen einzelner Gebäude als einer parafilmischen mit videographischen Effekten, wobei er sich selbst als Szenograph versteht. Dies jedoch nicht im Sinne des Bühnenbildners auf dem Theater, sondern dem des Films, der mittels Montage und Perspektivenvielfalt beim Primat des Bildes unter Zuhilfenahme von Filtern, Rastern und Schleiern ein raffiniertes Spiel kultureller Konnotationen und Traditionen zu inszenieren vermag.

Im Einklang mit den skizzierten Tendenzen der Medientheorie sagt Nouvel: »Le futur de l'architecture n'est pas architectural.«[27] Er kann sich dabei zusätzlich auf eine Fülle von Befunden stützen, u. a. auf die Kostenstruktur moderner Bürobauten, bei deren Ausbau die Anteile genuin architektonischer Kosten immer weiter zugunsten technisch-medialer Ausstattung fallen und sich mittlerweile bei nur noch ca. 30% bewegen. Nouvel spricht statt dessen von der Allgegenwart medialisierter Szenerien, von Texturen, hybriden Oberflächen, Überlagerungen, Schichtungen, Passagen, Bildschirmen, der Hyperrealität eines scannerhaften Blicks. Eine Bilddramaturgie der Schnitte, Einblicke, Durchblicke, Ausblicke, die wiederum durch Schirme verdeckt, gefiltert, partiell verborgen würden, führe das Regiment. Hier kommen Prinzipien der Erotik ins Spiel, und wenn man fragt, was

Orlan vor ihrer Installation Omnipresence (Entre-Deux), 1993/94

aus den menschlichen Körpern in Nouvels architektonischen Inszenierungen wird, so erhält man darauf nirgends in seinen Entwurfskommentaren eine Antwort. Sie müssen sich offensichtlich selbst, und zwar scherenschnittartig-filmisch, inszenieren. Bei so viel Transparenz, wie etwa im Pariser *Cartier-Gebäude*, hat es die Erotik schwer, kann sich nur noch in Licht- und Schattenspielen zweidimensional in Szene setzen.

Nouvel besitzt die aus künstlerischer Sensibilität und Überzeugungskraft herrührende Unverfrorenheit, in die Architektur wieder einzuführen, wogegen die Kritik zwanzig Jahre lang angeschrieben hatte, die ›Kiste‹, in Robert Venturis Terminologie »the decorated shed«. Diesmal ist es allerdings eine, wenn immer es geht, medialisierte High-Tech-Kiste, mit wenigstens einer großen Bildschirmseite theatralisiert. Seine Kisten sind multifunktional, sind mit immateriellen Farb- und Lichteffekten spielende Ereigniskisten mit vorgeblendeten Raster- und Medienfassaden. Deren Tendenz geht zur immer dünneren Wand und Membran. Die allerdings nimmt, mit zahlreichen Sensoren bestückt, vielfältige Steuerungsfunktionen wahr und schmückt sich obendrein mit medialen Bildern, mit beweglichen Bild-Text-Oberflächen. An die Stelle der herkömmlichen Fassade tritt dabei die auswechselbare, raffiniert geschichtete und gerasterte Bildfassade, teils elektronisches High-Tech, teils ironisch-kontradiktorisch und bewußt altmodisch als bedrucktes Glas oder sogar als bemalte Segeltuchfassade. Als Material der Architektur nimmt bei Nouvel das Bild die Rolle tradierter Konventionen und Fassadensymbole wahr. Die Fassade, jene Grenze zwischen Innen und Außen, wird zur Haut, verdichtet die Oberfläche, gerät dabei zur Schnittstelle, zum Interface zwischen Sendern und Empfängern, zwischen Sensoren, die vielfältiges Außen wahrnehmen und in die Steuerung von Funktionsabläufen auf der Fassade und im Innern der Gebäude umsetzen. Die Grenze zwischen Innen und Außen wird überwunden, der Eingang ist z. B. nur noch durch Lichtvorhänge angedeutet, oder der Besucher gelangt gleich über Rolltreppen und unterirdische Verkehrsanbindungen in das Innere der Gebäude. Raum wird dabei nach Nouvels eigenen Worten konsequent zum zweitrangigen Parameter. Für Virilio aber ist solches gleichbedeutend mit der Apokalypse und dem Untergang der herkömmlichen Architektur. So sagte er in einem Interview mit Andreas Ruby:

»(...) für mich verliert die Architektur gerade das, was sie ausmacht. Sie verliert alle ihre Bestandteile, Stück für Stück (...) Alles, was die Architektur einmal wesenhaft ausmachte, wird immer mehr von anderen, bislang baufremden Technologien übernommen. (...) Der Mensch des Bildes wird wichtiger als der Mensch der Konstruktion. Noch eine Entmaterialisierung: Architektur droht komplett ins Design abzudriften.«[28]

Für Virilio zieht der Untergang des Raumes konsequent den Untergang des menschlichen Körpers, einschließlich der menschlichen Erotik, wie wir sie kennen, nach sich. Und wie bei anhaltender französischer Fortschrittsgläubigkeit und Vorherrschaft der Apparatemedizin verständlich, leitet er daraus nicht nur seine Attacken gegen die neuen Medien, sondern auch gegen die moderne Schulmedizin ab:

»Der Verlust, oder genauer gesagt: der Untergang des realen Raums jeder (physischen oder geophysischen) Ausdehnung zugunsten ausschließlich der Abwesenheit eines zeitlichen Intervalls der Teletechnologien der Echtzeit führt unweigerlich dazu, daß sowohl die Technik als auch die Mikromaschinen in das Innere der Organe von Lebewesen eindringen.«[29]

Wie ein religiöser Eiferer entwirft Virilio in Publikationen der neunziger Jahre ein dramatisches Szenario von mit chemischen Aufputschmitteln ebenso vollgepumpten wie mit mechanischen und elektronischen Prothesen übergerüsteten und mit biotechnologischen Mikromaschinen invadierten menschlichen Körpern, das im Einzelfall bar jeden Realitäts- und Praxisbezuges ist. Und den Masochisten, der sich lustvoll Glied um Glied, Organ um Organ durch Prothesen ersetzen ließe, hat die Welt und die Medizin noch nicht erlebt. Eine Ausnahme stellt vielleicht die Künstlerin Orlan dar, die sich ›live‹, unter steter Medienpräsenz, ihr Gesicht immer wieder umoperieren läßt, um ihre Oberflächenidentität zu wechseln und um ihren Körper als stets neues Kunstwerk zu präsentieren. Doch ihren inneren Identitätskern haben all diese Operationen anscheinend nie berührt. Folglich handelt es sich bei Virilio um ein bewußt inszeniertes wissenschaftsfiktionales Menetekel, wenn er beispielsweise den Australier Stelarc als Paradebeispiel eines technikverfallenen Bewegungskünstlers – statt Tänzers – vorführt, von dem er sagt:

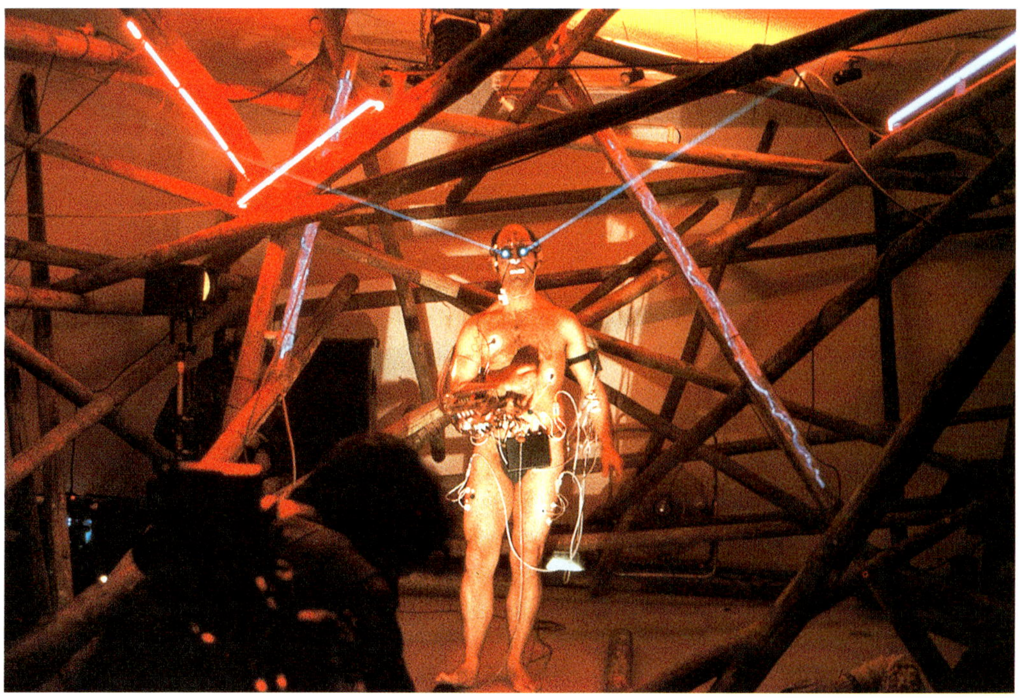

Stelarc, Amplified body, laser eyes and third hand

»Unser mit Elektroden und Antennen gespickter und mit zwei Laser-Augen ausgestatteter freiwilliger Mutant geht mit seiner Analogie zur Rhetorik des Teleoperators (einer Robotik, bei der sich der Mensch im Inneren des Androiden befindet) zwar sehr weit, allerdings vollzieht er eine drastische Konversion, denn seine Hoffnung geht in die genau umgekehrte Richtung. ›Heute‹, sagt er [Stelarc], ›klebt uns die Technologie auf der Haut, sie wird zu einem Bestandteil unseres Körpers‹ – angefangen bei der Uhr bis zum künstlichen Herz. Das bedeutet für mich das Ende der darwinistischen Vorstellung von Evolution, verstanden als eine organische Entwicklung anhand der natürlichen Selektion über Millionen von Jahren hinweg. Von nun an ist der Mensch dank der Nanotechnologie dazu in der Lage, die Technologie in sich aufzunehmen.«[30]

Cyberspace und Cybersex

Der Raum ist untergegangen, die Körper sind verstümmelt und vernichtet, bleibt für Virilio folgerichtig nur noch der virtuelle Raum, womit wir beim Cyberspace und in unserem Kontext beim Cybersex angekommen wären.
Nach Donna Haraways Einschätzung[31] befinden wir uns mitten in einem Entwicklungsprozeß in Richtung einer Gesellschaft hybrider Maschinen und Organismen, was ja auch mit Virilios Thesen übereinstimmt. So hat denn die auch noch so entfernte Aussicht auf einen ›Cyborgasmus‹ in den letzten Jahren ungeahnte kreative Phantasien freigesetzt. Über kaum ein Phänomen, über das vergleichbar dürftige Informationen und Befunde vorliegen, ist im Verlauf der neunziger Jahre ähnlich viel und ähnlich engagiert spekuliert worden, wie über Cyberspace und Cybersex. Weitreichende wissenschaftliche, ästhetische, ethische, gesellschaftspolitische Überlegungen sind an diese Spekulationen geknüpft worden, obwohl völlig ungewiß ist, ob sie sich jemals erfüllen werden.
Die Verknüpfung zwischen Architektur und Erotik ist hier bereits in der Begriffsbildung angelegt. Aber man muß sich im klaren sein, daß es sich dabei um virtuelle Räume, Welten, Kommunikationsformen handelt. Angesichts großer internationaler Kongresse, Forschungen und Publikationen zum Thema ›Telepolis‹ wird die Diskussion virtueller Architekturen einschließlich der durch sie bedingten menschlichen Verhaltensweisen stetig dringender, nicht nur für die Architekturtheorie, sondern auch für praktizierende Architekten.[32]
Die Begrifflichkeit ist nach wie vor schwammig. Vorwiegend aus kommerziellen Gründen neigen amerikanische Interpreten, Forscher, Kommentatoren mitunter dazu, den Begriff Cyberspace so weit auszudehnen, daß er nahezu den gesamten Bereich der Telekommunikation umfaßt. Doch dann gehen seine spezifischen ›kicks‹ verloren. Das für die Spekulation so Verlockende an Cyberspace und Cybersex ist doch die Aussicht, mittels einer kreativen Maschine und spezieller Software in eine dreidimensional simulierte, virtuelle Welt körperlich – mit einem manipulierbaren Stellvertreter des eigenen Körpers – eintauchen zu können und dort mit einem grenzüberschreitenden Erlebnispotential ungestraft ausprobieren zu dürfen, was einem in der eigenen, beschränkten Realität verwehrt bleibt.
Computer mit hoher Rechenleistung und entsprechender Software sind Wirklichkeitsmaschinen, die laut Steinmüller, noch ehe sie technisch realisiert sind, wahre Wunscherfüllungsmaschinen geworden sind.[33]
Alte Menschheitsträume und -wünsche werden da mit Vehemenz wach: die nach Ubiquität, nach unbegrenzter sexueller Potenz, nach Grenzüberschreitungen des eigenen Geschlechts, des Alters, des Aussehens, der Lust- und Schmerzerfahrungen, letztlich nach Unsterblichkeit. Der Körper wird zum Experimentierfeld der Neugier, des Begehrens, wird zur Sehnsuchtsmetapher intensiver Empfindungen.
Die Hoffnung lenkt sich darauf, daß die Maschine schon richten werde, wozu der Körper in seiner gesellschaftlichen Realität nicht (mehr) in der Lage sei: sauber, sicher, mental komplikationslos, im Zeitalter von Aids die gefahrlose Alternative zu Risiken, die sonst Gesundheit und Leben kosten könnten. Romantik wird wach und mischt sich mit der Aussicht auf Lust und Business.
Es fällt auf, daß europäische Cyberspace- und Virtual-Reality-Forscher in der Regel die technischen, ästhetischen, ethischen Implikationen bedenken, während Amerikaner immer sofort auch die ökonomische Dimension im Blickfeld haben, daß hier nämlich u.U. ›big business‹ zu machen sei. So bietet sich in dem einzigen amerikanischen Buch, das bisher exklusiv über Cybersex publiziert wurde,[34] eine bunte Mischung von durch knappe Kommentare kaum verhülltem Werbekatalog für ›bulletin boards‹, ›online chat lines‹ (Telefonsex), ›floppy disks‹ und interaktive CD-ROM's[35] sowie Zukunftsverheißungen auf

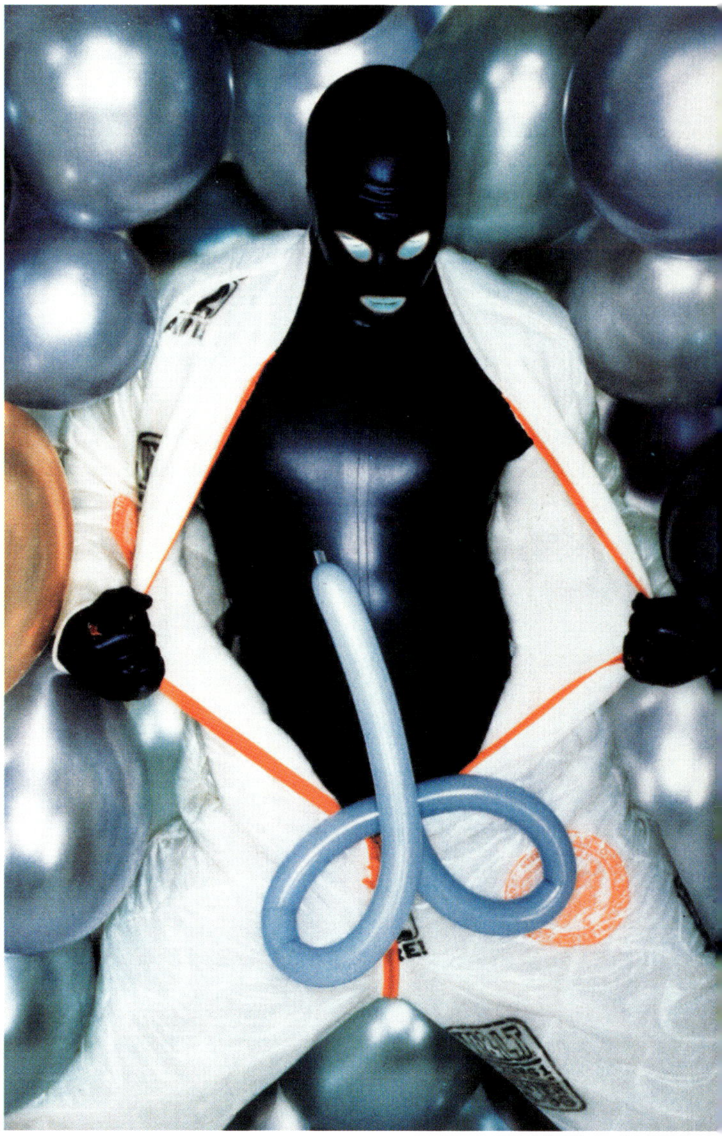

Datasuit in der Zeitschrift ›Max‹

»die äußerste Cybersex-Erfahrung via virtuelle Realität (...) die Erfahrung simulierter Sexualität (...) Die Verbindung des ältesten und machtvollsten menschlichen Antriebs mit der intelligentesten und machtvollsten neuen Technologie stellt ein Unterfangen dar, das schon bald die sexuellen Beziehungen der Menschen unwiderruflich umdefinieren könnte.«[36]

Das wird mit Verkaufsoptimismus und ähnlich distanzloser Naivität vorgetragen, mit der amerikanische Spitzenpolitiker wirtschaftliche Interessen pushen, wenn es um die Öffnung internationaler Märkte für Data-Highway-Systeme geht, und ist dennoch mit seriöser Information durchsetzt. Letztlich wird der Leser nicht im unklaren darüber gelassen, daß nahezu alles, was auf diesem Markt bislang vorhanden ist, erstens geschmacklos und von minderwertiger Qualität ist und zweitens mit wirklichem Cybersex noch gar nichts zu tun hat. »There's only one kind of virtual sex so far. To use it, close your eyes and fantasize.«[37] Es ginge also auch ganz ohne Geld. Aber was ist das gegen die schon fast religiös-glückbringende Verheißung:

»Stell dir nur vor, daß du dich schon in naher Zukunft in deinen Cybersex-Anzug werfen wirst, bereit für eine heiße Nacht. Draußen in den Netzen stöpselst du dich in dein kybernetisches Interface ein, und das macht es dann möglich, daß du realistisch taktile Empfindungen empfangen und aussenden kannst. Plötzlich bist du in einer fremden neuen Welt, in der du auf wunderbare Weise deine Hände durch virtuelles Haar streichen lassen kannst, wo du virtuelle Seide (...), virtuelle Kleidung berühren kannst, und wo es dir möglich sein wird, virtuelles Fleisch zu liebkosen.«[38]

Das ist, wenn man es bei Lichte besieht, viel näher an der möglichen Realisierung als die Spekulationen der meisten ›seriösen‹ Wissenschaftler. Die Differenzqualität zwischen virtueller und realer Welt wird offengelegt. Es wird nicht vorgegaukelt, daß jene total und unterscheidungslos simulierte Welt möglich sei, von der Literaten und Wissenschaftler seit Stanislaw Lems Phantomatik-Romanen *Transfer* (1961) und *Der Futurologische Kongreß* (1967) schwärmen, als ob sie womöglich unmittelbar bevorstünde. Nur wenn derartige Möglichkeiten greifen könnten, würden in der Tat S. J. Schmidts Überlegungen relevant:

»Neben die traditionellen Unterscheidungen Wahrheit/Lüge, Sein/Schein, Realität/Fiktion, Utopie und Realität/Simulation tritt nun die Unterscheidung Realität/Virtualität/Hyperrealität, womit alle anderen Unterscheidungen neu kontextualisiert werden und entsprechend semantisch uminterpretiert werden müssen.«[39]

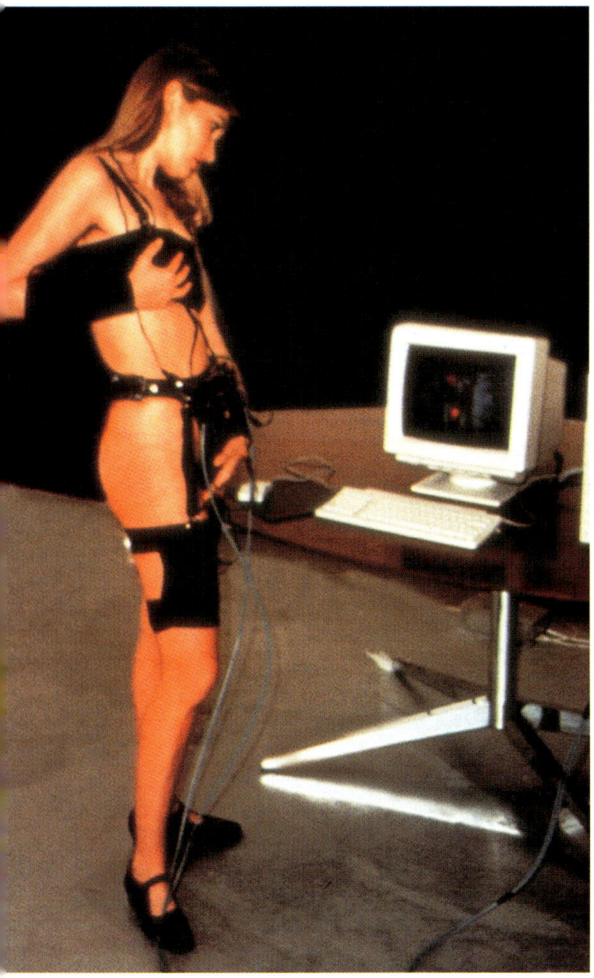

Stahl Stenslie,
Inter-Skin, 1993
Teilnehmerin

Auch nur einigermaßen realistische Technikfolgenabschätzungen für das Gebiet Cyberspace und Cybersex existieren noch nicht. Doch verweisen derlei Gedankenspiele auf zweifellos vorhandene Trends technologischer und gesellschaftlicher Entwicklung. Es fällt auf, daß an den euphorischen Cybersex-Phantasien, zumindest bisher, nahezu ausschließlich Männer beteiligt sind. Ist es vielleicht die Hoffnung, in einer virtuellen Welt all jene Macho-Träume von der beliebigen Manipulierbarkeit weiblicher Körper ausleben zu können, denen zusehends artikuliertere und emanzipiertere Frauen in der gesellschaftlichen Realität einen Riegel vorschieben? Sind es Eskapismen, Minderwertigkeitskomplexe, Allmachtsphantasien, die Cybersex für viele Männer so attraktiv erscheinen lassen? Oder doch jene intellektuelle und technische Abenteuer- und Experimentierlust, neue Welten der Erkenntnis, des Fühlens und Erlebens zu entdecken, mit der manche Männer so viel schneller als Frauen bereit sind, zumindest im wissenschaftlichen Experiment und in der Phantasie sich vom physischen Körper zu lösen. Mit welchen Verlusten wird dieses mögliche neue Erleben aufgewogen? Michael Heims technische Analyse sollte vielleicht doch ernüchternd stimmen:

»Gefiltert durch die Computermatrix gerinnt jegliche Realität zum Muster bloßer Information. Dann erfüllt sogar Eros das Schema binärer Kommunikation. Körperlicher Sex scheint nicht mehr zu sein als ein Austausch von leuchtenden Signalpunkten auf dem genetischen Körper-Netzwerk. Darüber hinaus wird die erotisch-generative Quelle formalen Idealismus' den Gesetzen des Informations-Managements unterworfen.«[40]

Und die Glücksverheißung aller nur möglichen erotischen Grenzüberschreitungen, dazu noch konflikt- und problemlos ohne Leid, Krankheiten, Störungen, Komplikationen? Wenn einmal eine weibliche Stimme im Chor der forschenden Adepten mitmischt, wie die von Marilouise Kroker, dann schlägt doch Verzweiflung über das durch, was hier dem menschlichen Körper angetan wird:

»Darum sind wir an der Erschaffung eines virusfreien Geschlechts interessiert, eines Geschlechts jenseits der Genetik. Darum glauben wir, daß heutzutage die einzige gute Form von Sex beliebig kombinierbarer Sex ist. Sex ohne Ursprung, ohne lokalisierbares Geschlecht oder referentiellen Signifikaten.«[41]

Die gegensätzlichen Standpunkte scheinen unvereinbar, schon deshalb, weil ja bisher niemand Gelegenheit hatte, intensiv auszuprobieren, wie es denn wirklich ist mit der Virtualität und dem Cybersex. All die Schamanen und Zauberer aus Tausenden von Märchen vieler Kulturkreise haben es immer wieder übereinstimmend vorgedacht. Es scheint ein menschliches Urbedürfnis zu sein, aus den Fesseln des eigenen Körpers auszubrechen, Verwandlungen zu durchleben. Aber wird das ›Morphing‹ des eigenen Körpers dann tatsächlich so toll sein?

»Eine in ständiger Bewegung befindliche Welt sexueller Software, die in den Körper hineinmassiert, hineingespiegelt, ›upgelinkt‹ und ›downgeloaded‹ werden kann, in einen Körper, der schon immer wußte, daß er sich nicht mit den überholten Einengungen der Natur zufrieden geben muß, mit Diskussionen und Ideologien. In der Galaxie sexueller Software ist Morphing die einzige Regel, die schnelle Mutation aller binären Zeichen in ihr Gegenteil. (...) Eine schwebende Sexualität für den elektronischen Körper, in der Fetische in die kalte Sprache der Daten übersetzt werden können und in der die digitale Libido dazu gebracht werden kann, ihren Sex-Duft als Teil der kodierten Spiele elektronischer Sexualität auszusenden.«[42]

Wie aber steht es dann derzeit jenseits aller Spekulationen um die Möglichkeiten dieser Welt eines post-männlichen, post-weiblichen letzten Sex? Cyberspace wird sicher in erheblichem Umfang kommen, schon deshalb, weil die Nachfrage nach dreidimensionaler Computergraphik auf vielen Anwendungsgebieten steigt. Aber Cybersex?
Noch ist das Angebot so gut wie nicht-existent, sind die Kosten horrend und die technischen Schwierigkeiten immens. Doch die schwerfälligen, Gleichgewichtsstörungen hervorrufenden ›head mounted displays‹ der ersten Jahre sind – zumindest in den avancierten Forschungsinstituten – mittlerweile leichten, mobilen Sichtgeräten gewichen. Monika Fleischmanns Cyberspace-Experimente an der ›Gesellschaft für Mathematik und Datenverarbeitung‹ (GMD) trachten häufig, ästhetische, poetische, erotische und architektonische Erfahrungswelten miteinander in Einklang zu bringen. Was die Computer schließlich in der Substitution sinnlicher Erfahrungswelten werden leisten können, ist derzeit noch völlig ungeklärt. Die Auslagerung von seelischen Komponenten, von Emotionen, von geschlechtsspezifischen Erlebnisstrukturen, kulturellen Codes, von Metaphysik und Transzendenz auf die Festplatte dürfte vermutlich nie in dem Sinne gelingen, daß eine perfekte künstliche Umgebung zustande kommt.
Der Norweger Stahl Stenslie und der Amerikaner Kirk Woolford, zwei der ersten Absolventen der Kölner Kunsthochschule für Medien, präsentierten als Diplomarbeit im Dezember 1993 das erste echte Cybersex-Projekt, das sie *Cyber SM*, »a comment on tactile technology«, nannten.[43]
Über die Distanz von Köln nach Paris wurde darin nachgewiesen, daß es in der Tat möglich ist, mittels Datenanzug eine andere Person im

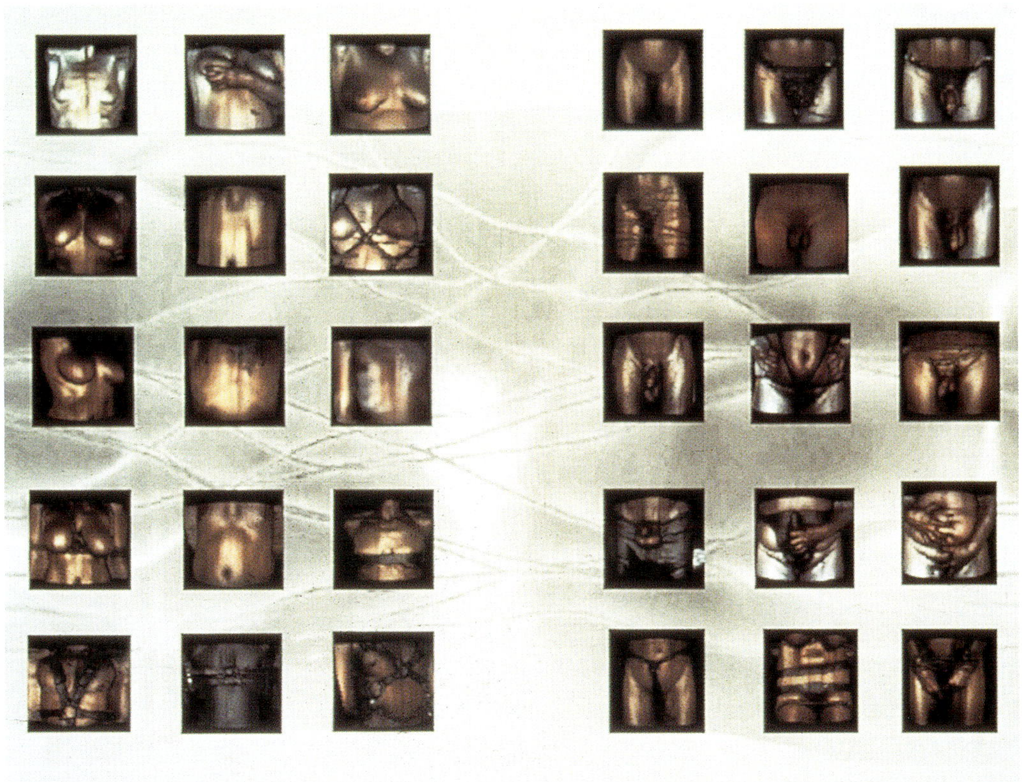

Stahl Stenslie und Kirk Woolford, Cyber SM, Body Bank, 1993

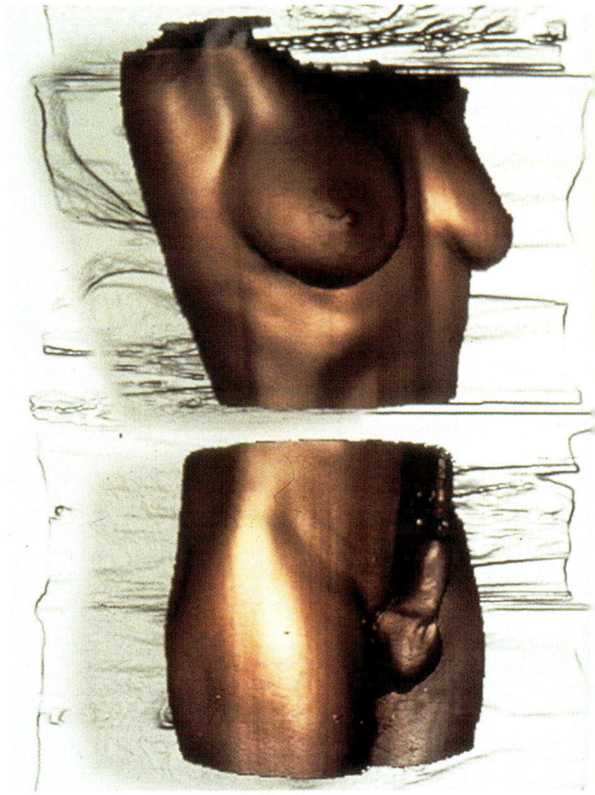

Stahl Stenslie und Kirk Woolford, Cyber SM, Body Bank, Detail, 1993

dreidimensionalen Datenraum zu treffen und gegenseitig taktile Reize auszulösen sowie miteinander in telephonischer Verbindung sprachlich zu kommunizieren.
Was erst gar nicht als Übung in Cybersex gedacht war, wurde infolge der hohen Medienaufmerksamkeit über mehrere Zwischenstufen zu einem echten Cybersex-Experiment ausgebaut. So kam schließlich eine komplexe, anderen VR-Installationen weit überlegene Versuchsanordnung zustande, die auch Implikationen virtueller Architektur zeitigt, da die Verbindung zum nächsten Raum im gleichen Gebäude ebenso hergestellt werden kann wie über mittlere und sogar interkontinentale Distanzen, und es mittels Fernsteuerung möglich ist, weit entfernte ›virtual environments‹ zu verändern:

»Wir haben das Cyber-SM-Projekt entworfen, um Leuten die Möglichkeit zu geben, sich gegenseitig über physische Distanzen zu ›berühren‹. Zum Projekt gehörten zwei Anzüge, die von den Teilnehmern getragen wurden, eine Datenbank mit dreidimensional gescannten Körpern, die als Stellvertreter für die physischen Körper der Teilnehmer genutzt wurden und zwei Computer, die an internationale ISDN-Leitungen angeschlossen waren. Sobald die Teilnehmer einen der Anzüge überzogen, konnten sie sich aus der Datenbank einen virtuellen Körper aufbauen. Anschließend, tauschten die Computer gegenseitig diese Stellvertreter aus und jeder Teilnehmer empfing den Körper des anderen Teilnehmers auf dem Bildschirm vor sich. Indem sie den virtuellen Körper rotieren ließen und heranzoomten, konnten die Teilnehmer ihren ›Maus-Zeiger‹ auf bestimmten Regionen des virtuellen Körpers plazieren. Sobald der Teilneh-

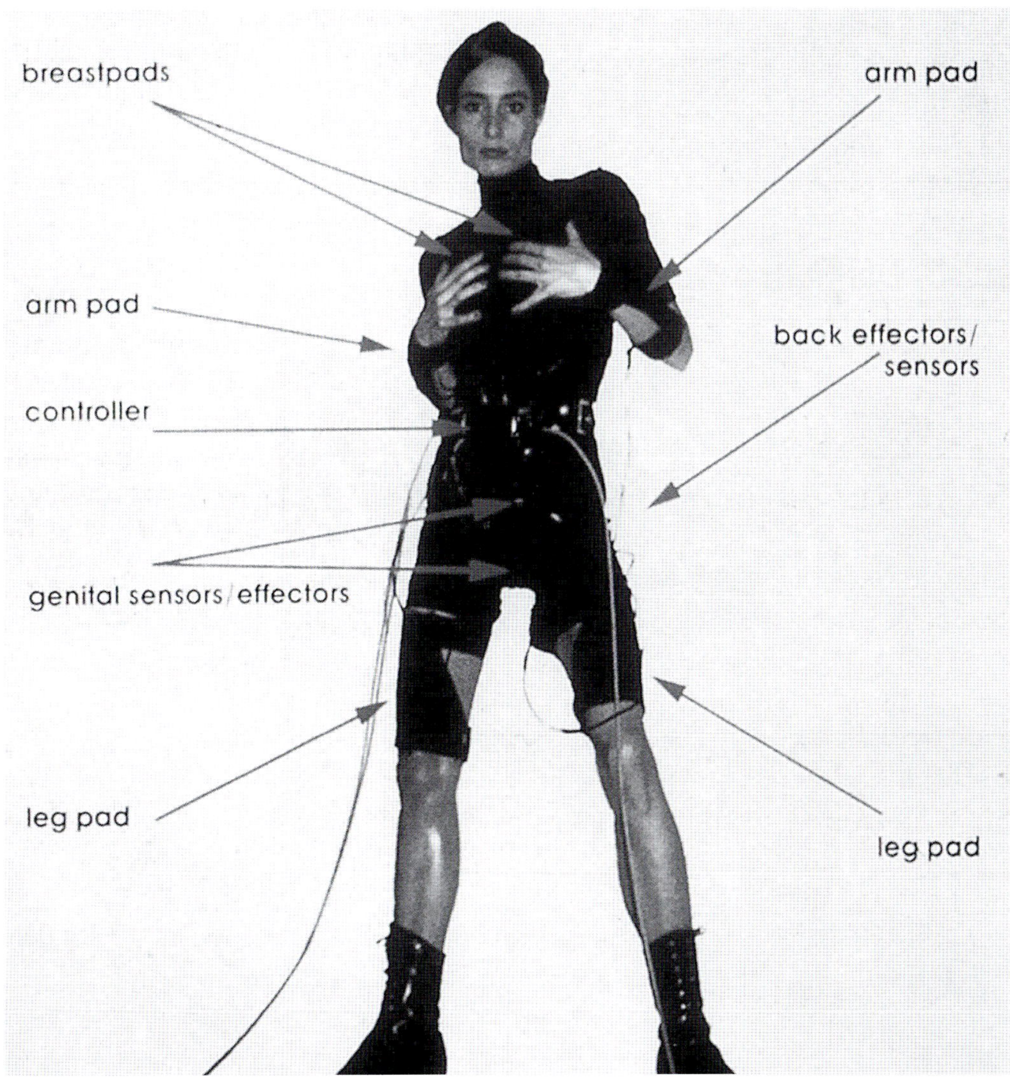

Stahl Stenslie, Inter-Skin Suit

Woody Vasulka,
Brotherhood-Table III

mer einen Knopf drückte, übermittelte der Computer diese ›Berührung‹ via ISDN-Leitung zum Inhaber des virtuellen Körpers. Der Computer am anderen Ende der Leitung übersetzte diese ›Berührung‹ in physikalische Impulse (Vibration oder elektrischen Schock), die durch den Datenanzug des entfernten Teilnehmers erzeugt wurden.«[44]

Acht verschiedene Stimulatoren vermochten Reize auszulösen, die die Versuchspersonen gleichzeitig auf verschiedene Körperteile wirken lassen oder auch massiert auf eine Körperzone konzentrieren konnten. Die erogenen Körperzonen konnten somit in der Tat variabel und intensiv mit überrealistischen Reizverstärkern stimuliert werden. Aus einer ›Synthetic Body Bank‹ vermochten die Teilnehmer unter je 20 digitalisierten weiblichen und männlichen Ober- und Unterkörpern zu wählen, was insgesamt 400 Kombinationsmöglichkeiten ergab. Die Entwicklung eines Fernsteuergeräts (Remote Environmental Control Device, RECD) ermöglichte wenigstens im Ansatz die Beeinflussung der fremden Umgebung, womit die sterile Versuchsanordnung unterlaufen und Erwartungshaltungen wie Angst und Neugier ausgelöst werden konnten.
Man sieht, daß dies bereits ein recht komplexer Versuch war, der Anlaß bietet, von der Identitäts-Problematik bis zum Gefühlsrausch in der Illusionswelt die gesamte Palette der Cybersex-Diskussion zu erörtern, in der sich schließlich auch die Fragen nach Regulativen, bürgerlichen Rechten und Pflichten neu stellen. Von diesem Versuch aus lassen sich Wege zu weiteren Cybersex-Projekten ebenso eröffnen wie solche in die Medizin, den Sport und die Kunst.
Wenden wir uns deshalb abschließend ästhetischen und architektonischen Implikationen von Cyberspace zu. Daß Cyberspace künstlerisch-ästhetische Dimensionen besitzt, steht außer Frage.[45] Doch erst mit größerer allgemeiner Verfügbarkeit und erheblicher Kostenreduzierung des Equipments werden Bild- und Tonkünstler beginnen können, zu erforschen und auszuschöpfen, was in diesem neuen Medium steckt. Interaktivität wird dabei ein wesentliches Moment bilden, und im Anschluß an Video und andere Medienkünste läßt sich schon jetzt sagen, daß sich die Selbstwahrnehmung des Menschen in erotischer wie in künstlerischer Hinsicht durch diese Technologie im nächsten Jahrhundert u.U. entscheidend umstellen wird. Howard Rheingold weist darauf hin, daß sich die eingeschliffenen Vorstellungen von einem einzigen Körperbild zugunsten eines weit flexibleren Körperbegriffs ändern werden.[46]
Die Selbstreferenz des Individuums beziehe sich nun nicht mehr ausschließlich auf die physische Existenz, sondern besitze im Cyberspace eine weitere Erfahrungsebene, argumentiert Ingrid Stoppa-Sehlbach.[47] Das Individuum erlebe sich als Teilnehmer an virtuellen Prozessen einbezogen in die künstliche Wirklichkeit. Dies wird, auch durch die Kombination variabler Bild-, Ton- und Bewegungselemente, zu neuen Formen ästhetischer Wahrnehmung führen, denen in der Überschneidung von realer und künstlicher Existenz Hybridqualitäten des Gestaltens und Erlebens zukommen werden. Virtuelle, telematische Architekturen durchdringen unser Alltagsleben in immer höherem Maße. Dies wird exponential zunehmen, sobald die allgemeine Vernetzung über Datenautobahnen sich vor allem auf nachwachsende Generationen auswirkt. Die Ungleichzeitigkeit des Gleichzeitigen, die palimpsestische Struktur postmoderner Wirklichkeit, in der mehrfach übereinander geschriebene Texte zwar gleichzeitig existieren, aber nur nacheinander gelesen werden können,[48] wird sich noch nachhaltiger auf das Alltagsleben postindustrieller Gesellschaften auswirken als dies schon jetzt der Fall ist.
Im Klartext: Wir werden lernen müssen, uns in immer mehr ›Wirklichkeiten‹ und Wirklichkeitsebenen zu bewegen. Wie sich dies im negativen Sinne auf die Identität des Menschen auswirken könnte, darüber publizieren Baudrillard und Virilio seit etlichen Jahren immer apokalyptischere Visionen vom außer seiner selbst geratenen Prothesen-Wesen, das jedes Identitätskerns verlustig gegangen sei, während Peter Weibel z.B. eher euphorisch auf gerade diese Antennen und Prothesen setzt. Doch steht zu vermuten, daß sich die Natur des Menschen als widerstandsfähiger erweisen wird, als es sich die Propheten des Untergangs vorstellen, zumal all diese Prozesse sich allmählich und partiell, und nicht schlagartig und total in unserem Leben einnisten. Der ästhetische Zugewinn wird vorhanden sein und doch auch mit Verlusten erkauft werden müssen. Die Kultur der Netzwerke wird dabei vermutlich für Wissenschaft, Literatur, neue Medienkünste die entscheidendsten Veränderungen bringen, und dies gilt auch für die Architektur:

»Die virtuelle Stadt wird global sein und keine territorialen Begrenzungen haben. Sie wird fraktal sein – damit unendlich – und nur in den Netzwerken der Computer existieren. An kein Territorium gebunden, werden sich Hacker, Cybernauten, Cyberfreaks in den Gabelungen des fraktalen Raums niederlassen, eigene Codes entwickeln, ihre eigenen Stämme gründen, und irgendwann einmal werden völlig neue Mutationen entstehen. Neuronale Netze werden die notwendigen Unterstützungen und Stimuli liefern.«[49]

Toyo Ito, Visions of Japan,
Installation, 1991

Für Vilèm Flusser, könnte er dies noch lesen, müßte dies wie eine Bestätigung einiger seiner Hauptthesen klingen. Bedeutet es doch das Weiterspinnen und die allmähliche Realisierung zumindest von Teilen seiner Visionen einer telematischen Kultur. Konsequenterweise wird sich ein neuer Zweig des Architektenberufes ausbilden, der des Designers und Architekten virtueller Räume. Howard Rheingold hat auch hieran bereits gedacht:

»Ein Fachmann ganz neuen Zuschnitts, ein Cyberspace-Architekt, der kybernetische Räume und Szenarien entwirft und ausstattet. Die Fähigkeiten sind mit den Talenten zu vergleichen, die man von traditionellen Architekten, Filmregisseuren, Romanciers, Generälen, Trainern, Dramatikern und Programmierern von Videospielen erwartet. Der Cyberspace-Designer wird dafür sorgen müssen, daß das Erlebnis real erscheint. Diese Aufgabe setzt zugleich künstlerische und technische Fähigkeiten voraus.«[50]

In den großen Architekturbüros und unter den Animationsspezialisten ist dieser neue Berufstypus bereits allenthalben im Entstehen begriffen. Komplexe Animationen kann nur gestalten, wer über Programmierfähigkeiten, solche des räumlichen Vorstellungsvermögens, des Drehbuchschreibens, der Regie, der Kombination von Musik und bewegten Bildern verfügt. Dies wird in Zukunft für anspruchsvolle Präsentationen im Rahmen großer Wettbewerbe ebenso wichtig sein wie für die Gestaltung von Cyberspace-Szenarien, die als Hybride wiederum in Ausstellungen, Opern- und Theaterinszenierungen oder andere künstlerische Installationen eingefügt werden können. Spezielle Dienstleistungsfirmen werden auf diesem Sektor entstehen.

Dennoch werden wir auch in Zukunft ein Dach über dem Kopf, einen Partner im Bett, etwas zu essen und zu trinken auf dem Tisch brauchen und uns nicht von virtueller Nahrung verköstigen können. So kommt denn auch Paul Virilio am Ende seines Interviews mit Andreas Ruby über den Untergang des Raumes zu der realistischen Einschätzung, daß der Raum der Zukunft sowohl realer wie auch virtueller Natur sein werde:

»Die Architektur wird sich in beiden Bereichen abspielen – in der Realität (die Materialität, die Steine werden immer noch da sein) und in der Virtualität (der Übertragung elektromagnetischer Signale). Der Realraum des Hauses wird nicht mehr ohne die Realität der Übertragung existieren.«[51]

Analog ließe sich dies auch auf das Verhältnis von Architektur und Erotik übertragen. Und was den Cyberspace angeht, so wird auch hier das alte Sprichwort seine Geltung behalten, daß nichts so heiß gegessen wird, wie es gekocht wird; oder, um es poetisch auszudrücken: Die Cyberspace/Cybersex-Diskussion erinnert durchaus an die Sein/Schein-, Illusion/Realität-, Traum/Wirklichkeits-Debatte der englischen ›metaphysical poets‹ im 17. Jahrhundert:

»Dear love, for nothing less than thee
Would I have broke this happy dream,
It was a theme
For reason, much too strong for phantasy,
Therefore thou waked'st me wisely; yet
My dream thou brok'st not, but continued'st it;
Thou art so truth, that thoughts of thee suffice,
To make dreams truths, and fables histories;
Enter these arms, for since thou thought'st it best,
Not to dream all my dream, let's act the rest.«

»Geliebter Schatz, für dich allein
Brach ich den Glückstraum ab und fand:
Ein Gegenstand
Fürs Denken, viel zu tief für Träumerein.
Wohlweislich wecktest du mich jetzt,
Denn so hast meinen Traum du fortgesetzt.
Du bist so echt, es heißt dich denken schlicht:
Der Traum wird wahr, die Fabel zum Bericht.
In meine Arme komm! Du bist bestrebt,
Daß man den Traum nicht austräumt, sondern lebt.«[52]

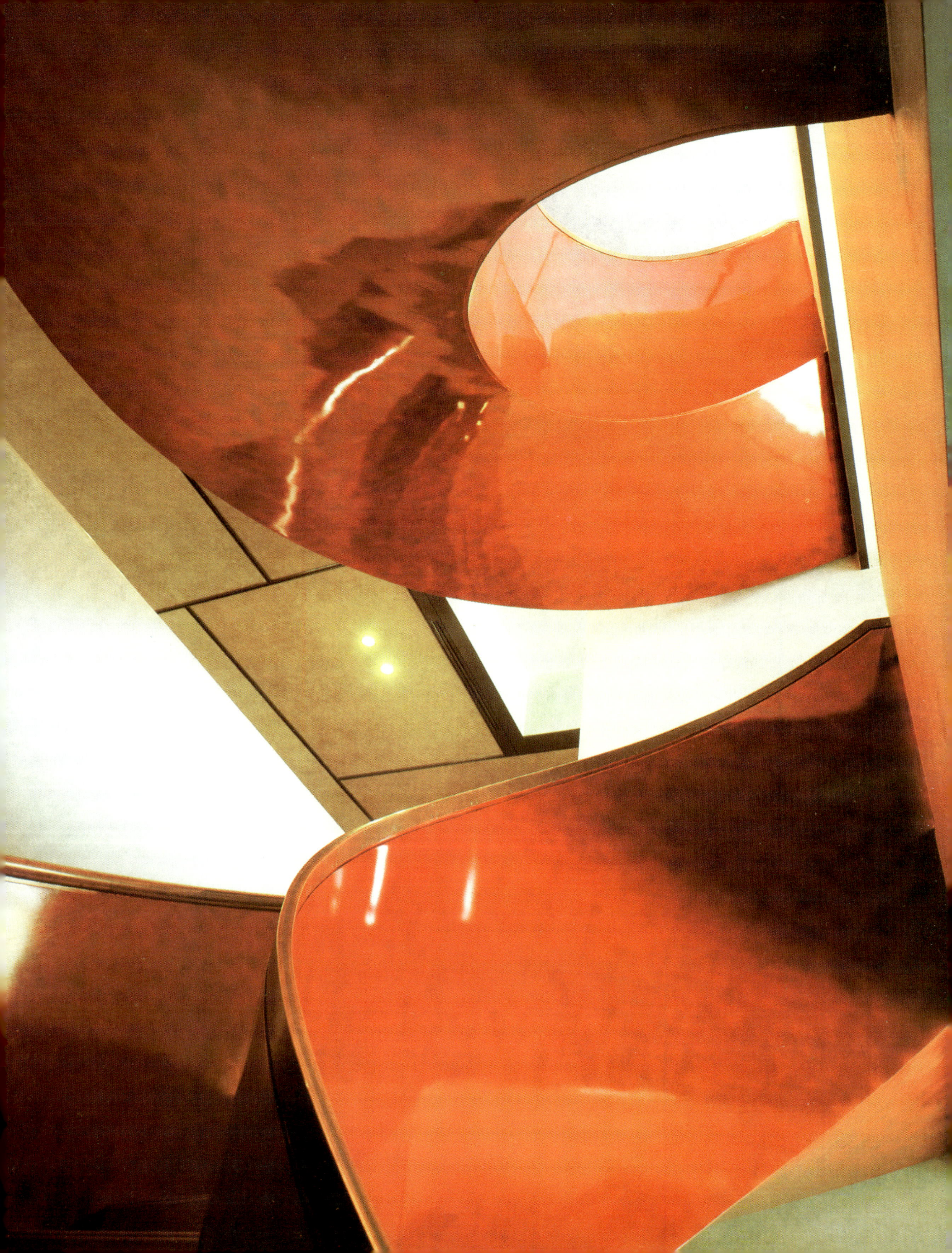

PLÄDOYER FÜR EINE ARCHITEKTUR DER SINNE

»Man kann davon träumen, Baukörper wie Körper spürbar zu machen, Räume wie Körperräume sinnlich intensiv erlebbar: Architektur zum Sehen, Hören, Tasten, ›Architektur für die sinnliche Phantasie‹!«[1]

Wolfgang Meisenheimer

»Über die Architektur hinaus scheint unsere Kultur im allgemeinen einer Distanzierung, einer Art frostiger Entsinnlichung und Enterotisierung menschlicher Beziehungen zur Realität entgegenzutreiben. Auch Malerei und Skulptur haben ihre Sinnlichkeit verloren, und anstatt eine Intimität des Sensorischen zu ermuntern, signalisieren zeitgenössische Kunstwerke häufig eine distanzierende Zurückweisung sinnlicher Neugier.«[2]

Juhani Pallasmaa

Heikkinen-Komonen, Finnische Botschaft, Washington, D.C., 1994

Kulturpessimismus war zu allen Zeiten angebracht und ist es auch in der Gegenwart. Er öffnet die Augen, kann dazu beitragen, aktiv zu werden, mag aber auch lähmen und alles Gegensteuern im Weltschmerz versanden lassen. Barbara Radice, Ettore Sottsass und eine Reihe weiterer Mitarbeiter von *Terrazzo*, jener einzigartigen italienischen Architektur- und Designzeitschrift, die wie kaum eine andere Publikation in diesem Jahrhundert in Aufmachung und Gestaltung jeder Seite Sinnlichkeit erfahrbar macht, fuhren 1990 rund um die Welt, um schnappschußartig die ungeschminkte Wirklichkeit der Metropolen einzufangen. Das Ergebnis, 1991 festgehalten in Nr. 6 der Zeitschrift, kann auch abgebrühte Gemüter depressiv stimmen. Die Sinne werden ständig negativ gereizt und geschockt: Zersiedelung, Betonwüsten, Blechlawinen, Straßenchaos, Triumphe der Häßlichkeit in Verdichtungsstrukturen, Städte wie schwärende Müllkippen. Barbara Radices Fazit, eine Bankrotterklärung der Moderne:

»Wenn man auf die Tausenden von Photographien schaut, die auf verschiedensten Breitengraden auf vier Kontinenten geschossen wurden, dann ist das, was das Auge am stärksten trifft, die außerordentliche Kompaktheit des städtischen Panoramas, seine beunruhigende Homogenität, so daß man schließlich mit Fug und Recht sagen kann, daß der ›Internationale Stil‹ der Moderne sich zu einem ›Planetarischen Stil‹ gewandelt hat.«[3]

Nicht, daß in solchem Chaos nicht Erotik entstehen könnte, aber das meiste an Stadtarchitektur auf diesem Globus enthüllt sich in der direkten, ungeschönten Bestandsaufnahme als häßlich, abstoßend, unsensibel, depraviert, austauschbar, und es kann unendlich traurig stimmen. Was da zu sehen ist, ist jedoch kein irreversibler Prozeß, an dessen Ende die überbevölkerten Megalopolen einfach an ihren Problemen wie sinkendem Grundwasserspiegel, Luftverschmutzung, Müll, Verkehrsstaus, Kriminalität, Energiemangel, Versorgungsschwierigkeiten etc. ersticken werden, sondern es gilt, Steuerungsmechanismen zu finden, mit denen derartiges verhindert werden kann. Die Erfahrung, daß gerade die Architektur der großen Städte körperlich und seelisch krank machen kann, geht bis ins 19. Jahrhundert zurück, hat sich jedoch unter explosionsartig ansteigender Bevölkerungszahl der letzten Jahrzehnte intensiviert: Anhand einiger Beispiele haben wir darzustellen versucht, wie man sinnlich gestaltend Architektur und Stadtambiente zu positiven Erlebnisfaktoren machen kann, die Leben und Arbeiten in der Stadt zur Lust statt zum Frust geraten lassen. Architektur vermag damit identifikationsstiftend, ja sogar therapeutisch zu wirken.

Auf den Architekten lastet in dieser Hinsicht eine besondere gesellschaftliche Verantwortung, auf jedem einzelnen und vor allem auf denen, die junge Architekten ausbilden. Wenn hier zum Abschluß eines Buches, das der Sinnlichkeit und den Wechselbeziehungen von Architektur und Erotik auf verschiedensten Gebieten gewidmet ist, noch einmal für eine ›Architektur der Sinne‹ plädiert wird, dann deshalb, weil eine solche Architektur als Überlebensstrategie, als Garant eines selbstbestimmten, mit Freude und Genuß erfahrenen Lebens und Arbeitens verstanden wird.

›Architektur der Sinne‹, das ist nicht gleichbedeutend mit dem landläufig und traditionell Schönen ausgewogener Proportionen und ästhetischer Dimensionen, sondern darunter ist eine Architektur zu verstehen, welche die an sie gestellten praktischen Bedürfnisse erfüllt, aber darüber hinaus in besonderem Maße multisensorische Qualitäten aufweist, die sie zur Erlebnisarchitektur werden lassen, die ihre Bewohner und Nutzer aber auch ästhetisch, künstlerisch und gesellschaftlich ›wach‹, kritisch reflektierend und kreativ macht. Coop Himmelblau, Zaha Hadid und Lebbeus Woods, aber auch Vertreter der Postmoderne wie Michael Graves, Hans Hollein, James Stirling, Stanley Tigerman sind Architekten, die auf unterschiedliche, individuelle Weise mit ihrem Werk derartige sinnliche Qualitäten erfüllen, auf sie anspielen, sie ausbilden.

Linke Seite:
Carlo Scarpa, Banca Popolare, Treppe, Verona, 1973–81

Paul Merrick,
Wohnhaus in der Nähe
von Vancouver,
1973–74

Helmut Jahns Wochenendhaus
am Eagle River, Wisconsin

Charles Gwathmey und Robert Siegel,
de Menil Wohnhaus, East Hampton, New York, 1979

risikofreudige Experimente mit Raumkörpern und Treppen. Der Dekonstruktivismus hat in dieser Hinsicht der Architektur zuvor ungeahnte Freiheiten und Spielmöglichkeiten mit Rampen, Plattformen, spitzen Winkeln, sich überschneidenden Kurvaturen beschert, die Bewegung in steril gewordene Formensprachen gebracht haben.

Die Moderne mag abstrakter sein, aber schon Le Corbusier und Mies verstanden sich exzellent darauf, geometrische Körperspiele zu inszenieren. Unter ihren Nachfolgern hat ein Stararchitekt der amerikanischen Ostküste, nämlich Charles Gwathmey, das Spiel mit Kuben, Zylindern, Kegeln, mit Volumina und Licht ebenso wie Richard Meier zu einer Meisterschaft getrieben, die Leidenschaft mit Formstrenge verbindet. Gerade Meiers Wohn- und Museumsbauten zeichnen sich durch wahre Lust an geometrischen Details, durch ingeniöse Lichtführungen sowie durch ein Dialogverhältnis zwischen gebauter Kultur und gezähmter Natur aus. Auch in Europa lassen sich von Bela Bambek über Karla Kowalski zu Carlo Scarpa, Claudio Silvestrin und Gie Wollaert, die hier als Belegnamen aus einer großen Zahl exzellenter Wohnhaus-Beispiele herausgegriffen seien, ähnliche, individuell recht unterschiedliche Beobachtungen treffen.

Der internationale Museumsboom der achtziger Jahre brachte überhaupt seit langer Zeit einige der schönsten, körperlichsten, vorbildlich in städtische Kontexte eingegliederten Bauten zuwege. Allen voran James Stirlings *Neue Staatsgalerie Stuttgart* (1983), die aus der prallen Körperlichkeit ihrer Gebäudeteile jene intellektualisierte und kulturalisierte Sinnlichkeit bezieht, die über die Zeiten hinweg architekturgeschichtliche Bezüge stiftet, ungeachtet einiger objektiver Fehler, aber außerdem mit derart vielen multisensorischen Details und einem ingeniösen Gesamtentwurf zu überzeugen weiß, daß sie als eines der raren Meisterwerke einer zeitgenössischen ›Architektur für die Sinne‹ besteht. Unter den Museumsneubauten der neunziger Jahre ist vor allem Mario Bottas *San Francisco Museum of Modern Art* (1994) von vielen Kritikern als ein Zeugnis erotischer Baukunst gepriesen worden.

Zu wünschen wäre, daß auch kommerzielle Architekturen in viel höherem Maße wieder die sinnliche Inszenierung ihrer Bauten zur Kundenwerbung einsetzen würden, als dies unter scharfem Wettbewerbsdruck in den letzten Jahren geschehen ist. Auf diesem Gebiet ist weithin ein Verfall von Verkaufskultur zu beobachten. Kennzeichnend dafür ist z. B., daß es lange Zeit erhebliche Schwierigkeiten bereitete, in Berlin Mieter für die freien Verkaufsflächen von Jean Nouvels *Galeries-Lafayette* in der Friedrichstraße zu finden. Als das Gebäude dann aber Anfang März 1996 eröffnet wurde, mußte es in den ersten Tagen immer wieder wegen Überfüllung geschlossen werden, weil die Berliner begierig die Gelegenheit ergriffen, sich ein Haus anzusehen (und dabei einzukaufen), das in

Richard Meier, Museum für Kunsthandwerk, Frankfurt am Main, 1982–85

Carlos Zapata und John West, Wohnhaus, Miami Beach, Florida, 1992–94

Linke Seite, unten: Frank Gehry und Mark Mack, John Whitney Haus, Santa Monica, Kalifornien. Mark Mack hat die skulpturalen Einzelgebäude Gehrys geschickt zu einem zusammengehörenden Ganzen verbunden, das an ein mexikanisches Dorf erinnern soll.

Rechte Seite: Whitney Haus, Verbindungsgang zwischen Hausteilen

Gie Wollaert, Wohnhaus eines Computerspezialisten, Antwerpen, 1992

Gwathmey und Siegel, Projektarchitekt Renny Logan, Landhaus in Vermont, 1989

Simon Ungers und Tom Kinslow, T-House, Wilton, New York, 1988–94

innerer und äußerer Gestaltung bewußt die Sinne affiziert.
Dabei ist Nouvels ursprüngliches, spannungsreiches Konzept von phantasielosen, vor jedem Experiment zurückschreckenden Kaufhaus-Innenarchitekten und deren Vorgesetzten auf konventionelles Mittelmaß zurechtgestutzt worden. Ihren Sparvorschlägen mußten auch weitgehend jene Medialisierungseffekte weichen, die das Spiel mit Virtualität, Fiktion und Realität hätten optisch inszenieren sollen. Dennoch wird an den beiden verbliebenen großen Glaskegeln erahnbar, welches Raffinement Nouvel aufgeboten hatte, um den Akt des Kaufens und Verkaufens zum lustvollen Erlebnis zu gestalten. Daß er damit gleichzeitig die alte Konsumtempel-Ideologie unterlief, war den Kaufhaus-Bossen denn doch zu frivol. Als auf einem Symposium des Berliner Bausenats im Mai 1995 französische Architekten ihre Projekte für die Erneuerung Berlins vorstellten – Dominique Perrault seine Radsporthalle und Schwimmstadion in der Landsberger Allee, Claude Vasconi sein Bürogebäude in Spandau und Jean Nouvel den Block 207 in der Friedrichstraße –, kam es zu einer charakteristischen deutsch-französischen Kontroverse:

»Bei der anschließenden Diskussion erhob sich einer der Berliner Architekten und versuchte, die französischen Gäste herauszufordern. Ihm fehle hier die sinnliche Erfahrung. Eine derartige Architektur ließe sich nur mit natürlichen Materialien, mit Stein und bergenden Formen erzielen, nicht aber mit Konzepten aus glattem, kühlem Glas. Jean Nouvel, wie üblich ganz in Schwarz, zuckte nur kurz die Mundwinkel: ›Hein, Erotisme! Wenn Sie einen Kegel aus Glas ein Gebäude durchdringen lassen, ist das nicht erotisch?‹«[5]

Die Forderung nach einer ›Architektur der Sinne‹ hat mit Lebensqualität, Arbeits-, Unterhaltungs- und Wohnkultur und mit Attraktivität der Städte für den Tourismus ebenso wie mit den identifikatorischen Gemütswerten eines jeden Bürgers zu tun. Sie ist kein unverbindlicher Appell, wie Politiker ihn vorzugsweise in ihren

Vorhergehende Seite:
Fernau und Hartman, Wohn- und Atelierhaus, Rutherford, Kalifornien, 1987–88

Jean Nouvel, Galeries Lafayette, Atrium, Berlin-Friedrichstraße, 1996

Sonntagsansprachen schönreden, sondern eine dringende Aufforderung, wachen Auges und aller anderen Sinne defizitäre Entwicklungen der Kultur zu beobachten, zu analysieren und ihnen gegenzusteuern. Sie läuft im Grunde auf bekannte didaktische Konzepte hinaus, die leider nur zu selten befolgt werden, etwa die nach möglichst interdisziplinärer Ausbildung, nach systematischer Schulung der Sinne. Vergleichen, Sehen, Hören, Riechen, Schmecken, Fühlen kann man lernen und noch vieles andere mehr. Gerade als Seiteneinsteiger in die Architektur wird mir immer wieder bewußt, wie viele essentielle Bereiche in der Architektenausbildung unterberücksichtigt oder gar nicht vorhanden sind.

Da wäre z. B. als Faktor von immenser Sinnlichkeit der Umgang mit dem Licht. Ohne Licht kein Leben! Aber kaum ein Architekt lernt je den Umgang mit dieser Dimension und Qualität des Bauens, lernt, wie das Bauen mit Licht auf Bedürfnisse der Bewohner, der in Architekturen Arbeitenden, auf versorgungstechnische, klimatische und regionale Besonderheiten, auf ästhetische Effekte abzustimmen wäre.

Oder, um einen ganz anderen Bereich anzuskizzieren, dessen Bedeutung seit den achtziger Jahren ständig zunimmt: die Auseinandersetzung von Architektur mit Design. Es liegt im Zug der Zeit, daß Design auf immer neuen Lebens- und Arbeitsgebieten stetig an Bedeutung gewinnt. Es gibt unendlich viel schlechtes, aber auch viel gutes Design. Das hat mit Geschmacksbildung, mit Ergonomie, mit Vermarktungsstrategien, mit Ästhetik, mit dem Umgang von Ressourcen und ihrer Recyclingfähigkeit, mit Materialien, ihrem Wahrnehmen und Gestalten zu tun. Nur werden angehende Architekten in ihrer Ausbildung kaum je damit konfrontiert und stehen dann in der Praxis ziemlich hilflos den Angeboten der Industrie gegenüber. Dennoch ist der vielleicht ›erotischste‹ Architekt der Gegenwart, Philippe Starck, in erster Linie Designer. Starck kreiert in immer neuen Entwürfen eine über die Geschlechtergrenzen changierende, panerotische Formenwelt sinnlicher Lebensfreude. Auf den Do-it-yourself-Massenmärkten dagegen, auf denen

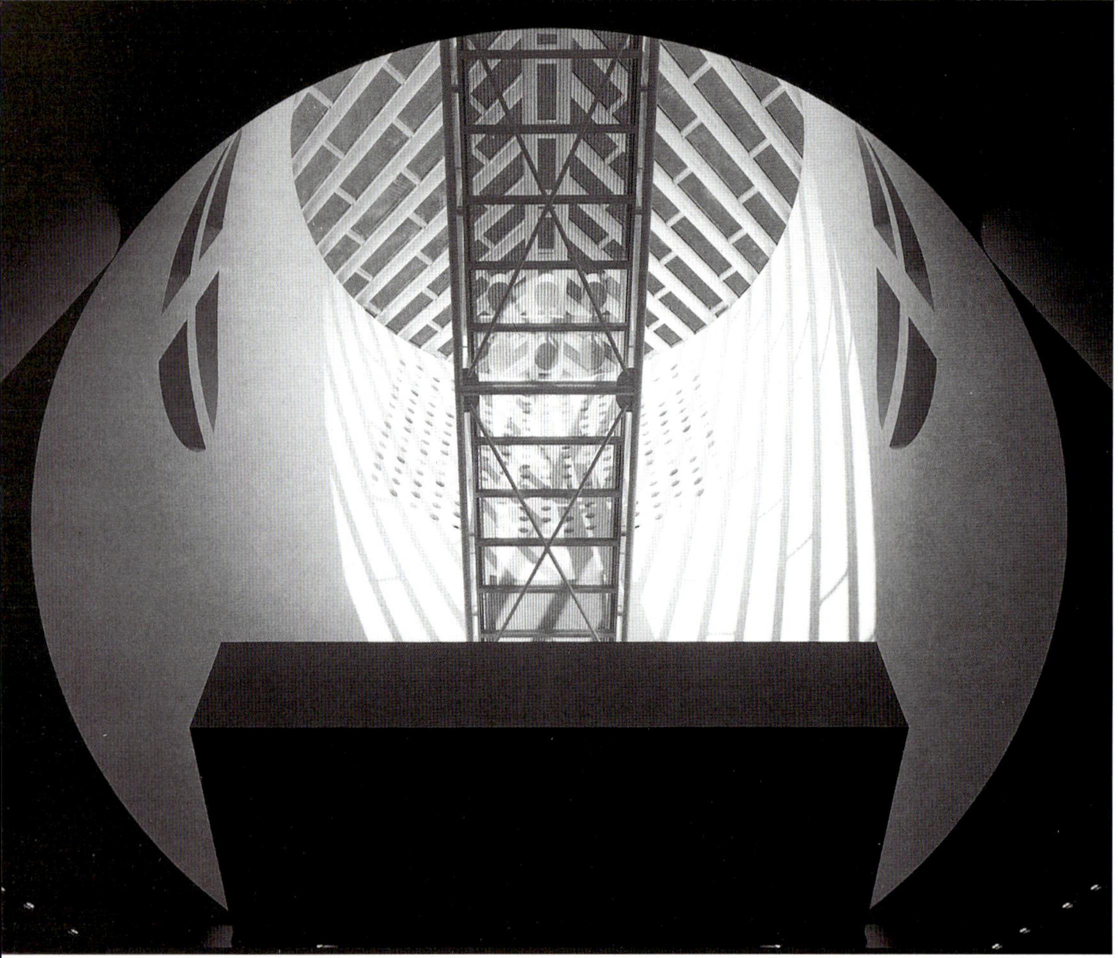

Links und unten links:
Mario Botta, San Francisco Museum of Modern Art, 1992–94

Rechte Seite:
Jean Nouvel,
Opernhaus in Lyon,
Treppe, 1986–93

eine Mehrheit der Bevölkerung aus finanziellen Gründen genötigt ist, ihren architektonischen Ersatzbedarf zu stillen, dominieren die stilistischen Unsäglichkeiten. Warum kaufen Menschen in großer Zahl architekturbezogenen Sondermüll in Baumärkten, mit dem sie dann ihre Häuser verschandeln? Die Umsätze gehen in die Milliarden. Obwohl in immer arbeitsteiligeren und entfremdeteren Gesellschaften der selbstverständliche Umgang mit Materialien, Dimensionen und Proportionen, wie er bäuerliche und handwerkliche Kulturen noch bis Ende des 18. Jahrhunderts auszeichnete, weitgehend verlorengegangen ist, muß man Geschmacksun-

James Stirling,
Staatsgalerie Stuttgart,
1979–84

Cunningham Architects, Umbau eines Umspannwerkes in ein Wohnhaus, Dallas, Texas, 1987–89

Matthias Eck, Wohnhaus, Radolfzell, 1990–92

Brian Murphy,
Haus in einem Canyon von Santa Monica,
Kalifornien

Brian Murphy,
Haus in einem Canyon von Santa Monica

Brian Murphy,
Haus in einem Canyon von Santa Monica

Brian Murphy,
Haus in einem Canyon von Santa Monica

Bela und Ingrid Bambek, Wohnhaus,
Brücke zum Obergeschoß

Bela und Ingrid Bambek, Wohnhaus auf Minigrundstück,
Stuttgart, 1988–89

sicherheiten und nachweislich schlechten Geschmack – typischerweise war Geschmackskultur gerade im 18. Jahrhundert ein Hauptstreitpunkt der Ästhetik unter Philosophen, Literaten, Architekten, Künstlern – doch nicht als gottgegeben hinnehmen.
So wie in den USA findige Leute Geld damit verdienen, daß sie Menschen wieder das Essen mit Messer und Gabel beibringen, weil Millionen von Bürgern, die sich nur noch mit den Erzeugnissen gewisser Hackfleischbrater und anderer Fast-Food-Ketten vollstopfen, dies verlernt haben und allein ihre fünf Finger gebrauchen, so müßte Geschmacksbildung an Schulen und Universitäten zum Rüstzeug aller Lehrenden gehören. Nicht als Erziehung zu einem homogenen Geschmack, das wäre Unsinn, sondern zur Ausbildung eigenverantwortlichen Umgangs mit einer Vielzahl von Phänomenen und Konstituenten guten Geschmacks. Die Baumärkte würden sich marktwirtschaftlich ganz von alleine umstellen, wenn die Nachfrage nach den Bastarden architektonischer Verschandelung zurückginge.
Noch ein Aspekt aus einem ganz anderen Bereich sei skizziert, um die Palette der Argumente abzurunden: der Umgang der Architektur mit den neuen Medien. »Cyber is out«, hat William Gibson 1993 verlauten lassen[6] und sich als Schriftsteller anderen Gebieten zugewandt. In der Tat kann und muß man füglich bezweifeln, ob über dreidimensionale Computersimulationen hinaus die echte Cyberspace-Technologie, mit Ganzkörperanzügen, ›data suits‹, ungefügen Helmen, ›headmounted displays‹ oder vielleicht mit durch Laser direkt auf die Netzhaut projizierten Bildern und all dem damit verbundenen Technologie- und Kostenaufwand in der Architektur je breiteren Einzug halten und Anwendung finden wird. Immerhin gehören die schwerfälligen Helme und Brillen in den fortgeschrittenen Labors mittlerweile schon der Vergangenheit an. Worum die Architektur jedoch auf keinen Fall herumkommen wird, das ist die intensive Auseinandersetzung mit Technik- und Medienkultur, mit sich entmaterialisierenden, virtuellen Architekturen. Gebäudetechniken werden sich weiter verändern, ebenso Arbeitsplatzgestaltungen, Innen- und Außenarchitekturen. Aber abgesehen von den technischen Medien wird in der Architektenausbildung noch kaum Bezug auf Medien genommen.
Doch kann man nicht allein der Werbung, sei sie nun qualitätvoll oder schlecht, überlassen, was sich an Möglichkeiten zu einer Ästhetik der Medienarchitektur abzeichnet. Hier kommt es darauf an, im künstlerischen Umgang neue Qualitäten von Sinnlichkeit an Bildschirmen und Medienwänden zu erproben, sicherer, kostengünstiger, weniger stör- und verschleiß-

Helmut Jahn,
Kempinski Airport
Hotel,
München,
1994

Arthur Erickson, Anbau mit Schwimmbad an eine Villa in Vancouver von 1912, der High Tech und den Stil der Jahrhundertwende verbindet

anfällig zu machen und auf möglichst energiesparende Weise Technik und Natur miteinander zu verbinden.

Auch ohne bespielte Medienfassaden, wie z. B. Jean Nouvel, Rüdiger Kramm und Toyo Ito sie verwenden, kann gerade High-Tech-Architektur auf den Einsatz von Computern und intelligenten Systemen nicht mehr verzichten. Eine neue Generation von raffiniert mit Licht, mit Transparenz, mit texturalen Motiven aufgedampfter Keramikmuster spielenden Glasarchitekturen wird z. B. von Helmut Jahn im Münchner *Airport Hotel Kempinski* eingesetzt. Er erzielt damit ein sinnliches, geradezu philosophisches Wechselspiel zwischen Materialität und Immaterialität, eine gleichzeitige Präsenz von Körperlichkeit und ihrer Auflösung, ohne in dieser sehr maskulinen Architektur natürliche Materialien einzusetzen.

Itsuko Hasegawa dagegen strebt in ihrem *Footwork Computer Center* im japanischen Hyogo ein sehr feminines Gleichgewicht zwischen künstlicher Intelligenz und Natur an. Je nach Tageszeit wechselt das Spiel von Licht und Farben auf der Glasfassade der auf einem Hügel gelegenen fünfzehnstöckigen Eingangshalle, die jedoch lediglich ein völlig transparentes, sich gleichsam selbst aufhebendes Atrium bildet. Im Gegensatz zu den ›abgeschirmten‹, allein auf den Benutzer konzentrierten Computerarbeitsplätzen des Baukerns vollzieht sich hier und in den Großraumbüros die Öffnung zu Natur und Stadtlandschaft.

Das international erst seit Beginn der neunziger Jahre in den Vordergrund drängende Pariser Büro Odile Decq und Benoît Cornette treibt sein experimentelles Spiel mit der partiellen Entkörperlichung von Architektur z. B. in seiner *Banque Populaire de l'Ouest* in Rennes noch einen Schritt weiter in Richtung einer sehr poetischen, architektur-philosophischen Qualität. In der dem massiven Baukörper vorgeblendeten Wandelhalle bewirken Transparenz und Spiegelungen in der aluminiumverkleideten Wand zusätzlich zur Selbstaufhebung quasi filmische Eindrücke sich bewegender Bilder von Natur und Menschen.

Sinnlichkeit ist nicht an massive Körper gebunden, die Cybersex-Experimente liefern den Extrembeweis. Gerade aus Kontrasten und dem Wechselspiel der Materialien vermag so etwas wie die erotische Attraktion unterschiedlicher Körper zu entstehen. Die Spannbreite kann hier in der Tat von der Lehmarchitektur in Sanaa über die von Hans Hollein im Inneren des Salzburger Mönchsbergs vorgesehene erotisch-kultische Dependence des New Yorker *Guggenheim Museums* bis zu Bernard Tschumis *Glass Video Gallery* (1990) in Groningen reichen, in der Prinzipien der Tages- und Nacht-Lichtarchitektur bis an ihre Grenzen ausgereizt werden.

Philosophisch exemplifiziert dieses kleine Gebäude Virilios Thesen vom »Verschwinden der Wirklichkeit«. Es demonstriert die wachsende Immaterialisierung von Kunst, Ästhetik und menschlicher Kommunikation, ein Kommentar

Odile Decq und Benoît Cornette, Banque Populaire de l'Ouest, Rennes

also auch zum Status des postindustriellen Menschen an der Wende zum dritten Jahrtausend. Zahlreiche Monitore produzieren bewegte Bilder und instabile Fassaden, zusätzliche Bilder entstehen mittels der Reflexion der Außenwelt im Glas, und die Installation insgesamt suggeriert grenzenlosen Raum. Zur Nachtzeit erzeugen die Monitore mit ihren bewegten Bildern den Eindruck eines Balletts der Bildschirme. Zugleich sind sie Fenster in eine telematische Welt bodenloser Instabilität. Sie offerieren immaterielle Unterhaltung, Nachrichten, Kunst innerhalb einer Architektur, deren Strukturen unsichtbar geworden sind, sich scheinbar verflüchtigt haben. Dieser Zustand korrespondiert der Erotik in virtuellen Räumen. Wolf Prix und Helmut Swiczinsky von Coop Himmelblau stellten 1970 die Forderung auf:

»Nicht wir haben uns zu verändern, um in Architektur zu leben, sondern die Architektur hat so auf unsere Bewegung, unser Gefühl, unsere Stimmung, unsere Emotion zu reagieren, daß wir in ihr leben wollen.«[7]

Uns erscheint das zwar richtig, aber um die notwendige Dimension gesellschaftlicher Wechselwirkung zu kurz gedacht. Deshalb fordern wir eine multisensorische Architektur für die Sinne, die das ständig sich verändernde prozessuale Wechselspiel zwischen Individuum, Gesellschaft und Baukunst in Rechnung zieht. Eine Architektur, die funktional ist, die offen ist, die spielerisch ist, die unsere Phantasie anregt und uns eine gebaute Umwelt schafft, die uns lustvoll kreativ sein läßt. Eine Architektur, die der Erkenntnis Rechnung trägt, daß der Kopf nicht ohne Bauch und der Bauch nicht ohne Kopf leben kann. In solcher Architektur wollen wir leben, lieben und arbeiten.

Anhang

Anmerkungen

Alle Übersetzungen englischsprachiger Zitate im Text von Christian W. Thomsen

Einleitung: Baukunst und Erotik

1 Günther Feuerstein, ›Eros – Architektur – Sexualität‹, in: *Der Architekt*, 2/1987, S. 91–96, Zitat S. 91.
2 *Questions of Perception: Phenomenology of Architecture. Steven Holl, Juhani Pallasmaa und Alberto Pérez-Gómez, Architecture and Urbanism (a + u)*, Special Issue, Tokio, Juli 1994, S. 41.
3 *ad* Nr. 9, *Architektur und menschlicher Körper*, Wolfgang Meisenheimer (Hrsg.), Düsseldorf 1982, S. 88.
4 Vgl. Werner Ruhnau, ›Die (fehlende) Erziehung der Architekten zur Sinnlichkeit‹, in: *ad* Nr. 9 (Anm. 3), S. 54–61.
5 Vgl. Wolfgang Meisenheimer, ›Einführung in den Themenkreis‹, in: *ad* Nr. 9 (Anm. 3), S. 4–15.
6 Vgl. Günther Kühlbacher, ›Körpermaße des Menschen – ihr Einfluß auf Baugesetze‹, in: *ad* Nr. 9 (Anm. 3), S. 37–47. Kühlbacher fand u.a. heraus, daß im Gegensatz zu früheren Jahrhunderten sich heute nur noch wenige Bauvorschriften mit menschlicher Körperlichkeit befassen. Siehe auch: Christian W. Thomsen und Angela Krewani, ›Was ist in der Architektur Sprache, Sprechen, Dialekt?‹, in: *ad* Nr.17, *Architektur als Darstellung, als Zeichen, als Sprache*, Düsseldorf 1989, S. 8–46.
7 Vgl. Jacques Derrida, ›Plato's Pharmacy‹, in: *Disseminations* [1972], S. 61–172.
8 Wolfgang Meisenheimer, ›Einführung in den Themenkreis‹, in: *ad* Nr. 19, *Architektur für die Sinne*, Wolfgang Meisenheimer (Hrsg.), Düsseldorf 1991, S. 6–9: ›Die erstaunlichste Erfahrung der Wahrnehmungspsychologie der letzten Jahrzehnte ist die Einsicht, daß sinnliche Erkenntnis sowohl bei einzelnen Wahrnehmungsvorgängen als auch bei großen Erlebniszusammenhängen kompositorisch, d.h. gestaltend verfährt: aus den äußeren Reiz-Daten der Sinne und den inneren Vergleichsmaterialien des Gehirns entsteht die Welt des Menschen als ›Vorstellungskonstrukt‹ und das nie ohne bedeutungsvolle Anordnung, d.h. ohne Sinn.‹ (S. 7). Hinter dieser These steckt natürlich die Philosophie des radikalen Konstruktivismus, wie ihn Humberto R. Maturana, Francisco J. Varela und Siegfried J. Schmidt entwickelt haben. Vgl. z. B. *Der Diskurs des Radikalen Konstruktivismus*, Siegfried J. Schmidt (Hrsg.), Frankfurt am Main 1987; Siegfried J. Schmidt, ›Liquidation oder Transformation der Moderne‹, in: *Besichtigung der Moderne*, Hans Holländer und Christian W. Thomsen (Hrsg.), Köln 1987, S. 53–70.
9 Friedrich Christoph Wagner, ›Körpererfahrung und Kreativität‹, in: *ad* Nr. 19 (Anm. 8), S. 15–24.
10 Richard Sennett, *Flesh and Stone*, New York, London 1994. Deutsche Ausgabe: *Fleisch und Stein. Der Körper und die Stadt in der westlichen Zivilisation*, Berlin 1995, S. 21.
11 Dies hat zu einem eigenen Buch geführt, das demnächst im gleichen Verlag erscheinen wird.
12 Juhani Pallasmaa, ›An Architecture of the Seven Senses‹, in: *Questions of Perception* (Anm. 2), S. 27–38, Zitat S. 29.
13 ›Im Sperrgebiet‹, Manuel Cuadra im Gespräch mit Cora Mollay (Mitglied der Selbsthilfeorganisation der Prostituierten in Frankfurt), *deutsche bauzeitung (db)*, 128. Jg., 11/94, S. 76–81, Zitat S. 78–79. Vgl. auch *Bauwelt*, 85. Jg., Nr. 13, 1. April 1994 mit dem Hauptthema ›Freudenhäuser – Prostitution.‹
14 Walter Dmoch, ›Entwicklungspsychologische Determinanten des Raum-Erlebens‹, in: *ad* Nr. 9 (Anm. 3), S. 23–33, Zitat S. 29–30. Vgl. auch Erik Homburger Erikson, *Identität und Lebenszyklus*, Frankfurt am Main 1966; Thomas Verny und John Kelly, *Das Seelenleben des Ungeborenen*, München 1981.
15 Aaron Betsky, *Building Sex: Men, Women and the Construction of Sexuality*, New York 1995.
16 Vgl. ebda., S. XV–XIX, 3–18.
17 Ebda., S. XIX.
18 Vgl. hierzu die einzelnen Beiträge in: *Sexuality and Space*, Beatriz Colomina (Hrsg.), New York 1992.
19 Heinz Peter Schwerfels, in: *Fusionen*, Essay im Katalog zur gleichnamigen Ausstellung mit Werken von Jean Louis Faure, Alain Fleischer, Bertrand Lavier und Georges Rousse im Hochhaus W 1 der Bayer AG, Leverkusen, 9. Nov. bis 17. Dez. 1988, Leverkusen 1989, o.S.
20 Feuerstein (Anm. 1), S. 92.
21 Vgl. Vera Lehndorff und Holger Trülzsch, *Oxydationen*, Altenham/Emertsham bei Hamburg 1979.
22 Wolfgang Meisenheimer, ›Einführung in den Themenkreis‹, in: *ad* Nr. 9 (Anm. 3), S. 13.
23 Vgl. Bernard Tschumi, *Architecture and Disjunction*, Cambridge, Mass. 1994, vor allem die Aufsätze zu ›Disjunction‹, S. 171–259.
24 Vgl. Bernard Tschumi, ›The Pleasure of Architecture‹, in: *Architecture and Disjunction* (Anm. 23), S. 89.

Zeitgenössische Beispiele erotischer Architektur

1 Hans Hollein, in: *Bau*, 1968, 1/2, S. 2.
2 Die Zahl der Kritiken zu Holleins Museum Abteiberg ist Legion. Praktisch alle wesentlichen Architekturzeitschriften der Welt haben seinerzeit ausführlich darüber berichtet. Vom Verfasser vgl. ›Der Romantiker, der aus der Kälte kam. Wiener Tradition und Postmoderne auf dem Abteiberg in Mönchengladbach‹, in: *Parnass*, Jg. III, Sept./Okt. 1983, S. 12–19.
3 ›Vision of Hans Hollein‹, in: *Architectural Visions for Europe*, Dirk Meyhöfer (Hrsg.), Braunschweig/Wiesbaden 1994, S. 76–83, Zitat S. 76.
4 Alejandro Zaera, ›Santiago Calatrava: The living structure‹, in: *Santiago Calatrava 1983/1993*, Richard C. Levene (Hrsg.), *El Croquis*, Bd. 38+57, Madrid 1994, S. 23.
5 *Santiago Calatrava: Ingenieur-Architektur*, Werner Blaser (Hrsg.), mit Beiträgen von Kenneth Frampton und Pierluigi Nicolin, Basel/Boston/Berlin 1989, S. 95.
6 Santiago Calatrava, ›Cabaret Tabourettli Basilea‹, in: *domus*, Sept. 1988, S. 52–62, Zitat S. 60.
7 *Santiago Calatrava 1983/1993* (Anm. 4), S. 19.
8 Alejandro Zaera, in: *Santiago Calatrava 1983/1993* (Anm. 4), S. 23.
9 ›La Ciudad de las Moreras‹, in: *Santiago Calatrava 1983/1993* (Anm. 4), S. 158.
10 Vgl. Dalís Illustrationen zu Lautréamont, *Les chants de Maldoror*, Paris 1934.
11 Coop Himmelblau, *Architektur ist jetzt. Projekte, (Un)bauten, Aktionen, Statements, Zeichnungen, Texte, 1968–1983*, Stuttgart/New York 1983, S. 124.
12 Georges Bataille, *Die Tränen des Eros* (1960, 1981), Gerd Bergfleth (Hrsg.), München 1981, S. 36.
13 Coop Himmelblau (Anm. 11), S. 118.
14 In Gesprächen mit dem Verfasser im Oktober 1990 in Wien.

Lustschlösser und Orte der gebauten Sehnsucht

1 William Beckford, *Vathek*, © Insel Verlag, Frankfurt am Main 1964, S. 29–30.
2 Voltaire, zitiert nach Friederike Wappenschmidt, *Der Traum von Arkadien: Leben, Liebe, Licht und Farbe in Europas Lustschlössern*, München 1990, S. 115.
3 Vgl. *Die Schlösser der Loire*, Axel M. Mosler, Fotos und Thorsten Droste, Text, München ^{3}1994, S. 49.
4 *Schlösser der Loire* (Anm. 3), S. 25.
5 Susanna Partsch, *Loire. Städte, Schlösser und Gärten von Giens bis Angers*, München 1993, S. 14–15.
6 Vgl. das Kapitel ›Badkultur und Sinnenlust‹.
7 Aaron Betsky, *Building Sex: Men, Women and the Construction of Sexuality*, New York 1995, S. 78–79.
8 Partsch (Anm. 5), S. 77.
9 Betsky (Anm. 7), S. 77.
10 Gustave Flaubert, *Tagebücher. Über Feld und Strand*, Potsdam 1919.
11 Zitiert nach Wappenschmidt (Anm. 2), S. 82.
12 Wappenschmidt (Anm. 2), S. 7. ›Montplaisir, Monrepos, Solitude, Favorite, Belvedere, Amalienburg, Pagodenburg, Brimborian, Bagatelle‹.
13 Ebda.
14 Wappenschmidt (Anm. 2), S. 8.
15 Wappenschmidt (Anm. 2), S. 9.
16 Ebda.
17 George Mott und Sally Sample Aall, *Follies and Pleasure Pavilions*. Introduction by Gervase Jackson-Stops, London 1989, S. 13.
18 Mott und Sample Aall (Anm. 17), S. 17–18.
19 Ebda.
20 Barbara Jones, *Follies and Grottoes*, revised edition, London 1974, S. 34.
21 Vgl. Marlis Grüterich, ›Der Orient König Ludwigs II. von Bayern‹, in: *du*, 2/1981, S. 26–79.
22 Vgl. Susanne von Meiss, ›Lady Glitters Lustpalais. Schloß Stonehaven in Texas‹, in: *Ambiente*, 4/April 1991, S. 54–62.

De Sade und High Tech: Körperarchitekturen und Zerstückelungsphantasien (Angela Krewani)

1 Nick Cave, ›Slowly Goes the Night‹, in: Nick Cave, *Tender Prey*, Mute Records Ltd., 1988.
2 Vgl. Herbert Singer, *Der galante Roman*, Stuttgart 1961.
3 Angela Carter, *Sexualität ist Macht: die Frau bei de Sade*, Reinbek bei Hamburg 1983, S. 57.
4 Donatien Alphonse Marquis de Sade, *Die hundertzwanzig Tage von Sodom oder Die Schule der Ausschweifung*, Dortmund 1990, S. 67f. Abdruck mit freundlicher Genehmigung des Harenberg Verlages.
5 Pier Paolo Pasolini, *Salò o le 120 Giornate*, Film: Italien, Frankreich 1975.
6 Carter (Anm. 3), S. 57f.
7 de Sade (Anm. 4), S. 69–70.
8 Ebda., S. 78f.
9 Vgl. Donatien Alphonse Marquis de Sade, *Philosophie im Boudoir*, München 1975.
10 Carter (Anm. 3), S. 93.
11 Ich beziehe mich hier auf die Psychoanalyse Jacques Lacans.
12 Gilles Deleuze und Félix Guattari, *Anti-Ödipus*, Frankfurt am Main 1977, S. 7.

13 *Architektur des 20. Jahrhunderts*, Peter Gössel und Gabriele Leuthäuser (Hrsg.), Köln 1990, S. 324, 331.
14 Vgl. Frederic Jameson, ›Postmoderne – zur Logik der Kultur im Spätkapitalismus‹, in: *Postmoderne: Zeichen eines kulturellen Wandels*, Andreas Huyssen und Klaus Scherpe (Hrsg.), Reinbek bei Hamburg 1986, S. 79.
15 Deyan Sudjic, *Norman Foster, Richard Rogers, James Stirling: New Directions in British Architecture*, London 1986, S. 23f.
16 Rogers & Piano, ›Statement‹, zitiert in: Sudjic (Anm. 15), S. 24.
17 Gilles Deleuze und Félix Guattari, *Kapitalismus und Schizophrenie. Tausend Plateaus*, Berlin 1992, S. 227.
18 Sudjic (Anm. 15), S. 61.
19 Coop Himmelblau, ›Die härtere Architektur‹, in: Coop Himmelblau, *Architektur ist jetzt. Projekte, (Un)bauten, Aktionen, Statements, Zeichnungen, Texte, 1968–1983*, Stuttgart/New York 1983, S. 91.
20 Vgl. Christian W. Thomsen, *Experimentelle Architekten der Gegenwart*, Köln 1991, S. 67.
21 Georg C. Bertsch, *Alfredo Arribas. Architecture and Design*, 1986–1992, Tübingen/Berlin 1993, S. 8f.

Badkultur und Sinnenlust

1 Louis Aragon, *Pariser Landleben*, München 1969, S. 61.
2 Ulrika Kiby, ›Die Badekultur, ein Vergnügen der Menschheit seit der Antike‹, in: *Badewonnen. Gestern – Heute – Morgen*, Köln 1993, S. 6–90, hier S. 18–30.
3 Kiby (Anm. 2), S. 24.
4 Vgl. Kiby (Anm. 2), S. 26.
5 Vgl. Kiby (Anm. 2), S. 31.
6 Kiby (Anm. 2), S. 36.
7 Vgl. Kiby (Anm. 2), S. 36.
8 Vgl. ebda.
9 Vgl. ebda.
10 Vgl. Kiby (Anm. 2) S. 57.
11 Vgl. Kiby (Anm. 2) S. 86.
12 Vgl. *In den Tempeln der Badelust: Architekturen der Sinnlichkeit*, Photographien: Gerhard P. Müller, Essay: Joseph von Westphalen, München 1986.
13 Lady Mary Montague, ›In einem türkischen Frauenbadehaus‹, in: *Briefe der Lady Mary Worthley Montague, während ihrer Reisen in Europa, Asia und Africa (...) geschrieben*; welche außer anderen Merkwürdigkeiten Nachrichten von der Staatsverfassung und den Sitten der Türken enthalten; aus Quellen geschöpft, die für andere Reisende unzugänglich gewesen, Leipzig 1764, zitiert nach *In den Tempeln der Badelust* (Anm. 12), S. 46.
14 Erich Küthe, ›Vom ›Powder room‹ zum Erlebnisbad‹, in: *Badewonnen* (Anm. 2), S. 101–168, hier das Unterkapitel ›Die Bourgeoisie revolutioniert das Badewesen‹, S. 101–111.
15 Diese Slogans entstammen der Duravit-Werbung für Keramik-Bäder aus den Werbebroschüren und Katalogen des Jahres 1993.

Erotische Symbole in der Architektur

1 ›Rapunzel‹, in: Jakob Grimm, *Märchen der Brüder Grimm*, Berlin 1937, S. 103.
2 Vgl. Christian W. Thomsen, *Literarchitektur. Wechselwirkungen zwischen Architektur, Literatur und Kunst im 20. Jahrhundert*, Köln 1989, Kap. II: ›Turmblicke‹, S. 52–71.
3 Sigmund Freud, ›Vorlesungen zur Einführung in die Psychoanalyse‹, in: Sigmund Freud, *Gesammelte Werke*, Bd. 11, Frankfurt am Main 1940, S. 157–158.
4 *Khajurâho. Tempel der Liebe*, Louis Frédéric, Text, Raghu Rai, Photographie, Alain Danielou, Vorwort, Köln 1993, S. 91.
5 *Khajurâho* (Anm. 4), S. 9.
6 Salvador Dalí, *Das geheime Leben des Salvador Dalí*, Ralf Schiebler, Übersetzung und Nachwort, München 1984, S. 412.
7 Vgl. Nils-Ole Lund, *Collage Architecture*, Christian W. Thomsen, Einführung, Berlin 1990.
8 Botho Strauss, *Der junge Mann*, © Carl Hanser Verlag, München/Wien 1984, S. 338.
9 Strauss (Anm. 9), S. 351.
10 Peter Weiss, ›Der große Traum des Briefträgers Cheval‹, in: Peter Weiss, *Rapporte 1*, © Suhrkamp Verlag, Frankfurt am Main 1968, S. 36–50, Zitat S. 36–37, 41.
11 Gabrielle Wittkopp-Monardeau, ›Die Wärme der Sterne. Der Briefträger Cheval bleibt ein Rätsel‹, in: *FAZ*, 21. Januar 1995, Nr. 18, Beilage *Bilder und Zeiten*, o. S.

Erotische Architekturphantasien

1 Barbara Radice, *Ettore Sottsass. Leben und Werk*, München 1993, S. 28–29.
2 Vgl. *Stanley Tigerman. Buildings and Projects, 1966–1989*, Sarah Mollman Underhill (Hrsg.), New York 1989, S. 58–61.
3 Vgl. *Stadt und Utopie: Modelle idealer Gemeinschaften*, Katalog zur gleichnamigen Ausstellung des Neuen Berliner Kunstvereins, Lucie Schauer, Idee und Konzeption, Berlin 1982, S. 116.
4 Den besten Einblick in Finsterlins Werk erlaubt Reinhard Döhl, *Hermann Finsterlin. Eine Annäherung.* Katalog und Monographie, Graphische Sammlung Staatsgalerie Stuttgart, Stuttgart 1988.
5 Vgl. insbesondere Finsterlins Entwürfe aus der Zeit seiner Mitwirkung an der ›Gläsernen Kette‹ aus den Jahren 1919–21 und hierzu u. a. Christian W. Thomsen, *Architekturphantasien: von Babylon bis zur virtuellen Architektur*, München 1994, S. 85.
6 Hermann Finsterlin, autobiographische Notiz, o.J., o.S.
7 Vgl. *Lebbeus Woods, Centricity: architekturphilosophische Visionen*, Katalog zur gleichnamigen Ausstellung in der Aedes-Galerie Berlin, Berlin 1987, und Lebbeus Woods, *Anarchitecture. Architecture is a Political Act*, London 1992, S. 50–63.
8 Vgl. Christian W. Thomsen, ›Lebbeus Woods' ›Centricity‹: Architekturphilosophische Vision von der Idealstadt universaler Wissenschaft‹, in: *Lebbeus Woods, Centricity* (Anm. 7), S. 4–7, und Christian W. Thomsen, ›Lebbeus Woods: Visionäre Welten‹, in: *Experimentelle Architekten der Gegenwart*, Köln 1991, S. 195–215.
9 Vgl. Thomsen, *Architekturphantasien* (Anm. 5), S. 124–128, und Woods, *Anarchitecture* (Anm. 7), S. 110–141.
10 Vgl. ›Italian Radical Architecture and Design 1966-1973‹, in: *Terrazzo* Nr. 5, Herbst 1990, S. 73–144, darin: ›Ettore Sottsass‹, S. 102–114.
11 Ettore Sottsass, ›Counterdesign‹ (1971), in: *Terrazzo* Nr. 5 (Anm. 10), S. 108, deutsch in: Radice (Anm. 1), S. 171.
12 Ettore Sottsass, ›How to Protect Beauty from Dust and Piranhas‹, 1967, in: *Terrazzo* Nr. 5 (Anm. 10), S. 103–108.
13 Radice (Anm. 1), S. 171.
14 Roberto Baldazzini und Lorena Canossa, ›Interiors‹, in: *Terrazzo* Nr. 3, Herbst 1989, S. 73–80.
15 Maurizio Castelvetro, ›Flora Bolidist Manifesto. Notes for use inside‹, in: *Massimo Iosa Ghini*, N.N. Edition, Düsseldorf 1993, o.S.
16 Vgl. Christian W. Thomsen, *Dieter Sieger: Architekt, Schiffsbauer, Designer*, Tübingen 1994, S. 294, 300–301.

Architektur – Erotik – Kunst

1 Louise Bourgeois im Gespräch mit Christiane Meyer-Thoss, in: Christiane Meyer- Thoss, *Louise Bourgeois*, Zürich 1992, S. 108.
2 Edgar Allan Poe, ›Der Untergang des Hauses Usher‹, in: *Erzählungen*, mit den Zeichnungen von Alfred Kubin, Bd. 2, München 1965, S. 97–127, Zitat S. 99.
3 Poe (Anm. 2), S. 103–104.
4 Poe (Anm. 2), S. 110.
5 Vgl. Heinrich Klotz und Andrea Gleiniger, *Der Hang zur Architektur in der Malerei der Gegenwart*, Katalog zur gleichnamigen Ausstellung im Deutschen Architektur-Museum Frankfurt am Main, 3. Sept. 1988 bis 23. Okt. 1988, Stuttgart 1988.
6 Wieland Herzfelde, ›Zum Geleit‹, in: *George Grosz. Paß auf, hier kommt Grosz. Bilder, Rhythmen, Gesänge; 1915–1918*, Wieland Herzfelde und Hans Marquardt (Hrsg.), Leipzig 1981, S. 9.
7 George Grosz, ›Gedichte und Gesänge, Berlin, Frühjahr 1917, I‹, in: *Grosz, Paß auf* (Anm. 6), S. 24.
8 *Grosz, Paß auf* (Anm. 6), S. 28. Vgl. die umfassende Darstellung dieses Themas im Katalogbuch zur Ausstellung *George Grosz: Berlin – New York*, Neue Nationalgalerie Berlin, 21. Dez. 1994 bis 17. April 1995, und Kunstsammlung Nordrhein-Westfalen, Düsseldorf, 6. Mai bis 30. Juli 1995, Peter-Klaus Schuster (Hrsg.), Berlin 1994.
9 Vgl. Karl Riha, ›George Grosz und Amerika‹, in: *George Grosz, New York*, Walter Huder und Karl Riha (Hrsg.), Siegen 1985, o.S.
10 George Grosz, ›Gesang an die Welt, II‹, in: *Grosz, Paß auf* (Anm. 6), S. 18.
11 *George Grosz, New York* (Anm. 9).
12 Werner Spies, *Lindner*, Katalog zur gleichnamigen Ausstellung in der Galerie Maeght, Paris 1980, S. 23. Vgl. auch Hilton Kramer, *Richard Lindner*, Berlin 1975, und Judith Zilczer und Peter Selz, *Richard Lindner, Paintings and Watercolors 1948–1977*, München 1996.
13 Gilles Néret, *Erotik in der Kunst des 20. Jahrhunderts*, Angelika Muthesius und Burkhard Riemschneider (Hrsg.), Köln 1992, S. 44–45.
14 Richard Lindner im Interview mit John Gruen für *Art News* am 14. April 1978, in: Spies (Anm. 12), S. 46.
15 Lindner im Interview mit John Gruen (Anm. 14), S. 45.
16 Wilfried Dickhoff, Vorwort, in: *Francesco Clemente im Gespräch mit Rainer Crone und Georgia Marsh*, Köln 1990, S. 11.
17 Ebda.
18 ›Francesco Clemente on Architecture‹, in: *Terrazzo* Nr. 2, Frühjahr 1989, S. 85–93.
19 ›Francesco Clemente on Architecture‹ (Anm. 18), S. 61.
20 Vgl. erotische Bilder Clementes u. a. in: Ann Percy, *Francesco Clemente: Three Worlds*, with essays by Stella Kramrisch and Ettore Sottsass, Philadelphia1990; *Francesco Clemente. Pastelle 1973–1983*, Katalog zur gleichnamigen Ausstellung in der Nationalgalerie Berlin, 16. März bis 13. Mai 1984, München 1984; Francesco Clemente, *Evening Raga & Paradiso 1992*, Introduction by Francesco Clemente, Allen Ginsberg and Peter Orlovsky, Gagosian Gallery and Rizzoli, New York 1992; *Francesco Clemente. Early Morning Exercises*, Katalog zur Ausstellung im Cabinet d'Art Graphique, Centre Georges Pompidou, Paris, 26. Okt. 1994 bis 16. Jan. 1995, Paris 1994; *Francesco Clemente. The Black Book*, Katalog zur Ausstellung in der Kunsthalle Basel, Thomas Kellwein (Hrsg.), Basel 1991.
21 Der beste Überblick über Typologien, Verbreitung, Geschichte und Deutung des Labyrinths findet sich in Hermann Kern, *Labyrinthe: Erscheinungsformen und Deutungen; 5000 Jahre Gegenwart eines Urbilds*, München 1982. Infolge des Todes des Autors kam die seinerzeit im Münchner Haus der Kunst geplante Ausstellung nicht zustande.
22 Vgl. Paul Radin, Karl Kerény und C. G. Jung, *Der göttliche Schelm. Ein indianischer Mythenzyklus*, Hildesheim [2]1979.
23 Christian W. Thomsen, ›Persönliche Metaphern. Medrie MacPhees magisch-phantastischer Realismus‹, in: *Parnass*, H. 1, Januar/Februar 1990, S. 70–76, Interview S. 72.
24 Medrie MacPhee in einem Brief vom 3. April 1993 an den Autor.
25 Vgl. das Werkstattgespräch Christos in *art*, 12/1990, S. 28–41.
26 Werner Spies, ›Einführung‹ in: *Christo, Surrounded Islands*, Köln 1984, S. 8–27, Zitat S. 27.

27 *Christo und Jeanne-Claude, Der Reichstag und urbane Projekte,* Katalogbuch zur gleichnamigen Ausstellung im KunstHaus Wien, 9. Juni bis 26. Juli 1993 und im Museum Villa Stuck, München, vom 12. Mai bis 10. Juli 1994, Jacob Baal-Teshuva (Hrsg.), München 1993.
28 Christo und Jeanne-Claude, Pressemitteilung zu ›Verhüllter Reichstag: Projekt für Berlin‹, in: *Christo, Der Reichstag* (Anm. 27), S. 8.
29 ›Warum ist Magie so teuer, Christo und Jeanne-Claude?‹, Interview von Jordan Mejias, in: *FAZ Magazin,* H. 836, 8. März 1996, S. 110–111.
30 Norbert Miller, ›Der verwunschene Garten des Vicino Orsini‹, in: *Daidalos,* Nr. 3/März 1982, Zitat S. 38–39.
31 Vgl. Jan Pieper, ›Gärten der Erinnerung. Im Sacro Bosco von Bomarzo‹, in: *Kunstforum International,* Bd. 69, 1984, S. 91–97, hier S. 92.
32 Vgl. Klaus Poenicke, ›Schönheit im Schoße des Schreckens. Raumgefüge und Menschenbild im englischen Schauerroman‹, in: *Archiv,* Bd. 207, 122. Jg., H. 1/Juni 1970, S. 1-20.
33 Pieper (Anm. 31), S. 97.
34 Kurt Schwitters, ›Ich und meine Ziele‹, in: *Kurt Schwitters: 1887–1948,* Katalog zur Retrospektive 1986 und zum 100. Geburtstag 1987, Sprengel-Museum Hannover, Joachim Büchner und Norbert Nobis (Hrsg.), Berlin/Frankfurt am Main ^{2}1987, S. 260.
35 Ebda.
36 Ebda.
37 Louise Bourgeois, ›Twosome‹, in: *Louise Bourgeois: Skulpturen und Installationen,* Katalogbuch zur gleichnamigen Ausstellung der Kestner-Gesellschaft Hannover, 3. Sept. bis 30. Okt. 1994, Carl Haenlein (Hrsg.), Hannover 1994, S. 129; der Beitrag erschien zuerst in: *Dislocations,* Museum of Modern Art, Robert Storr (Hrsg.), New York 1991.
38 Vgl. Barbara Catoir, ››No Exit‹ – Der Raum im Werk von Louise Bourgeois‹, in: *Louise Bourgeois: Skulpturen* (Anm. 37), S. 109–115.
39 Vgl. Lynne Cook, ›Statement zu ›Cell II‹‹, in: Charlotta Kodik, Terrie Sultan und Christian Leigh, *Louise Bourgeois: the Locus of Memory; Works 1982–1993,* Brooklyn Museum, New York 1994, S. 72.
40 *Louise Bourgeois: Skulpturen* (Anm. 37), S. 5.
41 Poenicke (Anm. 32), S. 1–20.
42 Louise Bourgeois in: Meyer-Thoss (Anm. 1), S. 162.
43 Niki de Saint Phalle, in: *Niki de Saint Phalle. Bilder – Figuren – phantastische Gärten,* Katalog zur gleichnamigen Ausstellung in der Kunsthalle der Hypo-Stiftung München, 26. März bis 21. Juni 1987, Carla Schulz-Hoffmann (Hrsg.), München 1987, S. 39.
44 Ebda.
45 Vgl. den umfassenden Katalog von Pontus Hulten, *Niki de Saint Phalle,* zur gleichnamigen Ausstellung in der Kunst- und Ausstellungshalle der Bundesrepublik Deutschland, Bonn, 19. Juni bis 1. Nov. 1992, Stuttgart 1992.
46 Vgl. Rita Imwinkelried, ›Ein magischer Garten der Mutter-Göttin‹, in: *art,* Nr. 6/Juni 1993, S. 36–44.
47 Niki de Saint Phalle, in: *Niki de Saint Phalle. Bilder – Figuren – phantastische Gärten* (Anm. 43), S. 150.
48 Imwinkelried (Anm. 46), S. 44.

Inszenierungen des Innen

1 Angela Carter, *Die infernalischen Traummaschinen des Doktor Hoffman,* aus dem Englischen von Joachim Kalka, © 1972 Angela Carter, Klett Cotta Verlag, Stuttgart 1984, S. 302–303.
2 Vgl. Nils-Ole Lund, *Collage Architecture,* Christian W. Thomsen, Einführung, Berlin 1990, S. 24.
3 Thomas Schröder, ›Ich hätt' so gern ein Haus‹, in: *Architektur & Wohnen,* 1/1978, S. 54.
4 Ebda.
5 Vera Sieveking, ›Von Bett zu Bett. Aus der Kulturgeschichte des Schlafmöbels‹, in: *Architektur & Wohnen,* 3/1978, S. 206–210, Zitat S. 206.
6 Vgl. ›Die Zukunft des Wohnens bestimmen Individualisten jeglicher Art‹, Interview mit Carmen Lakaschus, in: *Architektur & Wohnen,* 1/1995, S. 56–59.
7 Ebda.
8 Zum Fetischismus vgl. Martin Wollschläger, *Fetischismus, Transvestitismus, Transsexualität, Homosexualität,* Köln 1983; zu Starck vgl. Jörg Altwegg, ›Philippe Starck‹, in: *FAZ-Magazin,* Heft 729, 3. Februar 1995, S. 6–12, Olivier Boissière, *Philippe Starck,* Köln 1991, und Franco Bertoni, *Philippe Starck, Architektur,* München 1994.
9 Vgl. Michel Croce-Spinelli, *Fetisch und Fortschritt. Berichte aus dem Kongo, Dahome, Gabun und Kamerun,* München 1969.
10 Wir haben hierzu eine Umfrage unter Architekturstudentinnen und jungen Architektinnen durchgeführt, die zwar nicht repräsentativ, aber doch in vieler Hinsicht aufschlußreich ist.
11 ›Studio Citterio & Dwan. ›esprit‹, Modegeschäft, Café und Verwaltung in Amsterdam‹, in: *Internationales Interior Design 1990/91,* Lucy Bullivant (Hrsg.), München 1991, S. 136–139, Zitat S. 138.
12 ›Eva Jiricna Architects. ›Joseph‹, Modeboutique in London/England‹, in: *Internationales Interior Design 1991/92,* München 1992, S. 160–163, Zitat S. 160.
13 Vgl. Wolf-Dietrich Bukow, *Ritual und Fetisch in fortgeschrittenen Industriegesellschaften. Formen kultureller Kommunikation,* Frankfurt am Main 1984, bes. Kap. V und VI, S. 64ff.
14 Vgl. *Japan-Design,* Matthias Dietz und Michael Mönninger (Hrsg.), Köln 1992, S. 64–84, hier S. 65.
15 Ebda.
16 Andrea Branzi, ›Shiro Kuramata. Purple Shadows‹, in: *Terrazzo* Nr. 3, Herbst 1989, S. 81–100, Zitat S. 81.
17 Branzi (Anm. 16), S. 82.
18 *Internationales Interior Design 1991/92* (Anm. 12), S. 147.
19 *Alfredo Arribas. Architecture and Design. Arquitectura y diseno, 1986–1992,* Introduction by Oscar Tusquets, text by Georg C. Bertsch, Tübingen/Berlin 1993, S. 42.
20 ›Alfredo Arribas Arquitector Associados. ›Velvet Bar‹, Nachtklub in Barcelona/ Spanien‹, in: *Internationales Interior Design 1990/91* (Anm. 11), S. 122–124, Zitat S. 123.
21 ›Zaha Hadid. ›Moonsoon‹, Club in Sapporo/Japan‹, in: *Internationales Interior Design 1991/92* (Anm. 12), S. 114–117, Zitat S. 116.
22 Lucy Bullivant, in: *Internationales Interior Design 1993/94,* München 1994, S. 114–117, Zitat S. 117.
23 ›Jean-Michel Wilmotte. ›Technal‹, Showroom in Toulouse/Frankreich‹, in: *Internationales Interior Design 1991/92* (Anm. 12), S. 180–181, Zitat S. 181.

Sinnliche Stadtambiente

1 Italo Calvino, *Die unsichtbaren Städte,* München 1977, S. 15–16.
2 Vgl. *Die Stadt als Gabentisch,* Hans G. Helms (Hrsg.), Leipzig 1992; Klaus-Dieter Weiß, *Urbane Handelswelten. Zeilgalerie Les Facettes,* Berlin 1994.
3 Zitiert nach: Heinz Coubier, *Europäische Stadt-Plätze. Genius und Geschichte,* Köln 1985, S. 23.
4 Coubier (Anm. 3), S. 12.
5 Lise-Anne Couture and Hani Rashid, ›Film as Architecture as Film‹, in: *Architectural Design, Architecture and Film,* Sonderband = Profile Nr. 112, London 1994, S. 62–67, Zitat S. 63.
6 Vgl. Charles Jencks, *The Prince, the Architects and New Wave Monarchy,* London 1988; ›Prince Charles and the Architectural Debate‹, in: *Architectural Design,* Vol. 59, Nr. 5/6, 1989.
7 Vgl. Ján Kulich, *Teltsch. Das Schloß und die Stadt,* Teltsch 1994, S. 30–39; Vlasta Kratinová, Bohumil Samek, Milos Stehlík, *Telc. Eine historische Stadt in Südmähren,* Prag 1993, S. 47–67.
8 Arthur Erickson im Interview mit dem Verfasser, Juli 1988.
9 Arthur Erickson, *The Architecture of Arthur Erickson,* New York 1988, S. 118.
10 Johann Friedrich Geist, *Passagen: ein Bautyp des 19. Jahrhunderts,* München ^{2}1978, S. 11.
11 Geist (Anm. 10), S. 12.
12 Ebda.
13 Weiß (Anm. 2), S. 39.
14 Aaron Betsky, *Building Sex: Men, Women and the Construction of Sexuality,* New York 1995, S. XIII, XIV, XVIII.
15 Vgl. die Zeidler-Monographie des Verfassers: Christian W. Thomsen, *Eberhard Zeidler. In Search of Human Space,* Berlin 1992, S. 96–106.
16 Pierre Vago, ›Urbane Verstrickungen: Paris‹, in: Weiß (Anm. 2), S. 76–79, Zitat S. 79.
17 Die Informationen des Verfassers beziehen sich auf ausführliche Gespräche mit Norman Hotson in den Jahren 1986–1988 sowie auf zahlreiche Besuche auf Granville Island.
18 Vgl. Bernard Rudofsky, *Streets for People,* Garden City, N.Y. 1969.
19 Stephanie Williams, *Docklands,* London 1993, S. 8.
20 Williams (Anm. 19), S. 30.
21 Vgl. *Winner. Bilder und Graphik. Paintings and Graphic, 1970–1980,* Dieter Blume (Hrsg.), Braunschweig 1980, S. 10–24.
22 Williams (Anm. 19), S. 52.
23 Williams (Anm. 19), S. 38.
24 Ingeborg Schild, ›Zur Geschichte des Kaiserbades‹, in: Ernst Kasper und Klaus Klever, *Das Kaiserbad. Der Neubau und sein historischer Hintergrund,* Aachen 1995, S. 16.
25 Ernst Kasper und Klaus Klever, ›Das Neue Kaiserbad‹, in: Kasper und Klever (Anm. 24), S. 34–35.
26 Kasper und Klever (Anm. 24), S. 38.
27 Kasper und Klever (Anm. 24), S. 45.
28 Kasper und Klever (Anm. 24), S. 46.
29 Carme Pinós, ›Vorwort‹ zu Kasper und Klever (Anm. 24), S. 7.
30 Elia Zenghelis, ›K.K.K. – Ein Gen urbaner Fruchtbarkeit‹, in: Kasper und Klever (Anm. 24), S. 8.
31 Gert Kähler, ›Glitzerwelten: Hamburg‹, in: Weiß (Anm. 2), S. 97.
32 Vgl. ›Kunstkompass‹, in: *Capital,* Nr. 11/1995, S. 340–352 und *Focus,* Nr. 43/1995, S. 152.

Architektur und Erotik im Film (Angela Krewani)

1 ›The Belly of an Architect. Peter Greenaway interviewed by Don Ranvaud‹, in: *Sight & Sound,* Bd. 56, Sommer 1987, S. 193.
2 Reinhard Görling, ›Postmoderne Spielregeln‹, in: *Filmwärts,* 21/1992, S. 25.
3 Laura Mulvey, ›Visuelle Lust und narratives Kino‹, in: *Frauen in der Kunst,* Bd. 1, Gislind Nabakowski u.a. (Hrsg.), Frankfurt am Main 1980.
4 Vgl. Wolf Donner und Jürgen Menningen, *Signale der Sinnlichkeit. Filmerotik mit anderen Augen,* Düsseldorf/Wien/New York 1987.
5 Vgl. Christian W. Thomsen, *LiterArchitektur. Wechselwirkungen zwischen Architektur, Literatur und Kunst im 20. Jahrhundert,* Köln 1989.
6 Zu Weiblichkeitsdiskurs und Stadt vgl. Sigrid Weigel, *Topographien der Geschlechter: kulturgeschichtliche Studien zur Literatur,* Reinbek bei Hamburg 1990.
7 *Deutsche Republik,* 1927, zitiert in: Ilona Brennicke und Joe Hembus, *Klassiker des deutschen Stummfilms: 1910–1930,* München 1983, S. 143.
8 Antonio Sant' Elia, zitiert in: Thomsen (Anm. 5), S. 158.
9 Le Corbusier, zitiert in: Hans-Joachim Schlegel, ›Die Utopie der universellen Synthese. Zu Konzept und Schicksal ost- und mitteleuropäischer Filmavantgarden‹, in: *Europa, Europa. Das Jahrhundert der Avantgarde in Mittel- und Osteuropa,* Bd. 2, Ryszard Stanislawski und Christian Brockhaus (Hrsg.), Bonn 1994, S. 153.

10 *Europa, Europa* (Anm. 9), S. 76.
11 Naum Klejmann, ››Nationales‹, ›Internationales‹ und die sowjetische Filmavantgarde‹, in: *Europa, Europa* (Anm. 9), S. 16.
12 Kulesov, ›Esli teper ... (Wenn jetzt ...)‹, zitiert in: *Europa, Europa* (Anm. 9), S. 162.
13 Dziga Vertov, zitiert in: *Europa, Europa* (Anm. 9), S. 162f.
14 Sergej Eisenstein, ›Montage der Attraktion‹, ›Montage der Filmattraktion‹, in: Sergej Eisenstein, *Das dynamische Quadrat.* Schriften zum Film, Köln 1988, S. 10–16 u. 17–45.
15 Peter Greenaway im Interview mit Peter Sainsbury-Brown, ›From a View to a Death‹, in: *Monthly Film Bulletin*, Nov. 1982, S. 255.
16 Vgl. Gabriele Jutz, Gottfried Schlemmer, ›Zur Geschichtlichkeit des Blicks‹, in: *Sprung im Spiegel: filmisches Wahrnehmen zwischen Fiktion und Wirklichkeit*, Christa Blümlinger (Hrsg.), Wien 1990, S. 15–32.
17 Vgl. Yvonne Spielmann, ›Framing, Fading, Fake: Peter Greenaway's Kunst der Regeln‹, in: *Film, Fernsehen, Video und die Künste. Strategien der Intermedialität*, Joachim Paech (Hrsg.), Stuttgart 1994, S. 149.
18 Jeremy Clarke, ›Architecture & Mortality. Director Peter Greenaway interviewed by Jeremy Clarke on the release of ›The Belly of an Architect‹‹, in: *Films & Filming*, Okt. 1987, S. 6.
19 *Etienne-Louis Boullée, Architektur, Abhandlung über die Kunst*, Beat Wyss (Hrsg.), Adolf Max Vogt, Einführung und Kommentar, Zürich/München 1987, S. 55ff.
20 ›The Belly of an Architect‹ (Anm. 1), S. 196.
21 Clarke (Anm. 18), S. 7.
22 Vgl. dazu Peter Greenaways Antwort im Interview auf die Frage:
»And Piazza della Libertà? No Italian would dare shoot there after Fellini's ›Roma‹, and few would take their cameras into the tourist trap of the Pantheon.«
PG: »You can put that down to the naive Englishman. I mean, you can imagine the reverse – a European director coming to London to set his scenes in Carnaby Street, Trafalgar Square and the Tower of London? It makes you shudder.«, ›The Belly of an Architect‹ (Anm. 1), S. 195.

Von mediengestützten Raumkörpern und Körperräumen zu medialisierten Körpern in immateriellen Räumen: Cybersex

1 Roy Ascott, ›Zurück zur künstlichen Natur‹, in: *Kultur und Technik im 21. Jahrhundert*, Gert Kaiser u.a. (Hrsg.), Frankfurt/New York 1993, S. 341–355. Zitat S. 351.
2 Hans Moravec im Interview mit der Zeitschrift *Mondo 2000*: ›Clever Hans and his Expert Systems Future‹, in: *Mondo 2000*, Nr. 11/1993, S. 46–51.
3 Siegfried J. Schmidt, *Cyber als Oikos? Oder: Ernste Spiele*, unveröffentlichtes Manuskript, Siegen 1995, S. 13.
4 Vgl. hierzu: Günther Feuerstein, *Visionäre Architektur, Wien 1958/1988*, Berlin 1988; Christian W. Thomsen, *Experimentelle Architekten der Gegenwart*, Köln 1991.
5 *Hybridkultur*, Christian. W. Thomsen (Hrsg.), Siegen 1994.
6 Vgl. Marcos Novak, ›Liquid Architectures in Cyberspace‹, in: *Cyberspace*, Michael Benedikt (Hrsg.), Cambridge, Mass. ³1992, S. 225–254, hier S. 226.
7 Vgl. *Peter Cook 1961–1989, Architecture and Urbanism (a+u)*, Extra Edition, Tokio, Dezember 1989; *Archigram*, Peter Cook (Hrsg.), London 1972.
8 Vgl. Christian W. Thomsen, ›The Viennese Avantgarde of the '60s and Beyond‹, in: *Architecture and Urbanism (a+u)*, Nr. 289, Oktober 1994, S. 74–95.
9 Abgedruckt in: *Haus-Rucker-Co: Denkräume – Stadträume 1967–1992*, Dieter Bogner (Hrsg.), Klagenfurt 1992, S. 13.
10 *Haus-Rucker-Co* (Anm. 9), S. 17.
11 Coop Himmelblau, *Architektur ist jetzt. Projekte, (Un)bauten, Statements, Zeichnungen, Texte, 1968–1983*, Stuttgart/New York 1983, S. 182.
12 Coop Himmelblau (Anm. 11), S. 174.
13 Vgl. hierzu den Sammelband *Multimediale Stadt. Entwicklungen, Trends, Visionen auf dem Weg ins nächste Jahrhundert*, Ingrid Stoppa-Sehlbach (Hrsg.), Sekretariat für Zukunftsforschung, Gelsenkirchen 1993.
14 Coop Himmelblau (Anm. 11), S. 178.
15 Coop Himmelblau (Anm. 11), S. 176.
16 Ebda.
17 Die Zusammenführung der verschiedenen Theorien und Diskurse beabsichtigt Marie-Luise Angerer, Wien, in ihrer Habilitationsschrift mit dem Arbeitstitel *Body/Options. Kommunikationstechnologische Rahmenbedingungen für Körper/Repräsentationen/Geschlechts/Identitäten.* Des weiteren gehört Derrick de Kerckhove, der Direktor des McLuhan-Instituts in Toronto, zu jenen Wissenschaftlern, die interdisziplinäre Ansätze aufeinander zu beziehen suchen. Vgl. Derrick de Kerckhove, *Brainframes. Technology, Mind and Business*, Utrecht 1991.
18 William Gibson, *Mona Lisa Overdrive*, deutsche Erstausgabe, München 1989, S. 61.
19 Vgl. *ARCH+*, Nr. 108, Berlin 1991, S. 90.
20 Otto Riewoldt, ›Büro-Nomaden auf der Info-Autobahn‹, in: *mobil. Das Magazin der Deutschen Bahn*, Nr. 2, März/April 1995, S. 16–25, Zitat S. 18.
21 Francis Duffy, Direktor des Office-Design-Unternehmens DEGW, zitiert bei Riewoldt (Anm. 20), S. 18.
22 Allucquère R. Stone, ›Will the Real Body Please Stand up? Boundary Stories about Virtual Cultures‹, in: *Cyberspace* (Anm. 6), S. 81–118. Das Zitat S. 81 lautet: ›I, for one, spend more time interacting with Saint-John Perse, my affectionate name for my Macintosh computer, than I do with my friends.‹
23 Vgl. dazu Christian W. Thomsen, ›Mediarchitecture‹, Parts I–IV, in: *Architecture and Urbanism (a+u)*, Nr. 280, 282, 284 und 289, Tokio 1994.
24 Vgl. vor allem den Katalog zur Ausstellung *Energieen* im Stedelijk Museum Amsterdam vom 8. 4. – 29. 7. 1990, der eingehend das Projekt ›Bibliothèque de France‹ vorstellt.
25 ›Critical Art Ensemble, Electronic Disturbances, Telecritical Performance‹, in: *The Last Sex. Feminism and Outlaw Bodies*, Arthur und Marilouise Kroker (Hrsg.), New York 1993, S. 208–219, Zitat S. 211.
26 Vgl. hierzu die Beiträge in Gilles de Bure, *Jean Nouvel, Emmanuel Cattani et associés. Vier Projekte in Deutschland*, und Olivier Boissière, *Jean Nouvel, Emmanuel Cattani et associés*, Zürich 1992.
27 Jean Nouvel in: de Bure (Anm. 26), S. 12.
28 ›Der Bildschirm als Mauer‹, Paul Virilio im Gespräch mit Andreas Ruby, in: *deutsche bauzeitung*, 6/1994, S. 52–56, Zitat S. 52.
29 Paul Virilio, *Die Eroberung des Körpers: vom Übermenschen zum überreizten Menschen*, München/Wien 1994, S. 109.
30 Virilio (Anm. 29), S. 121. Zu Stelarcs weitgehend ahistorischer, in der alten Tradition des Maschinenmenschen stehenden Kunstauffassung vgl. seinen eigenen Beitrag ›Von Psycho- zu Cyberstrategien: Prothetik, Robotik und Teile-Existenz‹, in: *Kunstforum*, Bd. 132/Nov. 1995 – Jan. 1996, S. 73–81.
31 Vgl. Donna Haraway, ›A Manifesto for Cyborgs: Science, Technology, and Socialist Feminism‹, in: *Feminism/Postmodernism*, Linda J. Nicholson (Hrsg.), New York/London 1990, S. 190–233, und Donna Haraway, ›The Actors are Cyborgs, Nature is Coyote, and the Geography is Elsewhere: Postscript to ›Cyborgs at Large‹‹ in: *Technoculture*, Constance Penley und Andrew Ross (Hrsg.), Minneapolis 1991.
32 In Zusammenhang mit der ›Telepolis‹-Konferenz Anfang Dezember 1995 in Luxemburg sind hier vor allem zwei von Florian Rötzer u.a. verfaßte und herausgegebene Bücher zu nennen, welche die diesbezügliche Diskussion der neunziger Jahre vorantreiben: Florian Rötzer, *Die Telepolis-Urbanität im digitalen Zeitalter*, Mannheim 1995, und *Stadt am Netz, Ansichten von Telepolis*, Stefan Iglhaut, Armin Medosch, Florian Rötzer (Hrsg.), Mannheim 1996.
33 Karlheinz Steinmüller, ›Versuche über den Cyberspace. Spekulative Bemerkungen zu einer neuen Technik‹, in: *Wirklichkeitsmaschinen. Cyberspace und die Folgen*, K. H. Steinmüller (Hrsg.), Weinheim/Basel 1993, S. 136.
34 Philip Robinson und Nancy Tamosaitis, *The Joy of Cybersex. The Underground Guide to Electronic Erotica*, New York 1993.
35 Kathy Keeton, ›Foreword‹, in: Robinson und Tamosaitis (Anm. 34), S. XIII.
36 Ebda.
37 Robinson und Tamosaitis (Anm. 34), S. 15.
38 Keeton (Anm. 35), S. XIV. Tatsächlich handelt es sich hier um ein nur unwesentlich verändertes Zitat aus dem Kapitel ›Teledildonics und darüber hinaus‹, in: *Virtuelle Welten* (Anm. 46), S. 329–330.
39 Schmidt (Anm. 3), S. 8. Vgl. auch Siegfried J. Schmidt, ›Platons Höhle – Ein philosophischer Betriebsunfall?‹, in: *Platons Höhle. Das Museum und die elektronischen Medien*, Köln 1995, S. 36–56, hier S. 49–52, Zitat S. 52.
40 Michael Heim, ›The Erotic Ontology of Cyberspace‹, in: *Cyberspace* (Anm. 6), S. 59–80, Zitat S. 65.
41 Arthur und Marilouise Kroker, ›The Last Sex. Feminism and Outlaw Bodies‹, in: *The Last Sex* (Anm. 25), S. 1–19, Zitat S. 15.
42 Ebda.
43 Vgl. Stahl Stenslie, ›Cyber SM. A Comment on Tactile Technology‹, in: *Lab, Das Magazin der Kunsthochschule für Medien Köln*, Nr. 1, 1994, S. 72–75.
44 Kirk Woolford, ›Touch at the End of the Century‹, in: *Lab* Nr. 1 (Anm. 43), S. 40–43, Zitat S. 42.
45 Vgl. hierzu Ingrid Stoppa-Sehlbach, ›Virtual Lifestyle. Ästhetik und Cyberspace‹, in: *Wirklichkeitsmaschinen* (Anm. 33), S. 85–102.
46 Howard Rheingold, *Virtuelle Welten. Reisen im Cyber space*, Hamburg 1992, S. 288.
47 Stoppa-Sehlbach (Anm. 45), S. 92.
48 Vgl. Bernd Flessner, ›Archäologie im Cyberspace. Anmerkungen zu Stanislaw Lems Phantomatik‹, in: *Wirklichkeitsmaschinen* (Anm. 33), S. 25–38, hier S. 36.
49 Wolfgang Strauss und Monika Fleischmann, ›Cyber-City. Virtuelle Räume der Kommunikation‹, in: *Multimediale Stadt* (Anm. 13), S. 95–99, Zitat S. 97.
50 Rheingold (Anm. 46), S. 287.
51 Virilio, ›Der Bildschirm als Mauer‹ (Anm. 28), S. 56.
52 John Donne, *The Dream*, um 1600, 1. Strophe. Hier wiedergegeben in der zweisprachigen Edition: John Donne, *Hier lieg ich von der Lieb erschlagen.* Übersetzt und mit einem Nachwort versehen von Wolfgang Breitwieser, Frankfurt am Main 1994, S. 68f.

Plädoyer für eine Architektur der Sinne

1 Wolfgang Meisenheimer, ›Zur Einführung in den Themenkreis‹, in: *ad* Nr. 9, *Architektur und menschlicher Körper*, Düsseldorf 1982, S. 14.
2 Juhani Pallasmaa, ›An Architecture of the Seven Senses‹, in: *Questions of Perception*, Tokio 1994, S. 27–38, Zitat S. 29.
3 Barbara Radice, ›Editor's Note‹, in: *Terrazzo* Nr. 6, Frühjahr/Sommer 1991, S. 27.
4 Mit diesem Thema wird sich ein demnächst ebenfalls im Prestel Verlag erscheinendes Buch des Verfassers näher befassen.
5 Zitiert in Kaye Geipel, ›Strategien architektonischer Verführung‹, in: *Bauwelt* 22, 87. Jg., 7. Juni 1996, S. 1257.
6 William Gibson, in: *Der Spiegel*, Nr. 2/10.1.1994, S. 142.
7 Coop Himmelblau, *Architektur ist jetzt. Projekte, (Un)bauten, Aktionen, Statements, Zeichnungen, Texte, 1968–1983*, Stuttgart/New York 1983, S. 173.

ad, Schriftenreihe der Fachhochschule Düsseldorf, Nr. 9, *Architektur und menschlicher Körper*, hrsg. von Wolfgang Meisenheimer, Düsseldorf 1982.

ad, Schriftenreihe der Fachhochschule Düsseldorf, Nr. 17, *Architektur als Darstellung, als Zeichen, als Sprache*, hrsg. von Wolfgang Meisenheimer, Düsseldorf 1989.

ad, Schriftenreihe der Fachhochschule Düsseldorf, Nr. 19, *Architektur für die Sinne*, hrsg. von Wolfgang Meisenheimer, Düsseldorf 1991.

Alfredo Arribas. Architecture and Design, Arquitectura y diseno, 1986–1992, Einführung: Oscar Tusquets, Text: Georg C. Bertsch, Tübingen/Berlin 1993.

Angerer, Marie-Luise: *Body/Options. Kommunikationstechnologische Rahmenbedingungen für Körper/Repräsentationen/ Geschlechts/Identitäten*, Habilitationsschrift, Wien (in Vorbereitung).

Aragon, Louis: *Pariser Landleben*, München 1969.

ARCH+, Nr. 108, Berlin 1991.

Archigram: a Guide to Archigram 1961–74, hrsg. von Peter Cook, London 1994.

Architectural Design, Architecture and Film, Sonderband = Profile Nr. 112, London 1994.

Architectural Visions for Europe, hrsg. von Dirk Meyhöfer, Braunschweig/Wiesbaden 1994.

Architecture and Urbanism (a+u), Peter Cook 1961–1989, Extra Edition, hrsg. von Toshio Nakamura, Tokio, Dezember 1989.

Architecture and Urbanism (a+u), Richard Rogers 1978–1988, Extra Edition, hrsg. von Toshio Nakamura, Tokio, Dezember 1988.

Architektur des 20. Jahrhunderts, hrsg. von Peter Gössel und Gabriele Leuthäuser, Köln 1990.

Badewonnen: Gestern – Heute – Morgen, hrsg. von Hansgrohe, mit Beiträgen von Karl Michael Armer, Ulrika Kiby, Klaus Kramer und Erich Küthe, Köln 1993.

Barthes, Roland: *Fragmente einer Sprache der Liebe*, Frankfurt am Main [4]1984.

Bataille, Georges: *Die Tränen des Eros*, hrsg. von Gerd Bergfleth, München 1981.

Beckford, William: *Vathek*, Frankfurt am Main 1964.

Bertoni, Franco: *Philippe Starck, Architektur*, München 1994.

Besichtigung der Moderne: Bildende Kunst, Architektur, Musik, Literatur, Religion; Aspekte und Perspektiven, hrsg. von Hans Holländer und Christian W. Thomsen, Köln 1987.

Betsky, Aaron: *Building Sex: Men, Women, and the Construction of Sexuality*, New York 1995.

Boissière, Olivier: *Jean Nouvel, Emmanuel Cattani und Partner*, Zürich 1992.

Boissière, Olivier: *Philippe Starck*, Redaktion: Beatrix Schomberg, Köln 1991.

Brennicke, Ilona und Joe Hembus: *Klassiker des deutschen Stummfilms: 1910–1930*, München 1983.

Brooks, Peter: *Body Work. Objects of Desire in Modern Narrative*, Cambrigde, Mass. 1993.

Bukow, Wolf-Dietrich: *Ritual und Fetisch in fortgeschrittenen Industriegesellschaften. Formen kultureller Kommunikation*, Frankfurt am Main 1984.

Calvino, Italo: *Die unsichtbaren Städte*, München 1977.

Carter, Angela: *Die infernalischen Traummaschinen des Doktor Hoffman*, Stuttgart 1984.

Carter, Angela: *Sexualität ist Macht: die Frau bei de Sade*, Reinbek bei Hamburg 1983.

Christo und Jeanne-Claude, der Reichstag und urbane Projekte, hrsg. von Jacob Baal-Teshuva, München 1993.

Christo: *Surrounded Islands*, Einführung: Werner Spies, Dokumentation und Photos: Werner Volz, Köln 1984.

Clark, Kenneth: *The Nude. A Study in Ideal Form*, Princeton 1956/1972.

Clemente, Francesco: *Evening Raga & Paradiso 1992*, Einführung: Francesco Clemente, Allen Ginsberg und Peter Orlovsky, New York 1992.

Clemente, Francesco: *Francesco Clemente im Gespräch mit Rainer Crone und Georgia Marsh*, Köln 1990.

Coop Himmelblau: *Architektur ist jetzt. Projekte, (Un)bauten, Aktionen, Statements, Zeichnungen, Texte, 1968–1983*, Stuttgart/New York 1983.

Coubier, Heinz: *Europäische Stadt-Plätze. Genius und Geschichte*, Köln 1985.

Croce-Spinelli, Michel: *Fetisch und Fortschritt. Berichte aus dem Kongo, Dahome, Gabun und Kamerun*, München 1969.

Cyberspace, hrsg. von Michael Benedikt, Cambridge, Mass. [3]1992.

Dalí, Salvador: *Das geheime Leben des Salvador Dalí*, Übersetzung und Nachwort: Ralf Schiebler, München 1984.

Deleuze, Gilles und Félix Guattari: *Anti-Ödipus*, Frankfurt am Main 1977.

Deleuze, Gilles und Félix Guattari: *Kapitalismus und Schizophrenie. Tausend Plateaus*, Berlin 1992.

Das Denken des Marquis de Sade, mit Beiträgen von Roland Barthes, Pierre Klossowski, Philippe Sollers und Jacques Lacan, Frankfurt am Main 1988.

Der Diskurs des Radikalen Konstruktivismus, hrsg. von Siegfried J. Schmidt, Frankfurt am Main 1987.

Dislocations, hrsg. von Robert Storr, New York 1991.

Döhl, Reinhard: *Hermann Finsterlin. Eine Annäherung*, Stuttgart 1988.

Donne, John: *Hier lieg ich von der Lieb erschlagen*, Übersetzung und Nachwort: Wolfgang Breitwieser, Frankfurt am Main 1994.

Donner, Wolf und Jürgen Menningen: *Signale der Sinnlichkeit. Filmerotik mit anderen Augen*, Düsseldorf/Wien/New York 1987.

DuBois, Page: *Sowing the Body. Psychoanalysis and Ancient Representations of Women*, Chicago 1988.

Eisenstein, Sergej: *Das dynamische Quadrat*, übersetzt und hrsg. von Oksana Bulgakova und Dietmar Hochmuth, Köln 1988.

Energieen. Katalog zur gleichnamigen Ausstellung im Stedelijk Museum, Amsterdam, 8. 4. – 29. 7. 1990, Redaktion: Wim Beeren, Amsterdam 1990.

Erickson, Arthur: *The Architecture of Arthur Erickson*, New York 1988.

Erikson, Erik Homburger: *Identität und Lebenszyklus. Drei Aufsätze*, Frankfurt am Main 1966.

Erotik in der Kunst des 20. Jahrhunderts, hrsg. von Angelika Muthesius und Burkhard Riemschneider, mit einem Text von Gilles Néret, Köln 1992.

Etienne-Louis Boullée: Architektur, Abhandlung über die Kunst, hrsg. von Beat Wyss. Einführung und Kommentar: Adolf Max Vogt, Zürich/München 1987.

Europa, Europa. Das Jahrhundert der Avantgarde in Mittel- und Osteuropa, Bd. 2, hrsg. von Ryszard Stanislawski und Christoph Brockhaus, Bonn 1994.

Felix, Jürgen: *Woody Allen. Komik und Krise*, Marburg 1992.

Feminism/Postmodernism, hrsg. von Linda J. Nicholson, New York/London 1990.

Feuerstein, Günther: *Visionäre Architektur Wien 1958–1988*, Berlin 1988.

Feuerstein, Günther: ›Eros – Architektur – Sexualität‹, in: *Der Architekt*, 2/1987, S. 91–96, Zitat S. 91.

Film, Fernsehen, Video und die Künste. Strategien der Intermedialität, hrsg. von Joachim Paech, Stuttgart 1994.

Flaubert, Gustave: *Tagebücher*. Deutsche Gesamtausgabe in 3 Bänden, besorgt von E. W. Fischer, Potsdam 1919.

Francesco Clemente, The Black Book, hrsg. von Thomas Kellwein, Basel 1991.

Francesco Clemente, Early Morning Exercises, Katalog zur Ausstellung im Cabinet d'Art Graphique, Centre Georges Pompidou, Paris, 26. Okt. 1994 bis 16. Jan. 1995, Paris 1994.

Francesco Clemente, Pastelle 1973–1983, hrsg. von Rainer Crone, München 1984.

Frauen in der Kunst, Bd. 1, hrsg. von Gislind Nabakowski u.a., Frankfurt am Main 1980

Freud, Sigmund: *Gesammelte Werke*, Bd. 9, *Totem und Tabu*, hrsg. von Anna Freud u.a., London 1940.

Fürstenberg, Diane von: *The Bath*, New York 1993.

Fusionen, Katalog zur gleichnamigen Ausstellung, Bayer AG, 9. Nov. bis 17. Dez. 1988, Leverkusen 1989.

Geiger, Gabriele: *Frauen – Körper – Bauten. Weibliche Wahrnehmung des Raums am Beispiel Stadt*, München 1986.

Geist, Johann Friedrich: *Passagen: ein Bautyp des 19. Jahrhunderts*, München [2]1978.

George Grosz: Berlin – New York, hrsg. von Peter-Klaus Schuster, Berlin 1994.

George Grosz, New York, hrsg. von Walter Huder und Karl Riha, Siegen 1985.

George Grosz. Paß auf, hier kommt Grosz. Bilder, Rhythmen, Gesänge; 1915–1918, hrsg. von Wieland Herzfelde und Hans Marquardt, Leipzig 1981.

Gibson, William: *Mona Lisa Overdrive*, deutsche Erstausgabe, München 1989.

Grimm, Jakob: *Märchen der Brüder Grimm*, Berlin 1937.

Hannsjörg Voth, Zeitzeichen – Lebensreisen, hrsg. von Christian W. Thomsen, München 1994.

Hans-Rucker-Co: Denkräume – Stadträume, 1967–1992, hrsg. von Dieter Bogner, Klagenfurt 1992.

Heinle, Erwin und Fritz Leonhardt: *Türme aller Zeiten – aller Kulturen*, Stuttgart 1988.

Hulten, Pontus: *Niki de Saint Phalle*, Stuttgart 1992.

Hybridkultur: Bildschirmmedien und Evolutionsformen der Künste, hrsg. von Christian W. Thomsen, Siegen 1994.

In den Tempeln der Badelust: Architekturen der Sinnlichkeit, Photographien: Gerhard P. Müller, Essay: Joseph von Westphalen, München 1986.

Internationales Interior-Design 1990/91, hrsg. von Lucy Bullivant, München 1991.

Internationales Interior-Design 1991/92, hrsg. von Lucy Bullivant, München 1992.

Internationales Interior-Design 1993/94, hrsg. von Lucy Bullivant, München 1994.

Japan-Design, hrsg. von Matthias Dietz und Michael Mönninger, Köln 1992.

Jean Nouvel, Emmanuel Cattani et Associés, Redaktion: Iwona Bladzwick u.a., Zürich 1992.

Jencks, Charles: *The Prince, the Architects and New Wave Monarchy*, London 1988.

Jones, Barbara: *Follies and Grottoes*, Rev. ed., London 1974.

Kasper, Ernst und Klaus Klever: *Das Kaiserbad. Der Neubau und sein historischer Hintergrund*, Aachen 1995.

Kerckhove, Derrick de: *Brainframes. Technology, Mind and Business*, Utrecht 1991.

Kern, Hermann: *Labyrinthe: Erscheinungsformen und Deutungen; 5000 Jahre Gegenwart eines Urbilds*, München 1982.

Khajurâho: Tempel der Liebe, Text: Louis Frédéric, Photographie: Raghu Rai, Vorwort: Alain Danielou, Köln 1993.

Klotz, Heinrich und Andrea Gleiniger: *Der Hang zur Architektur in der Malerei der Gegenwart*, Stuttgart 1988.

Kodik, Charlotta, Terrie Sultan und Christian Leigh: *Louise Bourgeois: the Locus of Memory; Works 1982–1993*, New York 1994.

Kramer, Hilton: *Richard Lindner*, Berlin 1975.

Kratinová, Vlasta, Bohumil Samek und Milos Stehlík: *Telc. Eine historische Stadt in Südmähren*, Prag 1993.

Kulich, Ján: *Teltsch. Das Schloß und die Stadt*, Teltsch 1994.

Kultur und Technik im 21. Jahrhundert, hrsg. von Gert Kaiser u.a., Frankfurt/New York 1993.

Kunstforum International, Bde. 132 und 133, *Die Zukunft des Körpers, I und II*, hrsg. von Florian Rötzer, Ruppichteroth 1995 und 1996.

Kurt Schwitters: 1887–1948, hrsg. von Joachim Büchner und Norbert Nobis, Berlin/Frankfurt am Main [2]1987.

Lab. Das Magazin der Kunsthochschule für Medien Köln, Nr. 1, hrsg. von Jürgen Klaus, Köln 1994.

Laqueur, Thomas W.: *Auf den Leib geschrieben. Die Inszenierung der Geschlechter von der Antike bis Freud*, Frankfurt am Main 1992.

The Last Sex. Feminism and Outlaw Bodies, hrsg. von Arthur und Marilouise Kroker, New York u.a. 1993.

Lautréamont, Comte de: *Les chants de Maldoror*, Original-Illustrationen von Salvador Dalí, Paris 1934.

Lebbeus Woods, Centricity: Architekturphilosophische Visionen, hrsg. von Kristin Feireiss, Berlin 1987.

Lehndorff, Vera und Holger Trülzsch: *Oxydationen*, Altenham/Emertsham bei Hamburg 1979.

Louise Bourgeois: Skulpturen und Installationen, hrsg. von Carl Haenlein, Hannover 1994.

Lund, Nils-Ole: *Collage Architecture*, Einführung: Christian W. Thomsen, Berlin 1990.

Massimo Iosa Ghini, Düsseldorf 1993.

Meyer-Thoss, Christiane: *Louise Bourgeois: Konstruktionen für den freien Fall*, Zürich 1992.

Miyake, Issey: *Bodyworks*, Tokio 1983.

Miyake, Issey: *Issey Miyake*, Photographien von Irving Penn, Boston/New York 1988.

Mott, George und Sally Sample Aall: *Follies and Pleasure Pavilions*, Einführung: Gervase Jackson-Stops, London 1989.

Multimediale Stadt: Entwicklungen, Trends, Visionen auf dem Weg ins nächste Jahrhundert, hrsg. von Ingrid Stoppa-Sehlbach, Gelsenkirchen 1993.

Niki de Saint Phalle. Bilder – Figuren – phantastische Gärten, hrsg. von Carla Schulz-Hoffmann, München 1987.

Oldershaw, Barbara: *Constructive Criticism of the Man-made Environment. Feminist Approaches to Buildings and Cities, 1970–1986*, Master's Thesis, University of California at Los Angeles 1987.

Oskar Schlemmer: der Maler, der Wandgestalter, der Plastiker, der Zeichner, der Graphiker, der Bühnengestalter, der Lehrer, hrsg. von Karin von Maur, München 1982.

Partsch, Susanna: *Loire. Städte, Schlösser und Gärten von Giens bis Angers*, Photographien: Hermann Josef Wöstmann, München 1993.

Percy, Ann: *Francesco Clemente: Three Worlds*, Essays von Stella Kramrisch und Ettore Sottsass, Philadelphia 1990.

Poe, Edgar Allan: *Erzählungen*, Bd. 2, Zeichnungen von Alfred Kubin, München 1965.

Postmoderne: Zeichen eines kulturellen Wandels, hrsg. von Andreas Huyssen und Klaus Scherpe, Reinbek bei Hamburg 1986.

Questions of Perception: Phenomenology of Architecture. Steven Holl, Juhani Pallasmaa und Alberto Pérez-Gómez. Architecture and Urbanism (a+u), Special Issue, Tokio, Juli 1994.

Radice, Barbara: *Ettore Sottsass. Leben und Werk*, München 1993.

Radin, Paul, Karl Kerény und C. G. Jung: *Der göttliche Schelm. Ein indianischer Mythenzyklus*, Hildesheim [2]1979.

Rheingold, Howard: *Virtuelle Welten. Reisen im Cyberspace*, Hamburg 1992.

Roben wie Rüstungen: Mode in Stahl und Seide einst und heute, Illustrationen: Roberto Capucci, Wien 1991.

Robinson, Philip und Nancy Tamosaitis: *The Joy of Cybersex. The Underground Guide to Electronic Erotica*, New York 1993.

Rudofsky, Bernard: *Streets for People: a Primer for Americans*, Garden City, N.Y. 1969.

Ruggiero, Guido: *The Boundaries of Eros. Sex, Crime and Sexuality in Renaissance Venice*, New York 1985.

Sade, Donatien Alphonse Marquis de: *Die Hundertzwanzig Tage von Sodom oder Die Schule der Ausschweifung*, Dortmund 1990.

Sade, Donatien Alphonse Marquis de: *Philosophie im Boudoir*, München 1975.

Santiago Calatrava: Ingenieur-Architektur, hrsg. von Werner Blaser, mit Beiträgen von Kenneth Frampton und Pierluigi Nicolin, Basel/Boston/Berlin 1989.

Santiago Calatrava 1983/1993, hrsg. von Richard C. Levene u.a., *El Croquis*, vol. 38+57 (Sonderband), Madrid 1994.

Die Schlösser der Loire, Photographien: Axel M. Mosler, Text: Thorsten Droste, München [3]1994.

Schmidt, Siegfried J.: *Cyber als Oikos? Oder: Ernste Spiele*, Unveröffentlichtes Manuskript, Siegen 1995.

Sennett, Richard: *Fleisch und Stein. Der Körper und die Stadt in der westlichen Zivilisation*, Berlin 1995.

Sexuality and Space, hrsg. von Beatriz Colomina, New York 1992.

Singer, Herbert: *Der galante Roman*, Stuttgart 1961.

Spies, Werner: *Lindner*, Paris 1980.

Sprung im Spiegel: filmisches Wahrnehmen zwischen Fiktion und Wirklichkeit, hrsg. von Christa Blümlinger, Wien 1990.

Die Stadt als Gabentisch: Beobachtungen der aktuellen Städtebauentwicklung, hrsg. von Hans G. Helms, Leipzig 1992.

Stadt und Utopie: Modelle idealer Gemeinschaften, Katalog zur gleichnamigen Ausstellung des Neuen Berliner Kunstvereins, Idee und Konzeption: Lucie Schauer, Berlin 1982.

Stanley Tigerman. Buildings and Projects, 1966–1989, hrsg. von Sarah Mollman Underhill, New York 1989.

Strategies in Architectural Thinking, hrsg. von John Whiteman, Jeffrey Kipnis und Richard Burdett, Cambridge, Mass. u.a. 1992.

Strauss, Botho: *Der junge Mann*, München 1984.

Sudjic, Deyan: *Norman Foster, Richard Rogers, James Stirling: New Directions in British Architecture*, London 1986.

Technoculture, hrsg. von Constance Penley und Andrew Ross, Minneapolis 1991.

Terrazzo, A Biannual Publication on Architecture and Design, Nr. 2, 3, 5, 6, Mailand, Frühjahr 1989, Herbst 1989, Herbst 1990, Frühjahr/Sommer 1991.

Thomsen, Christian W.: *Architekturphantasien: von Babylon bis zur virtuellen Architektur*, München 1994.

Thomsen, Christian W.: *Dieter Sieger: Architekt, Schiffsbauer, Designer*, Tübingen 1994.

Thomsen, Christian W.: *Eberhard Zeidler. In Search of Human Space*, Berlin 1992.

Thomsen, Christian W.: *Experimentelle Architekten der Gegenwart*, Köln 1991.

Thomsen, Christian W.: *LiterArchitektur. Wechselwirkungen zwischen Architektur, Literatur und Kunst im 20. Jahrhundert*, Köln 1989.

Tschumi, Bernard: *Architecture and Disjunction*, Cambridge, Mass. 1994.

The Unsheltered Woman: Women and Housing in the 80's, hrsg. von Eugenie Ladner Birch, Piscataway, N.J. 1985.

Verny, Thomas und John Kelly: *Das Seelenleben des Ungeborenen*, München 1981.

Vicino Orsini und der Heilige Wald von Bomarzo. Ein Fürst als Künstler und Anarchist, Text von Horst Bredekamp, Photographien von Wolfram Janzer, Worms 1985.

Virilio, Paul: *Die Eroberung des Körpers: vom Übermenschen zum überreizten Menschen*, München/Wien 1994.

Wappenschmidt, Friederike: *Der Traum von Arkadien: Leben, Liebe, Licht und Farbe in Europas Lustschlössern*, München 1990.

Weigel, Sigrid: *Topographien der Geschlechter: kulturgeschichtliche Studien zur Literatur*, Reinbek bei Hamburg 1990.

Weiß, Klaus-Dieter: *Urbane Handelswelten. Zeilgalerie les facettes*, Photographien: Dieter Leistner, Berlin 1994.

Weiss, Peter: *Rapporte 1*, Frankfurt am Main 1968.

Williams, Stephanie: *Docklands*, London 1993.

Winner: Bilder und Graphik, 1970–1980, hrsg. von Dieter Blume, Braunschweig 1980.

Wirklichkeitsmaschinen. Cyberspace und die Folgen, hrsg. von Karlheinz Steinmüller, Weinheim/Basel 1993.

Wollschläger, Martin: *Fetischismus, Transvestitismus, Transsexualität, Homosexualität*, Köln 1983.

Women and the American City, hrsg. von Catharine R. Stimpson u.a., Chicago 1981.

Woods, Lebbeus: *Anarchitecture. Architecture is a Political Act*, London 1992.

Register

halbfette Ziffern bezeichnen Seiten mit Abbildungen

Namenregister

Objekt- und Ortsregister

Abbildungsnachweis

Sofern nicht unten aufgeführt, stammen die Abbildungsvorlagen aus dem Archiv des Autors, oder sie wurden freundlicherweise von den jeweiligen Architekten und Künstlern zur Verfügung gestellt, wofür Autor und Verlag herzlich danken.

Architecture and Urbanism (a+u), Peter Cook 1961–1989, Extra Edition, hrsg. von Toshio Nakamura, Tokio, Dezember 1989: S. 62 links und rechts

Architekton, Dieter Leistner: S. 124, 145, 163

Arch. Photo/ Eduard Hueber: S. 53 oben, 162

Architektur und Wohnen 3/78: S. 89

Das Bad. Eine Geschichte der Badekultur im 19. und 20. Jahrhundert, hrsg. von Herbert Lachmayer, Sylvia Mattl-Wurm, Christian Gargerle, Salzburg/Wien 1991 (François Hers): S. 51 unten

Richard Barnes, San Francisco: S. 13 oben, 164 oben und unten links

Gert von Bassewitz: S. 52 oben, 160 oben, 167

Bayerische Verwaltung der Schlösser, Gärten und Seen, Museumsabteilung, München: S. 50

Gaston Bergeret: S. 144 unten rechts

Leonardo Bezzola, Bätterkinden: S. 84 links

Antonio Bignami, IMG.: S. 46 oben links

Luc Boegly, Archipress: S. 24, 25

Peter Böttcher: S. 140 oben rechts

Robert Bosch GmbH, Stuttgart: S. 60 oben links

British Film Institute, London: S. 131, 132, 133

Donatella Brun, New York: S. 142 unten rechts, 143 oben links

Richard Bryant, Arcaid: S. 41, 155 links und rechts

Busam/Richter, Dortmund: S. 94

Santiago Calatrava, Zürich: S. 18 unten rechts, 19, 20 oben und unten, 21

Robert César, Archipress: S. 97

Charles Gwathmey and Robert Siegel, Buildings and Projects 1964–84, hrsg. von Peter Arnell und Ted Bickford, New York 1984: S. 157 rechts

Peter Cook, London: S. 9, 92 unten, 93 oben, 95

Coop Himmelblau, *Architektur ist jetzt. Projekte, (Un)bauten, Aktionen, Statements, Zeichnungen, Texte, 1968–1983*, Stuttgart/New York 1983: S. 22, 139 oben links und unten

Stéphane Couturier, Archipress: S. 165, 172

Michael S. Cullen, Berlin: S. 78 unten

Lynn Davis Architects, Sandwich, Kent: S. 86

Thomas Delbeck: S.158 oben rechts

Peter Dunas, *Luigi Colani und die organisch-dynamische Form seit dem Jugendstil*, München 1993: S. 53 unten links

Hagen Ernstbrunner, Wien: S. 140 oben links

Filmarchitektur. Von Metropolis bis Blade Runner, hrsg. von Dietrich Neumann, München – New York 1996: S. 128 oben rechts

Arwet Foß, Hamburg: S. 123

Klaus Frahm/Contur: S. 87, 152

Johann Friedrich Geist, *Passagen, ein Bautyp des 19. Jahrhunderts*, München ^{4}1982: S. 105 oben links, oben Mitte, oben rechts, unten links, 106 oben und unten

Manfred Gerner, Fulda: S. 59 oben

Jeff Goldberg/Esto Photographics: S. 153, 154

Hans Hammarskiöld: S. 85 rechts

Naoya Hatakeyama: S. 151

Haus-Rucker-Co: Denkräume-Stadträume, 1967–1992, hrsg. von Dieter Bogner, Klagenfurt 1992: S. 138 unten

Thomas Heinle, Stuttgart: S. 58 rechts

Volkmar Herre, Stralsund: S. 31 unten

Archiv Hans Hollein, Wien: S. 15 oben links, 18 unten links

Atelier Hollein/Sina Baniahmad, Wien: S. 18 oben links

Franz Hubmann: S. 15 unten links und rechts

Almut Imlau: S. 138 oben rechts

Internationales Interior Design 1990/91, hrsg. von Lucy Bullivant, München 1991: S. 68 links, 91, 92 oben, 96 links

Massimo Iosa Ghini, Mailand: S. 8 oben

Christopher Irion: S. 161

Yasuhiro Ishimoto: S. 12 oben

Magyar Képek, Budapest: S.45 oben

Luftbild Klammet und Aberl, Ohlstadt: S. 100

Barbara Klemm, Frankfurter Allgemeine Zeitung: S. 78 oben rechts, 79

Angela Krewani: S. 80 oben und unten, 114 oben links

Erich Krewani: S. 40 oben und unten rechts

Kunstbibliothek, SMPK, Berlin: S. 128 oben rechts

Kunstforum International, Bd. 132, *Die Zukunft des Körpers I*, hrsg. von Florian Rötzer, Ruppichteroth 1995: S. 146 oben links

Landesbildstelle Baden, Karlsruhe: S. 11

Bernard Larsson für *Madame*: S. 10 oben links

Wolfgang Lauter, München: S. 26, 44, 105 unten rechts, 107

Lebbeus Woods, Centricity: Architekturphilosophische Visionen, hrsg. von Kristin Feireiss, Berlin 1987: S. 57

Rolf Legler, München: S. 10 oben Mitte

Vera Lehndorff und Holger Trülzsch, *Oxydationen*, Altenham/Emertsham bei Hamburg 1979: S. 12 unten

Wulf Ligges, Flaurling: S. 10 oben rechts

Nils-Ole Lund, *Collage Architecture*, Berlin 1990: S. 60 unten rechts, 88 oben

Max, 6. Jahrgang, Hamburg, April 1996: S. 147

Franziska Megert: S. 141 oben links

Courtesy Robert Miller Gallery, New York: S. 81 oben rechts, unten links und rechts, 82 oben und unten, 83 oben

Moderna Museet, Stockholm: S. 85 links

Jochen Mönch, Bremen: S. 101

George Mott, New York: S. 32 oben, 33 links und rechts, 34 oben und unten

Gerhard P. Müller: S. 55

Nacasa & Partners Inc.: S. 90 oben

Jean Nouvel: S. 144 unten links

Olympia & York Canary Wharf Ltd., London: S. 116 oben und Mitte

Stewart O'Shields, New York: S. 46 unten

Keith Palmer und James Steinkamp: S. 157 links

Pan Foto e.V./Günter Zint, Hamburg: S. 8 unten

Panda Photography Ltd.: S. 103 unten

Dr. Parisini, Wien: S. 58 unten und oben links

Markus Pillhofer: S. 144 oben

Pierluigi Praturlon, Rom: S. 134

Raghu Rai: S. 56, 59 unten

Erwin Reichmann, Wien: S. 138 oben links

Ralph Richter/Architekturphoto: S. 118, 119 links und rechts, 120, 121 oben und unten, 122

Georges Rousse, Paris: S. 4–5, 6

Russische Staatsbibliothek, Moskau: S. 126

Rudolf Schäfer, Berlin: S. 102 oben

R. Schenkirz: S. 169 links und rechts

Atelier Ingrid Schütz und Heyne Verlag, München: S. 141 unten rechts

T. Shinoda: S. 146 unten

Dieter Sieger: S. 52 unten

Stadt und Utopie: Modelle idealer Gemeinschaften, Katalog zur gleichnamigen Ausstellung des Neuen Berliner Kunstvereins, Berlin 1982: S. 66 links

Philippe Starck, Paris: S. 7, 54, 90 unten

Stelarc: S. 136

Stahl Stenslie, Köln: S. 148, 149 oben links und rechts, 149 unten

Peter Stepan, München: S. 83 unten, 84 rechts

Stiftung Deutsche Kinemathek, Berlin: S. 127, 128 oben links und unten, 129 oben links und rechts, unten

Wim Swaan: S. 37 oben und unten, 38 oben und unten, 39

Keiicki Tahara: S. 93 unten

Terrazzo, A Biannual Publication on Architecture and Design, Nr. 1, Mailand, Herbst 1988: S. 64, 68 rechts

Terrazzo, A Biannual Publication on Architecture and Design, Nr. 2, Mailand, Frühjahr 1989: S. 75

Terrazzo, A Biannual Publication on Architecture and Design, Nr. 3, Mailand, Herbst 1989: S. 67

Terrazzo, A Biannual Publication on Architecture and Design, Nr. 5, Mailand, Herbst 1990: S. 65 oben rechts, 66 unten rechts

Sabine Thiel-Siling, München: S. 10 unten, 78 oben links, 113 oben, 114 unten links und oben rechts, 116 unten, 117

Christian W. Thomsen, Siegen: S. 2, 13 unten, 16, 17, 23, 31 oben rechts, 36, 40 links, 99, 104, 108 oben, 109 oben und unten, 110 oben und unten, 111 links und rechts, 112, 113 unten, 114 unten rechts, 140 unten, 158 oben links und unten, 159, 160 unten, 164 unten rechts, 168, 171

Inge Thomsen, Siegen: S. 63, 170

Ivan Ulrych, Luboš Stiburek, Karel Křížek: S. 102 unten, 103 oben, Mitte

Rafael Vargas, Barcelona: S. 42, 43

Woody Vasulka: S. 150

Paul Warchol, New York: S. 96 rechts, 98

Wolfgang Wesener: S. 35

James F. Wilson: S. 166

Gert Winkler: S. 139 oben rechts

Winner: Bilder und Graphik, 1970–1980, hrsg. von Dieter Blume, Braunschweig 1980: S. 115 oben und unten

Herrmann Josef Wöstmann, Kerpen-Buir: S. 27 oben, 28, 29 oben

Manfred Wolff-Plottegg, Graz: S. 53 unten rechts

Gerald Zugmann, Wien: S. 14, 137 unten

Auf dem Umschlag
Vorderseite: Ernst Kasper und Klaus Klever,
Eingang zum Kaiserbad, Aachen, 1993–94
(Photo: Ralph Richter/ Architekturphoto)
Rückseite: Georges Rousse, Embrasure IV, 1987

Frontispiz: Brian Murphy, Haus in einem Canyon von Santa Monica, Kalifornien (Photo: Christian W. Thomsen)

Abbildung S. 4–5: Georges Rousse, Bercy, 1985

Die Deutsche Bibliothek – CIP-Einheitsaufnahme
Bauen für die Sinne : Gefühl, Erotik und Sexualität in der Architektur / Christian W. Thomsen. Mit zwei Beitr. von Angela Krewani. – München ; New York : Prestel, 1996
ISBN 3-7913-1707-5
NE: Thomsen, Christian W.; Krewani, Angela

Abbildungsnachweis s. S. 183

Prestel-Verlag · Mandlstraße 26 · D-80802 München
Tel. (089) 38 17 09-0 · Fax (089) 38 17 09-35

Lektorat: Sabine Thiel-Siling, München
Gestaltung: Maja Thorn, Berlin
Umschlaggestaltung: Jörg Thomsen, Siegen
und Maja Thorn, Berlin
Umschlagreproduktion: Reprographia, Lahr
Reproduktionen und Satz: Mega-Satz-Service, Berlin
Druck und Bindung: Gorenjski Tisk, Slowenien

Printed in Slovenia
ISBN 3-7913-1707-5